信息素养与信息资源检索

王清晨　孙蔚　郭丽艳　李松山　于晓梅　编著

电子工业出版社

Publishing House of Electronics Industry

北京·BEIJING

内 容 简 介

本书以"实用、好用、够用"为原则,系统地介绍信息资源与信息素养、图书馆信息资源与服务、信息资源检索、计算机信息资源检索、中外文网络信息资源检索、专利信息资源检索、网络学术搜索引擎、信息的综合分析与利用、学位论文撰写,以及考研、留学与就业信息检索及利用等内容。本书讲授的内容贴近网络信息时代,吸取信息检索技术最新进展,将信息需求与信息检索结合起来,特别贴进当代大学生的实际需求,图文并茂,便于教学与阅读,既注重信息检索知识的介绍,更注重对学生信息素养的培养。

本书既可作为高校信息素养教育通用教材,也可作为工程技术人员、科研人员检索信息的参考用书。

未经许可,不得以任何方式复制或抄袭本书之部分或全部内容。
版权所有,侵权必究。

图书在版编目(CIP)数据

信息素养与信息资源检索 / 王清晨等编著. 一北京:电子工业出版社,2021.6
ISBN 978-7-121-41464-0

Ⅰ.①信… Ⅱ.①王… Ⅲ.①信息学－高等学校－教材②信息检索－高等学校－教材 Ⅳ.①G201②G254.9

中国版本图书馆 CIP 数据核字(2021)第 121679 号

责任编辑:刘小琳
印　　刷:北京虎彩文化传播有限公司
装　　订:北京虎彩文化传播有限公司
出版发行:电子工业出版社
　　　　　北京市海淀区万寿路 173 信箱　邮编 100036
开　　本:787×1 092　1/16　印张:14.75　字数:393.6 千字
版　　次:2021 年 6 月第 1 版
印　　次:2024 年 8 月第 7 次印刷
定　　价:49.80 元

凡所购买电子工业出版社图书有缺损问题,请向购买书店调换。若书店售缺,请与本社发行部联系,联系及邮购电话:(010)88254888,88258888。
质量投诉请发邮件至 zlts@phei.com.cn,盗版侵权举报请发邮件至 dbqq@phei.com.cn。
本书咨询联系方式:liuxl@phei.com.cn,(010)88254538。

前 言

现代社会发展进程在不断加快,信息已经成为人类生存不可或缺的元素,信息资源也已成为现代社会发展的重要战略核心资源。在信息环境下,我们不仅要具备快速获取与合理使用信息资源的基本素养,还应有辨别、摒弃信息垃圾的能力。因此,信息素养是每位大学生应具备的基本素质之一。信息检索作为信息素养教育的基本课程,对于增强大学生的信息意识、提高信息检索能力和信息道德水平具有十分重要的意义。

从1946年美国第一台电子数字计算机的发明算起,当代信息革命已经有70多年的历史,这场改变世界的信息革命所带来的信息化,使文献信息工作经历了一场技术上和观念上的深刻革命,文献信息量激增猛进,信息检索技术革新换代,茫茫信息之海洋,浩浩知识之渴望。本书旨在适应高等学校"文献检索与利用"课程建设和复合型人才培养的需要,培养大学生树立自觉获取信息的意识,掌握吸取知识的技能,增强其自学能力和研究能力,帮助大学生在科技信息素养和创新意识方面得到提升,以适应飞速发展的信息社会。

本书编者由从事信息检索课程教学、科研的教师及从事信息咨询工作的人员组成,均具有丰富的理论知识基础和实际教学工作经验。本次编写在《信息元素养与信息检索》的基础上进行,对原有内容做了科学删减、合并和重组,增加了图书馆信息资源与服务,信息资源检索,考研、留学与就业信息检索及利用相关内容,强化了学术道德教育及学术不端文献检索系统等部分内容;在全面覆盖信息素养能力标准的基础上,突出了实用性、易用性和针对性。本书既可作为高校各专业信息检索课的教材用书,也可作为具有信息检索需求的科技工作者参考用书。

全书共11章,分别为信息资源与信息素养,图书馆信息资源与服务,信息资源检索,计算机信息资源检索,中文网络信息资源检索,外文网络信息资源检索,专利信息资源检索,网络学术搜索引擎,信息的综合分析与利用,学位论文撰写,考研、留学与就业信息检索及利用。其中前言、第3章和第6章由王清晨编写,目录、第1章、第4章和第8章由孙蔚编写,第2章和第7章由郭丽艳编写,第5章和附录由李松山编写,第9章、

第 10 章、第 11 章和参考文献由于晓梅编写，本书由孙蔚起草大纲并统稿。

　　本书在编写过程中参考和借鉴了大量文献、资料，引用了部分论点，限于篇幅，仅列出主要参考文献，在此向所有相关作者致以诚挚的谢意！鉴于编者的学识水平和信息检索资源与技术的快速更新，书中难免存在疏漏和不足之处，望同行和读者批评指正，以便今后修订时加以补充和完善。

编著者

2020 年 10 月 23 日

目 录

Contents

第 1 章　信息资源与信息素养 ··001

  1.1　信息概述 ··002
    1.1.1　信息的概念 ··002
    1.1.2　信息的基本属性 ··003
    1.1.3　信息的类型 ··004
    1.1.4　知识、信息、文献与情报 ······································007
  1.2　信息资源 ··009
    1.2.1　信息资源概述 ··009
    1.2.2　信息资源的类型 ··011
  1.3　信息素养与元素养 ··012
    1.3.1　信息素养的基本概念 ··013
    1.3.2　元素养的内涵与培养目标 ······································014
    1.3.3　从信息素养到元素养 ··016
    1.3.4　信息素养与终身学习 ··017

第 2 章　图书馆信息资源与服务 ··019

  2.1　图书馆概述 ··019
    2.1.1　图书馆的起源与发展 ··019
    2.1.2　图书馆的类型和职能 ··020
  2.2　图书馆信息资源及其组织 ··021
    2.2.1　图书馆馆藏信息资源组织 ······································022
    2.2.2　网上图书馆及其使用 ··023
  2.3　图书馆信息咨询服务 ··025
    2.3.1　参考咨询服务 ··025
    2.3.2　文献传递与馆际互借 ··026
    2.3.3　科技查新 ··026

  2.3.4 定题服务 ·· 027
 2.4 数字图书馆与移动图书馆 ··· 027
  2.4.1 数字图书馆 ·· 027
  2.4.2 移动图书馆 ·· 028

第 3 章 信息资源检索 ·· 030
 3.1 信息资源检索概述 ·· 030
  3.1.1 信息资源检索的含义 ··· 030
  3.1.2 信息资源检索的类型 ··· 031
 3.2 信息资源检索的发展历程 ··· 033
  3.2.1 手工检索 ·· 033
  3.2.2 机械检索 ·· 033
  3.2.3 计算机信息检索 ··· 034
  3.2.4 信息资源检索的发展趋势 ··· 037
 3.3 信息资源检索基础知识 ··· 038
  3.3.1 信息检索的基本原理和方法 ·· 038
  3.3.2 检索工具 ·· 039
  3.3.3 检索语言 ·· 041
  3.3.4 检索途径 ·· 044
  3.3.5 检索效果评价 ·· 045
 3.4 信息检索需求分析 ·· 047
  3.4.1 认识信息需求 ·· 047
  3.4.2 分析信息需求 ·· 048
  3.4.3 表达信息需求 ·· 050
  3.4.4 检索词的确定与选取 ··· 050

第 4 章 计算机信息资源检索 ·· 052
 4.1 计算机信息资源检索概述 ··· 052
  4.1.1 计算机信息资源检索系统 ··· 052
  4.1.2 计算机信息检索数据库类型 ·· 054
 4.2 计算机信息检索基本原理与技术 ··· 055
  4.2.1 计算机信息检索基本原理 ··· 055
  4.2.2 计算机信息检索基本技术 ··· 055
 4.3 计算机信息检索策略与检索步骤 ··· 059
  4.3.1 计算机信息检索策略 ··· 059
  4.3.2 计算机信息检索步骤 ··· 059
 4.4 计算机信息检索结果及原文获取 ··· 062
  4.4.1 计算机信息检索结果 ··· 062
  4.4.2 原文获取途径与开放获取 ··· 062

第 5 章 中文网络信息资源检索·······065

5.1 CNKI 中国知网·······065
5.1.1 CNKI 中国知网概述·······065
5.1.2 CNKI 中国知网检索·······067
5.1.3 CNKI 中国知网全球学术快报·······072

5.2 万方数据知识服务平台·······072
5.2.1 万方数据知识服务平台概述·······072
5.2.2 万方数据知识服务平台主要数据库·······073
5.2.3 万方数据知识服务平台检索·······074
5.2.4 万方数据知识服务平台的特色服务·······076

5.3 超星资源·······077
5.3.1 超星发现系统概述·······077
5.3.2 超星数字图书馆·······081
5.3.3 超星期刊·······083
5.3.4 超星移动图书馆与超星 App·······085
5.3.5 读秀学术搜索·······086

5.4 维普中文期刊服务平台·······088
5.4.1 维普资讯网·······089
5.4.2 中文期刊服务平台·······089

5.5 中国高等教育文献保障系统·······091
5.5.1 CALIS 概述·······091
5.5.2 CALIS 检索——e 读学术搜索·······092
5.5.3 CALIS 联合目录公共检索系统·······093
5.5.4 CALIS 其他服务·······095

5.6 国家科技图书文献中心·······097
5.6.1 NSTL 总体资源·······097
5.6.2 NSTL 文献检索·······097
5.6.3 NSTL 个性化服务·······099

第 6 章 外文网络信息资源检索·······100

6.1 ScienceDirect 数据库·······100
6.1.1 Elsevier 概述·······100
6.1.2 ScienceDirect 全文数据库简介·······101
6.1.3 ScienceDirect 检索技术·······101
6.1.4 ScienceDirect 检索结果·······103

6.2 EBSCO 网络数据库·······105
6.2.1 EBSCO 网络数据库概述·······105
6.2.2 EBSCO 网络数据库资源·······105
6.2.3 EBSCO 免费网络数据库检索·······107

6.3 SpringerLink 平台 111
6.2.4 EBSCO 免费数据库检索结果 111
6.3.1 Springer 概述 111
6.3.2 SpringerLink 检索技术 112
6.3.3 SpringerLink 检索结果 113
6.4 Web of Science 资源 114
6.4.1 ISI Web of Science 概述 114
6.4.2 ISI Web of Science 总体资源 114
6.4.3 Web of Science 检索技术 118
6.4.4 Web of Science 检索结果 120
6.5 ProQuest 博硕士论文数据库 121
6.5.1 ProQuest 概述 121
6.5.2 ProQuest 检索技术 122
6.5.3 ProQuest 检索结果 124
6.6 ACS 电子期刊 124
6.6.1 ACS 概述 124
6.6.2 ACS 电子期刊检索平台 125
6.6.3 ACS 电子期刊检索技术 125

第 7 章 专利信息资源检索 128
7.1 知识产权基本知识 128
7.1.1 知识产权概念 128
7.1.2 知识产权的起源与发展 129
7.1.3 中国知识产权的发展 131
7.2 专利的基本知识 132
7.2.1 专利的定义及类型 132
7.2.2 专利的性质 133
7.2.3 专利的申请 133
7.2.4 专利的审查与审批 136
7.3 国际专利分类体系 137
7.3.1 IPC 分类法 138
7.3.2 CPC 分类法 138
7.4 中国专利检索 140
7.4.1 国家知识产权局专利检索网站 140
7.4.2 中国知识产权网 143
7.5 外国专利检索 147
7.5.1 世界知识产权组织 147
7.5.2 欧洲专利组织 151
7.5.3 德温特世界专利索引 155

　　　　7.5.4　美国专利与商标局 ·· 157

第8章　网络学术搜索引擎 ·· 161

8.1　搜索引擎概述 ·· 161
　　8.1.1　搜索引擎发展历史及未来趋势 ·· 161
　　8.1.2　搜索引擎原理 ·· 163
　　8.1.3　搜索引擎类型 ·· 164

8.2　搜索引擎使用技巧 ·· 166
　　8.2.1　检索词的选取 ·· 166
　　8.2.2　高级搜索和个性化设置 ·· 166
　　8.2.3　检索策略 ·· 167
　　8.2.4　搜索结果 ·· 167

8.3　常用网络学术搜索引擎 ·· 167
　　8.3.1　搜索引擎的选择 ·· 167
　　8.3.2　Google Scholar ·· 168
　　8.3.3　OAIster 搜索 ·· 170
　　8.3.4　百度学术搜索 ·· 170

第9章　信息的综合分析与利用 ·· 173

9.1　信息的搜集与分析整理 ·· 173
　　9.1.1　信息搜集的原则 ·· 173
　　9.1.2　信息搜集的方法与途径 ·· 174
　　9.1.3　获取原始文献信息的途径 ·· 175
　　9.1.4　信息的分析与鉴别 ·· 176
　　9.1.5　信息整理方法 ·· 177

9.2　信息伦理和学术规范 ·· 178
　　9.2.1　信息伦理 ·· 178
　　9.2.2　学术规范 ·· 179
　　9.2.3　学术不端 ·· 181

9.3　个人信息管理软件及应用 ·· 182
　　9.3.1　NoteExpress 软件 ·· 182
　　9.3.2　EndNote 软件 ·· 184
　　9.3.3　CNKI 知网研学平台 ·· 186

9.4　学术论文撰写与投稿 ·· 187
　　9.4.1　学术论文概述 ·· 187
　　9.4.2　学术论文的撰写与格式 ·· 188
　　9.4.3　学术论文的投稿 ·· 191

9.5　SCI 影响因子 ·· 193
　　9.5.1　SCI 影响因子概述 ·· 193

9.5.2　SCI 期刊分区 ··· 193
9.5.3　SCI 影响因子查找方法 ·· 194

第 10 章　学位论文撰写 ··· 196

10.1　学位论文的要求与特点 ··· 196
　　10.1.1　学位论文的学术水平 ·· 196
　　10.1.2　学位论文的特点 ·· 196
10.2　学位论文的开题 ··· 197
　　10.2.1　学位论文选题方法与步骤 ··· 197
　　10.2.2　开题报告的撰写 ·· 198
10.3　学位论文写作 ·· 198
　　10.3.1　学位论文的写作步骤 ·· 198
　　10.3.2　学位论文的基本格式 ·· 199

第 11 章　考研、留学与就业信息检索及利用 ··· 203

11.1　学习考试类信息的利用 ··· 203
　　11.1.1　新东方多媒体学习库 ·· 203
　　11.1.2　中科 UMajor 大学专业课学习库 ·· 203
　　11.1.3　中科 VIPExam 考试学习资源数据库 ·· 204
11.2　考研信息检索与利用 ··· 204
　　11.2.1　报考阶段 ··· 204
　　11.2.2　复习阶段 ··· 204
　　11.2.3　复试备考阶段 ··· 205
　　11.2.4　调剂阶段 ··· 205
　　11.2.5　考研相关网站和论坛 ·· 205
11.3　留学信息检索与利用 ··· 206
　　11.3.1　各国留学申请攻略 ··· 206
　　11.3.2　留学信息参考网站 ··· 208
11.4　就业信息的搜集 ··· 209
　　11.4.1　利用就业主管部门信息查找 ·· 209
　　11.4.2　利用企业信息查找就业方向 ·· 210
　　11.4.3　公务员考试信息检索与利用 ·· 210
　　11.4.4　就业知识信息的查找 ·· 211
　　11.4.5　常用就业网站推荐 ··· 211

附录　计算机实践教学指导 ·· 213

附录 A　计算机实践教学指导一（中文信息资源检索） ································· 213
附录 B　计算机实践教学指导二（外文信息资源） ······································· 217

参考文献 ··· 222

第 1 章
信息资源与信息素养

随着社会的发展和科学技术的进步,以计算机技术、网络技术和通信技术为代表的信息技术的迅猛发展,信息技术的创新性、渗透性、倍增性、带动性使人类社会形态发生了转变。关于信息社会的研究,在 20 世纪 70 年代成为西方学术界的热点问题。1980 年,美国社会学家阿尔温·托夫勒(Alvin Toffler)在他的著作《第三次浪潮》中提出"超工业社会"的概念,他认为人类社会已经经历了两次浪潮。第一次浪潮是农业革命,人类社会由原始狩猎社会发展为农业社会;第二次浪潮是工业革命,人类社会由农业社会发展为工业社会,工业社会创造了现有的世界物质文明和精神文明的基础。而第三次浪潮是信息革命,从 20 世纪 50 年代中期开始,人类社会由工业社会步入信息社会。美国社会学家约翰·奈斯比特(John Naisbitt)在他的《大趋势——改变我们生活的十个新趋向》一书中提出人类社会分为农业社会、工业社会、信息社会 3 个阶段,目前"虽然我们还认为是生活在工业社会,但是事实上已经进入了一个以创造和分配信息为基础的社会——信息社会"。进入信息社会的第一个标志是从事信息活动的人数超过从事物质生产活动的人数,根据这个标志,美国从 1956 年开始进入信息社会,因为这一年美国历史上第一次出现从事技术、管理和事务的白领工人人数超过蓝领工人,美国的大多数人开始从事信息生产活动,而不是物质生产活动。第二个标志是 1957 年苏联发射了第一颗人造地球卫星,这意味着全球信息革命的重大发展,其重要意义在于开辟了全球卫星通信时代,人造地球卫星把全世界变成了地球村。奈斯比特第一次完整且具体地描述了信息社会的内涵:在新的信息社会中最重要的战略资源是信息而不是资本,知识已成为生产力和成就的关键,知识产业为经济社会提供必要的和重要的生产资源。在高技术的信息社会中,人们以脑力劳动为主,而不是像工业时代的工人那样以体力劳动为主。特别是 1946 年第一台通用计算机的发明,使人类更加快速地进入了信息社会。这场改变世界的信息革命所带来的信息化,经历了一个从数字化开始向网络化和智能化发展的过程。进入 20 世纪 90 年代,我国学者也从不同的学术领域对信息社会进行了初步的探讨和研究,这些研究大多集中在对信息社会的概念和基本特征的分析上。

在信息社会中,信息和知识成为经济发展中超过劳动力和资本的最重要的因素,人类社会的形态发生了转变,大部分人从事着信息工作,社会中最重要的因素转变为知识,在不知不觉中,人们已经步入了信息社会。

随着信息社会的到来,作为这个社会最重要的个体——人类,既离不开社会,又是社会属性的活动体,其本质由各种社会关系决定。为了使每个个体尽早融入和适应发展的信息社会,学习能力成为人类必须具备的、最重要的能力之一,具备信息素养及掌握信息检索技能,逐渐引起社会的广泛关注,成为推进社会进步与发展的重要因素,以及促进人类发展的必要条件和前提。因而，在大学阶段，学生应该注意培养自己的信息素养，而信息检索和获取则是信息素养的重要表现。

1.1 信息概述

在当今社会中，信息无处不在、无时不在、无人不用。信息是一种资源，与知识、文献和情报之间有着密切的联系，是社会进步、经济与科技发展的源泉。信息像空气和水一样对人类社会的发展有重要作用，每个人都需要从各种各样的信息源中收集和利用信息，为决策提供参考依据。及时获得必要和准确的信息是个人、社会存在与发展的前提条件。

1.1.1 信息的概念

从古至今，人类的生活一直与信息密切相关。人类通过了解自然的信息来认识自然，通过社会信息来知悉人类社会的过去，利用信息进行发明创造。人类一直在不知不觉中创造、利用着信息。

信息（Information）有情报、资料、消息、报道之意。在中国历史文献中，"信息"一词最早见于唐代诗人李中的诗词"梦断美人沉信息，目穿长倚路楼台"（出自《暮春怀故人》）。《辞海》对"信息"有两种解释，一是指音讯、消息；二是指通信系统传输和处理的对象，泛指消息和信号的具体内容和意义。20世纪中叶以后，信息的概念被引入哲学、信息论、系统论、控制论、传播学、情报学、管理学、通信、计算机科学等领域。人们会从不同的学科角度给予"信息"不同的定义和理解。而今，"信息"不仅早已成为人们使用频率最高的词汇之一，也是人们在日常社会生活、工作、学习中随时随地能感受和使用的东西。

从通信学角度出发，信息是通信的内容。信息论的创始人香农（Claude Elwood Shannon）在《通信的数学理论》中把信息描述为："人们对事物了解不定性的减少和消除，是两次不定性之差。"他认为信息能够用来消除具有不定性的东西，信息的多少反映了消除不定性的大小。

从控制论角度出发，控制论的创始人维纳（N. Wiener）在《信息控制论》一书中指出："信息是人们在适应外部世界，并使这种适应反作用于外部世界的过程中，同外部世界进行相互交换的内容的总称。"

香农（Claude Elwood Shannon）

维纳（N.Wiener）

从哲学的认识论角度出发，我国大多数学者认为，信息就是信息，就像"数"的概念一样，它是客观世界中存在的一切物质的一种基本属性，用来提供客观世界的一切存在，从而减少人们对客观世界的认识和感知的不确定性。也可以说，它是自然界、人类社会和人类思维活动中普遍存在的一切事物的属性，即自然界、人类社会都会产生信息。人的大脑或感觉器官通过接收外界事物发出的种种消息、指令、数据、信号来识别事物的存在、发展和变化。因此，信息是一个内涵浅、外延广的概念。

从情报学角度出发，《信息与文献 术语》（GB/T 4894—2009）对信息的描述是：信息是物质存在的一种方式、形态或运动状态，也是事物的一种普遍属性。一般指数据、消息中所包含的意义，可以使消息中所描述的事件的不确定性减少。这一解释基本涵盖了信息的属性（客观存在性）、作用（消除不确定性）及形式（数据、消息等）。

信息是用文字、数据、信号等形式，通过一定的传递和处理，来表现各种相互联系的客观事物在运动变化中所具有特征内容的总称，包括事物内部结构及外部联系的状态和方式。信息是无形的，存在于整个自然界和人类社会。它是对客观事物的运动状态和特征的反映，是人们认识事物发展的基础。信息不是物质本身，而是物质的一种基本属性，有自然信息、生物信息、机电信息和社会信息等。

信息素养和信息检索所指的信息，是指经过采集、处理、记录并以可检索的形式存储的数据。

1.1.2　信息的基本属性

信息反映了事物之间的相互关系，是事物的表征，但它并不是事物的本身。信息来源于事物，又必须依赖物质作为传播的载体。信息既与事物有密切的联系，又与事物有明显不同的特征。其基本特征有以下几点。

（1）客观性。信息既不是物质，也不是能量，而是客观事物普遍性的表征，广泛地存在于自然界和人类社会，其存在不以人的意志为转移，是无处不在、随时都有的普遍社会现象。

（2）存储性。信息存储是指针对所采集的信息进行科学有序的存放和保管，以便被人们使用，其目的是将杂乱无章的信息集中、整序，以提高信息的利用率。

（3）传递性。信息的传递是与物质和能量的传递同时进行的。信息在事物之间的相互联系必定在信息的流动中发生。信息的传递性表现在人与人之间的消息交换，人与机器、机器与机器之间的信息交换，动物与动物、植物与植物、动物与植物之间的信息交换，人类进化过程的细胞选择也是信息的传递与交换。

（4）时效性。信息的时效是指从信息发生、接收到利用的时间间隔及效率。信息是有价值的，但是由于事物在不断变化，表征事物存在方式和运动状态的信息也必然会随之改变，即信息本身具有生命周期，其价值会随着时间的推移而改变甚至消失。

（5）积累性。信息通过人的大脑思维或人工技术设备的综合、加工和处理，不断积累丰富，其质量和利用价值被不断提高。

（6）相对价值性。信息的价值不同于普通商品，它是相对的，完全取决于人们对它的认识和重视程度，也就是说，信息的价值更多地体现在人们对它的开发和使用程度上。

（7）依附性。信息不能独立存在，需要依附于不同的载体。

（8）可处理性。人的大脑是最佳的信息处理器。人的大脑通过其思维功能可以对信息进行决策、设计、研究、写作、改进、发明、创造等多种信息处理活动。计算机也具有信息处理功能，可以通过压缩、转换、积累将信息存储在载体上。

（9）共享性。一般的物质交换遵循等价交换原则，而信息交换双方不会因为交换而失去原有的信息源，相反会为自己增加信息源。信息可以被一个用户使用，也可以被多个用户同时使用，而信息的本质不会被改变。

1.1.3 信息的类型

信息与和人类智能活动有关的知识、技术、科学、文化、社会等密切联系在一起，其涉及范围广泛，形成了不同的信息类型，以致很难用统一的标准进行分类。根据信息内容的特点，大体可将其按以下几种情况进行分类。

1. 按信息的载体分类

人类社会发展的不仅仅是信息，记载信息的物质载体形式也在不断更新，信息载体发展的总的趋势是由简单到复杂、由低级到高级的。按信息的载体进化过程，信息可分为如下几种类型。

（1）手写型信息。手写型信息是最古老的信息形式，主要是将知识等内容刻录在动物的皮毛或骨片上，或者书写在纸张或织物上。手写型信息包括甲骨、手稿、竹简、帛书/绢书等。

（2）印刷型信息。印刷型信息也称纸张型信息，是一种以纸介质为载体，以印刷方式为记录手段的信息类型。它是一种技术含量低，对个人来说使用相当方便的一种信息类型，人们对它司空见惯，是最常用的一种信息类型。几千年来，它对人类的阅读、信息的交流功不可没。印刷型信息的优点是便于直接阅读、使用方便，但较笨重，存储密度低，不便于加工、整理和收藏。印刷型信息包括纸质图书、期刊、报纸等。

（3）缩微型信息。缩微型信息是以感光材料为载体，以光学技术缩微照相为记录手段的信息形式，经历了一百多年的历史。在全息照相技术出现之前，缩微照相一般只是将文字、图像等信息符号进行一种等比的缩放。缩微照相是用照相机把书或资料拍到胶卷上，使用的时候，通过缩微阅读机可以将胶卷上的信息放大到原来的大小。缩微型信息的优点是存储密度较大、体积小、便于收藏保存、远距离传递，但不能直接阅读，需要借助缩微阅读机才能阅读。缩微型信息包括缩微胶卷、缩微胶片等。

（4）声像型信息。声像型信息也称视听型信息，它利用电、磁、声、光等原理、技术将知识、信息表现为声音、图像、动画、视频等信号，给人以直观、形象的感受。比起文字信息来，人们更乐于并容易接受声像型信息，声像型信息是人们认知、学习、文化娱乐的重要来源。声像型信息的优点是直观、生动，缺点是制作成本较高，需要借助一定的设备才能阅读。声像型信息包括记录有音像信息的磁性制品，如唱片、录音带、录像带、幻灯片、电影片、多媒体资料等。

（5）机读型信息。机读型信息也称电子型信息，其优点是存储密度高，出版周期短，易更新，传递信息迅速，可以融文本、图像、声音等多媒体信息于一体，信息共享性好，容易复制，识别和提取易于实现自动化；缺点是需要借助计算机等电子设备才能阅读，如电子书、电子期刊、联机数据库、网络数据库、光盘数据库等。机读型信息需要通过计算机对数据的存取与处理，才能完成文献信息的数字化，形成机读型信息。

2. 按信息的表现形式分类

信息的表现形式繁多，不同表现形式的信息传递了不同的信息内容。
（1）文字信息。文字是人们为了实现信息交流、通信联系所创造的一种经过约定的形象符号。文字、符号、代码均是信息的表达形式，其内容再现于它们的结构属性之中。

（2）数值数据信息。数值数据是信息的数字形式或数字化的信息形式。狭义的数据是指有一定数值特性的信息，如统计数据、气象数据、测量数据及计算机中区别于程序的计算数据。广义的数据是指在计算机网络中存储、处理、传输的二进制数字符编码。文字信息、图像信息、语言信息及从自然界直接采集的各种自然信息等均可转换为二进制数字符编码，网络中的数据通信、数据处理和数据库等就是广义的数值数据信息。

（3）图像信息。图像是一种视觉信息，它比文字信息更直接，更易于理解。随着多媒体技术的发展，各类图像信息库将极大地丰富人类生活。

（4）语音信息。人讲话实际上是大脑的某种编码形式的信息转换成语言信息的输出，是一种最普遍的信息表现形式。音乐也是一种语音信息形式，是一种特殊的声音信息，音乐通过演奏的方式表达丰富多彩的信息内容。

需要指出的是，随着信息交流渠道的扩大，科学技术特别是信息技术的迅速发展，科技信息出版各类型之间的耦合现象也日趋明显，如有的信息在以会议论文的形式发表的同时，还可能以期刊文献或科技报告的形式发表。又如，随着多媒体技术的发展，图像和语音信息也是计算机可读取的，印刷型信息也同时出版网络版信息。

3. 按信息的出版形式分类

（1）图书。联合国教科文组织对图书的定义为：图书（Book）是指由出版社（商）出版的不包括封面和封底在内的49页以上的印刷品，具有特定的书名和著者名，编有国际标准书号，有定价并取得版权保护的出版物。图书包括专著、教科书、各种科普读物及专业参考工具书等。图书的内容系统、成熟、定型、可靠性强，是人们从事学习、研究不可缺少的信息来源。传统印刷业图书出版周期长、体积大、更新速度慢，而电子版图书的出现则弥补了这一缺陷。

正规出版的普通图书都有国际标准书号（International Standard Book Number，ISBN）。从2007年1月1日起，ISBN由10位数字升级至13位数字。

（2）期刊。期刊（Journal）是指一种有固定名称、定期或按公示的期限出版的连续出版物。与图书相比，期刊最突出的特点是出版数量大、具有连续性、出版周期短、内容新，能迅速反映科技研究成果的新信息。期刊作为重要的文献信息源还体现在世界上所有主要检索工具都以期刊为主要收录对象（约占90%以上），可以比图书更快、更方便地查找到所需资料。每种期刊都有一个永久专属的国际标准连续出版物号（International Standard Serial Number，ISSN），由8位数字组成，分两段，每段四位数，如ISSN 1002-1027。期刊名称变更时要重新申请ISSN。期刊停刊后ISSN不会被其他期刊再使用。

（3）会议文献。会议文献（Proceeding）是指在国内外学术团体举行的专业会议上发表和交流的论文或报告，其特点是专业性强、内容新、学术水平高、出版发行较快，大部分是本学科领域内的新成果、新理论、新方法。与期刊相比，会议文献传播情报信息更迅速，能够反映某学科、某专业的最新成果和发展动向，是科研工作不可缺少的信息源。

（4）学位论文。学位论文（Dissertation）是高等院校或研究机构的学生为取得各级学位，在导师指导下完成的科技研究、科技试验成果的书面报告，需要经专家评审、鉴定通过。学位论文具有较强的学术性，往往有独到的见解。学位论文的纸质资料一般由学位授予院校保存，其电子数据可在网上数据库检索。

（5）专利。专利（Patent）是记录有关发明创造信息的文献，包含技术信息、法律信息和经济信息。广义的专利包括专利申请书、专利说明书、专利公报和专利检索工具，以及与专利有关的一切资料；狭义的专利仅指各国专利局出版的专利说明书。专利具有独创性、实用性、新颖性等特征，是重要的技术经济信息来源。

（6）科技报告。科技报告（Report）是指各学术团体、科研机构、大学研究所的研究项目及其研究过程的记录。科技报告的理论性强，是了解某一领域的科研进展、发展动态的重要情报来源；但是科技报告保密性强，难以获取。例如，美国著名的四大报告：PB报告、AD报告、NASA报告、DOE报告。

（7）政府出版物。政府出版物（Government）是由政府机构制作出版或由政府机构编辑并授权指定出版商出版的文献。它主要包括两大类：一类是行政性文献信息，包括宪法、司法文献；另一类是科学技术文献信息，主要指政府部门出版的科技报告、标准、专利文献、科技政策文件等。前者占政府文献信息的60%~70%，后者数量相对较少。

（8）报纸。报纸（Paper）是指出版周期比较短的定期连续出版物。报纸的基本特点是内容新、读者多、涉及面广、影响面广。及时性是报纸区别于图书和期刊最主要的特征，又称新闻性和时间性。

（9）技术标准和规范。狭义的标准（Standard）是指按规定程序制定、经公认权威机构批准的一整套在特定范围内必须执行的包括技术规范、技术标准、操作规程、建议、准则、术语、专有名词等在内的各种技术文件。广义的标准是指与标准化工作有关的一切文献，包括标准形成过程中的各种档案、宣传推广标准的手册及其他出版物，以及揭示报道标准文献信息的目录、索引等。

（10）产品资料。产品资料（Production）是制造厂家或产品销售者介绍其产品的宣传性出版物，包括产品目录、产品说明书、产品样本等。由于产品资料附有大量图表，因此具有直观的特点，缺点是时间性强、使用寿命短、理论内容介绍极少等。

（11）档案。档案（File）是国家机构、社会组织及个人从事政治、军事、经济、科学、技术、文化、宗教等活动直接形成的具有保存价值的各种文字、图表、声像等不同形式的历史记录，是完成了传达、执行、使用或记录现行使命而留备考查的文件材料。档案以其记录性和原始性于一体的特点区别于遗留下来的实物，又因其可靠性和稀有性而区别于一次文献，这就使相当一部分档案在一定时间内是受到保护的，在利用上有特殊的要求和价值。其中的技术档案还具有技术性、适用性、保密性等特征。

（12）灰色文献。灰色文献（Gray Literature）是对一些特殊类型的文献信息的总称，一般被看作非公开出版物。它的研究内容不成熟，流通渠道特殊，没有固定的形态、名称和篇幅，制作份数少，容易绝版，但是往往具有特殊的参考价值。

4．按信息的加工程度分类

人们基于信息的传递链和加工处理深度，将其划分为零次信息、一次信息、二次信息、三次信息。

（1）零次信息。零次信息是尚未进行整理或最后定稿的一类信息的总称。零次信息是信息的一部分，是一切信息产生的源信息。

（2）一次信息。一次信息是作者本人以自己的研究或劳动成果为基本素材而创作的原始信息，包括第一次报道的、第一次书写的或第一次出版的信息。一次信息一般指知识的直接生产者以最初发现、发明的，具有新理论、新方法、新见解的资料为内容出版的原始文献，如期刊论文、会议文献、专利说明书、学位论文等。

（3）二次信息。二次信息是指信息工作者将大量分散、无序的一次信息进行筛选，通过加工整理、提炼和浓缩，并按信息的外部特征（如题名、作者等）或内容特征（如主题词、分类号等）编排而成的一种系统化的工具性信息，如目录、题录、文摘、索引等。二次信息具有汇集性、系统性和工具性，它是对信息的第二次加工，揭示的不是一次信息本身的具体内容，而是某个特定范围或领域内的一次信息的线索。二次信息是进行信息检索的主要工具，学习信息检索主要就是要掌握二次信息的使用方法。

（4）三次信息。三次信息是指利用二次信息系统地检索出一批相关的一次信息，并对其运用科学方法和专业知识进行深入研究后加工出的一种新的信息。三次信息通常是围绕某个专题，利用二次信息检索搜集大量相关的一次信息，再对其内容进行深度加工而成的信息。属于这类信息的有综述、评论、述评、字/词典、百科全书、年鉴、手册等。这些对现有成果加以评论、综述并预测其发展趋势的信息，集中反映了科学研究与发展的最新前沿成就和状况，具有较高的实用价值。

从零次信息到一次信息，又从一次信息到二次信息，再从二次信息到三次信息，反映了信息由广博到简约、由分散到集中、由无序到有序，再由有序到有机的结构化和系统化的过程。零次信息是一次信息的来源，一次信息是零次信息处理的结果。零次信息可能会被信息获取者直接应用，也可能会经过一次或多次加工而传递成为一次信息、二次信息、三次信息再被其他信息接收方应用。一次信息是二次信息的基础，是信息检索的对象；二次信息是检索一次信息的检索工具；三次信息是一次信息、二次信息的浓缩、升华和延伸。反观零次信息、一次信息、二次信息、三次信息，基本上后者是在前者的基础上产生的，它们之间存在"逆向依附性"。

1.1.4 知识、信息、文献与情报

1. 知识

知识（Knowledge），即人类认识的成果或结晶，包括经验知识和理论知识。经验知识是知识的初级形态，系统的科学理论知识是知识的高级形态。《现代汉语词典》中对知识的定义是，人们在改造世界的实践中获得的认识和经验的总和。人们通过来自自然界和人类社会的不同信息以区分各种事物，从而认识世界，并最终改造世界；而在认识世界的过程中又把这种已经获得的信息，通过大脑中的思维重新组合，汇集成知识。也就是说，知识是人类对信息、对客观事物规律的认识，是人们在社会实践中积累起来的经验，是通过实践对客观事物及其运动规律的认识。人类社会的进步，正是知识不断积累、不断更新的过程。

综上所述，知识是人类的主观世界对于客观世界的信息进行概括、总结和反映的产物。人类的知识有两种，一种是显性知识，即能够被人类以一定符码系统（如人类的语言，也包括数学公式、图表、盲文、手势语等）加以完整表述的知识；另一种是隐性知识，与显性知识相对，是指那种人类可以感知，但无法表述的知识。

2. 信息

信息是知识的源泉和基础，人们通过信息来认识和掌握自然界、人类社会的活动规律。人

的大脑（以下简称"人脑"）通过思维重新组合信息、加工信息，使其系统化。人脑对信息加工的成熟度会因人的学术水平和思考时间而存在差异，学术水平高的人对信息进行精心加工能产生高质量的知识，即信息转变成知识。人们利用获取的知识再创造新信息，知识又转化成了信息。信息与知识密不可分，但信息不等于知识。英国著名情报学家布鲁克斯（B. C. Brooks）这样表述信息与知识的关系：信息是使人原有的知识结构发生变化的那一小部分知识。

在大学时代，学生单纯的学习知识已经远远不能满足时代对个人能力培养的要求，终身学习、终身教育的理念已经被广泛接受。面对信息的急剧增长、知识的不断更新，我们不得不认真学习和研究获取信息的方法，掌握从大量的、无序的信息和知识中搜索有用的、准确的信息和知识的技能。

3. 文献

为了把人类的知识传播开来和继承下去，人们用文字、图像、符号、声频、视频等手段将其记录下来，写在纸上或存储在介质上，这种附着在各种载体上的记录被统称为文献。

《国家标准文献著录总则》对文献的定义为：文献指记录有知识的一切载体。这就是说文献具有两个要素：一是，知识内容，人类的知识是在社会实践中后天形成的，是对现实的反映；二是，物质载体，载体是知识的外在表现形式，是文献的外在形态，它可以是甲骨、青铜器、纸介型、胶片、磁带、磁盘、光盘等。文献中的知识和载体，既有不可分割性，又有相对独立性，也就是说，文献的内容不会因为载体形式的改变而改变，不同的文献载体也可以传播同一个内容的知识。

文献积累着知识，保存着人类文化遗产，它汇集了人类创造的精神财富，是知识的宝库。文献在时间上的传递，实现了人类从古到今的知识传承和发展；文献在空间上的传播，促进了同时代人们之间知识的交流和沟通，从而推动社会的发展。但是同时也要注意，文献所传递的知识是人们对客观世界认识的反映，因而不一定完全符合客观世界表现出来的信息内容，这取决于人们在认识水平、立场观点、思考方法和时代因素等方面的差异。

4. 情报

在古代，情报首先产生于军事领域。《辞源》指出："定敌情如何，而报于上官者是为情报"。《辞海》中认为："战时关于知情之报告，曰情报。"这些解释反映了情报传递消息的功能及构成情报的两个基本要素——"情"与"报"，强调情况、消息的传递和报道作用。到了近代，随着科学技术的迅速发展，创造与传播知识的工作有了新的发展，人们对情报的概念也有了新的认识。

在东西方文化的交流过程中，信息和情报在媒体上经常混用，"information"一词既可译为"信息"，也可译为"情报"，但事实上，信息和情报是有区别的。钱学森将情报定义为：在特定的时间、特定的状态下，传递给特定对象的有用的知识和信息。也就是说，情报是为解决特定问题而需要的知识或信息。情报来源于知识和信息，具有知识性、信息性、动态性、效用性、时间性等属性。符合人们特定需求的信息和知识一旦进行了有效传递，即具备了价值性、时间性等特征，就成了情报；而失去时效性的情报又可以还原为知识和信息。知识和信息在人类社会实践活动中被动态地接收与利用，并通过情报的传递功能产生效用。情报在传递过程中启迪人们的思维，改变人们的知识结构，提高人们的认知能力，并实现知识的社会价值和经济价值。

综上所述，情报是对信息和知识的激活。

5．知识、信息、文献与情报的关系

知识、信息、文献、情报在内容和范围上存在一定的从属关系，如图 1-1 所示。

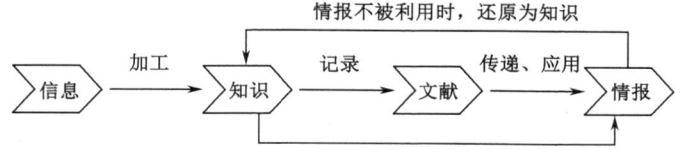

图 1-1　知识、信息、文献与情报的关系图

信息是物质的表现形式，和其所表现的客观事物一样，无处不在、无时不有。知识、文献和情报都是信息的深化、积累，是优化了的信息，它们的产生离不开信息和信息的传递。从外延上看，知识、文献、情报都包含在信息之中。从文献和情报的定义可以看出，文献是记录各种知识的存储载体和重要的传播工具，是重要的知识源。情报是针对特定目的而传递的有价值的信息和知识。情报蕴含在信息和知识之中，并非所有的信息和知识都是情报，但情报一定是信息或知识。

总之，知识是系统化的信息，文献是记录知识的载体，情报是信息与知识的有效传递。信息的生命过程中有两次转化，一次是信息转化为知识、文献和情报；另一次是知识、文献和情报转化为信息。

1.2　信息资源

资源一般是指那些能够创造物质财富的东西，如物质、能量，被称为有形资源。信息在现代社会也同物质、能量一样能够创造财富，是一种重要的资源。但是严格地从资源的角度来看，并非所有的信息都是资源，只有经过人类开发、组织与利用的信息才能被称为信息资源。信息资源是通过不同媒介和渠道获取的，可以直接转化为社会生产力的基本要素，以及存在于生活、工作环境中的一切信息。信息资源与物质、能量资源不同，它被称为第三资源，是一种无形资源，可以创造财富，但信息资源不遵从能量守恒定律，信息资源取之不尽、用之不竭。

1.2.1　信息资源概述

信息资源是人类在社会实践中，通过对信息的获取、筛选、处理、传输并存储在一定的载体上进行利用而产生的，可为人类创造新的物质和精神财富的信息集合。我国数量经济学和信息经济学学者乌家培教授认为，对信息资源有两种理解，一种是狭义的理解，即指信息内容本身；另一种是广义的理解，指的是除信息内容本身外，还包括与其紧密相连的信息设备、信息人员、信息系统和信息网络等。武汉大学马大川教授认为：广义的信息资源是指信息和它的生产者及信息技术的集合；广义的信息资源由三个部分组成，一是人类社会经济活动中的各类有用信息，二是为某种目的而生产有用信息的信息生产者，三是加工、处理和传递有用信息的技术；狭义的信息资源则仅指人类社会经济活动中经过加工、处理、有序化并大量积累后的有用信息的集合，它包括科学技术信息、政策法规信息、社会发展信息、经济信息、市场信息、金融信息等多面的内容。长江大学杨绍武教授认为：信息资源是使信息在生产、流通、加工、储存、转换、分配等过程中，作用于信宿（用户）进行开发利用，为人类社会创造一定财富的一种社会资源。

从以上几个人的观点来看，信息资源的定义可以分为广义和狭义两种。广义的信息资源是指人类社会信息活动中积累起来的信息，以及信息生产者和信息技术等信息活动要求的集合。狭义的信息资源是指人类在社会活动中经过加工、处理、有序化并大量积累起来的有用信息的集合。

1. 信息资源的特征

1）信息资源具有经济资源的一般特征

信息资源与物质资源和能源资源一样，具有经济资源的一般特征。这些特征包括以下几个方面。

（1）作为生产要素的人类需求性。传统的人类经济活动主要依赖物质原料、劳动工具、劳动力等物质资源和能源资源的投入。在信息时代，信息不仅是一种重要的生产要素，而且还是一种重要的非信息生产要素"促进剂"。信息可以通过与这些非信息生产要素的互相作用，使自身价值倍增。例如，不太熟练的劳动力通过接受教育，可以变成熟练的、工作效率较高的社会劳动者。

（2）稀缺性。稀缺性是经济资源最基本的特征。在既定的技术和资源条件下，物质资源和能源资源都是有限的，有的人对这些资源利用多了，其他人就只能少利用甚至不利用。信息资源同样具有稀缺性，其原因主要有两个，一是信息资源的开发需要相应的成本（包括各种稀缺性的经济资源）投入，要拥有信息资源，就必须付出相应的代价。因此，在既定的时间、空间及其他条件约束下，某一特定的经济活动行为者由于人力、物力、财力等方面的限制，其信息资源拥有量是有限的。二是在既定的技术和资源条件下，任何信息资源都有固定不变的总效用，但当它每次被投入经济活动时，资源使用者总是可以得到总效用中的一部分（也可能是全部），并获得一定的利益，随着被使用次数的增多，这个总效用会减少。当总效用减少到零时，该信息资源就会被"磨损"掉，不再具有经济意义。这一点与物质资源和能源资源的总量随着利用次数的增多而减少所表现出来的资源稀缺性相比，虽然在表现形态上有所不同，但在本质上确非常相似。

（3）使用方向的可选择性。信息资源具有很强的渗透性，它可以渗透到经济活动的方方面面。同一信息资源可以作用于不同的对象上，并产生多种不同的作用效果。

2）信息资源与物质资源和能源资源相比具有特殊性

信息资源与物质资源和能源资源相比具有特殊性，这种特殊性主要表现在时效性、共享性和动态性三个方面。

（1）时效性。信息资源比其他任何资源都更具有时效性。一条及时的信息可能价值连城，使濒临倒闭的企业扭亏为盈，成为行业巨头；一条过时的信息则可能分文不值，甚至使企业丧失难得的发展机遇，酿成灾难性的后果。

（2）共享性。物质资源和能源资源的利用表现为占有性消耗。当物质资源或能源资源的总量一定时，在资源利用上总是存在竞争关系，即"你多我就少"；但信息资源的利用就不存在上述的竞争关系。同样的信息资源不会出现因为利用的人多其总量就减少的现象。

（3）动态性。信息资源是一种动态资源，呈现出不断丰富、不断增长的趋势。

2．信息资源的组织与管理

信息资源的混乱无序造成了信息利用效率低下，因此必须对信息资源进行有效的组织与管理。信息资源的组织与管理是一门新兴学科，涉及信息科学、计算机科学、管理学、经济学等多学科领域，其理论与方法体系尚在形成与发展之中，但究其本质，主要包括信息资源组织与信息资源管理两大内容。

1）信息资源组织

信息资源组织在信息资源开发中具有重要的地位，具有承上启下的作用。它是建立信息系统的重要条件，是信息存储与检索的基础，是发挥信息效用、创造价值的保证。

信息资源组织包括信息资源内容本身的组织，即利用一定的科学规则和方法，对信息资源的内容特征进行规范化和整序化，实现无序信息向有序信息的转换，从而保证用户对信息的有效获取和利用。信息资源组织还包括信息的有效流通和组合，以实现信息资源的开发、利用、管理和控制。

信息资源组织的目的是使信息特征有序化、信息流向明确化、信息流速适度化。在信资源组织的过程中，一般应遵循以下原则。

（1）科学性原则。要用科学的方法来研究信息资源的分布规律，以科学的态度对那些缺乏社会监督的信息资源进行鉴别，去粗取精，去伪存真。

（2）系统性原则。只有对信息资源进行系统、连续的组织，才能发挥其效用，尤其是重点资源或特色资源，绝不能中断或不成系统。按照系统论的观点，每种信息只有当它是整个信息集合体的一个有效组成部分时，才能充分发挥其潜在的能量。

（3）效益性原则。信息资源组织与管理的效益性，包括社会效益和经济效益两个主要方面。社会效益是指信息的使用对社会持续发展和社会进步产生有益的效果，给读者或用户带来方便和使读者满意的程度。经济效益是指信息资源对科技进步、宏观决策及相关产业发展所起的作用。

2）信息资源管理

信息资源管理是为了实现信息资源组织的目标、要求，解决信息资源组织的环境问题，综合应用现代信息技术和管理技术，对信息资源涉及的各要素（信息、技术、人员、设备、资金、规范、机构等）进行开发、规划、协调、控制、集成和利用的一种战略，确保对信息资源的有效利用。

信息资源管理的目的可以概括为三个方面：一是促进信息资源组织目标的实现，满足用户对信息产品和信息服务的需求，为政府部门进行决策和实施调控提供规范和有序的信息支持；二是降低社会信息流的混乱程度，提高信息产品的质量和价值；三是建立信息产品与用户的联系，减少社会信息活动的总成本。

1.2.2 信息资源的类型

信息资源的类型可分为口语信息资源、体语信息资源、实物信息资源、文献信息资源、网络信息资源和多媒体信息资源。

1．口语信息资源

口语信息资源是指人们利用交谈、聊天、授课、讨论等方式交流和传播的信息资源。人脑具有存储信息的能力，当外界的信息摄入人脑后，人脑就出现了认识和记忆。这种认识包括思考、见解、看法观点，是推动研究的最初起源，它们的形成常常缺乏完整性和系统性。因此初始阶段难以通过文献形式表达，但可以通过口头交流来传递。口语信息资源的特点是出现早、传递迅速、互动性及偶发性强，但稍纵即逝，传递时容易出现差异。因此对通过这种方式了解到的信息资源应该记录下来，并加以证实。

2．体语信息资源

体语信息资源是指以人的动作、表情、手势、姿势等方式传达的信息，如舞蹈、体育比赛、杂技等活动。其特点是直观性强，生动、丰富，富有感染力，使人印象深刻，但此类信息资源的容量有限。

3．实物信息资源

实物信息资源是指以实物（如文物、模型等）形式表达的信息资源。它具有其他信息资源不具备的多种优点，如直观性、客观性、实用性强，信息量大，一种实物样品可以承载多种信息，因此实物信息资源是一种综合信息，但需要通过知识、智慧、经验和工具挖掘其大量隐含的信息。实物信息资源可以通过举办展览、展销、陈列，参观博物馆，样品交换等途径进行搜集和交流。

4．文献信息资源

文献信息资源是指以文字、图形、符号、声频、视频等形式记录在各种载体上的知识和信息，包括图书、连续出版物、学位论文、专利、标准、政府出版物等特种文献。其特点是经过加工、整理，较为系统、准确、可靠，便于保存与利用，但也存在信息相对滞后，部分信息尚待证实的情况。

5．网络信息资源

网络信息资源是指以电子形式存储于由成千上万台计算机组成的网络中的信息资源。它包括各类数据、电子文件、学术论文、图书、软件、商业活动等信息资源。

6．多媒体信息资源

多媒体信息资源是将电信、电视、计算机三网相互融合，集图、文、声、像于一体的信息资源，它包括网上广播电视、专题论坛、网上广告等。多媒体信息资源打破了图书、报刊、广播、电视等单项媒体的界限，形成交互式媒体信息，可通过主题、文本、模板匹配、视频检索等方式进行检索。多媒体信息资源的出现使人们接收的信息资源不但有文字、图像，还有声音等，图、文、声并茂，丰富多彩。

1.3 信息素养与元素养

当今世界，人类社会正处于一个信息爆发式增长的时代，信息素养是生活在现代社会中的每个人所必须具备的基本素质，越来越受到世界各国的关注和重视。现代社会的竞争，越来越表现为信息积累、信息能力和信息开发利用的竞争。为此，了解信息素养的含义、注重提高信息意识、开展信息道德教育、明确信息素养教育内容是非常重要和具有现实意义的。

1.3.1 信息素养的基本概念

1．素养

素养在《汉语大辞典》中的解释是：修习涵养，平素所供养，如文学素养。这种解释偏重素养的获得过程，指出"素养"并非一朝一夕所能形成的，而是长期"修习"的结果。英语对素养（Literacy）的解释则偏重结果，有两层含义：一是指有学识、有教养的人，多用于学者；二是指能够阅读、书写的人，即有文化的人，一般用于普通大众。无论是从过程还是从结果来看，素养都是动态发展的，我们认为素养是由训练和实践获得的技巧或能力。

与素养相近的另一个词汇是素质。《汉语大辞典》中对"素质"有四种释义：一是指白色质地；二是指白皙的容色；三是指事物本来的性质；四是指人的神经系统和感觉器官的先天特点。素质在心理学上是指人的某些先天特点，是事物本来的性质（Quality）。由此可知素养区别于素质主要表现在以下四个方面。

（1）素养是后天养成的，而不是天生的，素养的养成更多地取决于环境和教育。

（2）素养是可以培养的，素养的培养是一个从低到高、逐步发展的过程；作为发展中的人，随着时代的发展，需要不断提升自己的素养以适应社会发展和自身发展的需要。

（3）素养是多层面的，它涉及从意识到实践、由心理到生理、从言谈到举止、从思想到行为等全方位的问题。

（4）素养是综合的，孤立的素养是不存在的。素养的培养与人的全面发展是相一致的。

综上所述，"素养"区别于更多受先天因素影响的"素质"。

2．信息素养

信息素养（Information Literacy，IL）的概念最早是美国信息产业协会（Information Industries Association，IIA）主席保罗·泽考斯基（Paul Zurkowski）于1974年在向美国国家图书馆与信息科学委员会（National Commission on Libraries and Information Science，NCLIS）提交的一份报告中提出的。这份报告将信息素养解释为：利用大量的信息工具及原始信息源使问题得到解答的技术和技能。

1989年，美国图书馆协会（American Library Association，ALA）将信息素养定义为：具有较高信息素养的人，必须能够充分地认识到何时需要信息，并能检索、评价和有效地利用所需信息。从根本上讲，具有信息素养的人知道如何学习和掌握信息的组织机理，知晓如何发现和利用信息，是有终身学习能力的人，具有信息素养的人有能力为任何任务或决策找到所需信息。目前，该定义已得到广泛认同。

2015年，《高等教育信息素养框架》（*Framework for Information Literacy for Higher Education*）指出：信息素养是指包括对信息的反思性发现，对信息如何产生和评价的理解，以及利用信息创造新知识并合理参与学习团体的一组综合能力。美国《高等教育信息素养框架》将信息素养的内涵提升到了更高层次。

信息素养是一种基本能力，也是一种涉及各方面知识的综合能力，还是对信息社会的适应能力。美国教育技术 CEO 论坛 2001 年第四季度报告提出：21 世纪的能力素质，包括基本学习技能（读、写、算）、信息素养、创新思维能力、人际交往与合作精神、实践能力。

1.3.2 元素养的内涵与培养目标

数十年来，美国大学与研究图书馆协会（ACRL）在推进高等教育信息素养中一直承担着主导作用。于 2000 年发布的《高等教育信息素养能力标准》，掀起了各国信息素养能力教育高潮。然而随着信息社会的发展，信息技术的提高，我们赖以工作和生活的信息生态系统和环境也呈现出活跃、无定性的特点。有关信息获取、信息利用的相关素养概念不断出现，人们开始重新思考、审视、认识信息素养的地位和作用。2011 年 1 月，美国信息素养教育专家 Mackey Thomas P. 和 Jacobson Trudi E.在 *College & Research Libraries* 上发表了 *Reframing Information Literacy as a Metaliteracy*（《重构信息素养为一种元素养》）一文，首次提出元素养（Metaliteracy）的概念。

1. 元素养

我们处在一个动态的信息社会中，学会创造和共享信息是一项必不可少的技能。元素养扩展了传统信息技能范畴，它把参与数字环境中的协作生产信息和共享信息包括进来，将信息素养内涵从信息确定、获取、定位、了解和使用信息延伸到了信息的创作、生产和共享。元素养强调批判性思维和交互协同能力，通过信息素养教育中学习者在情感和元认知方面的变化，不断适应新兴技术，具有元素养的人既是信息的使用者，也是信息的创造者、合作者和分配者，可以自主适应瞬息变幻的信息社会环境，通过各种素养的融合来提升学习者的整体综合基础能力。元素养是一种根本的、自我参照的综合框架，即催生其他素养的素养。元素养要求学习者从行为上、情感上、认知上及元认知上参与信息生态系统中，这是信息素养教育的全新理念。元素养概念模型如图 1-2 所示。

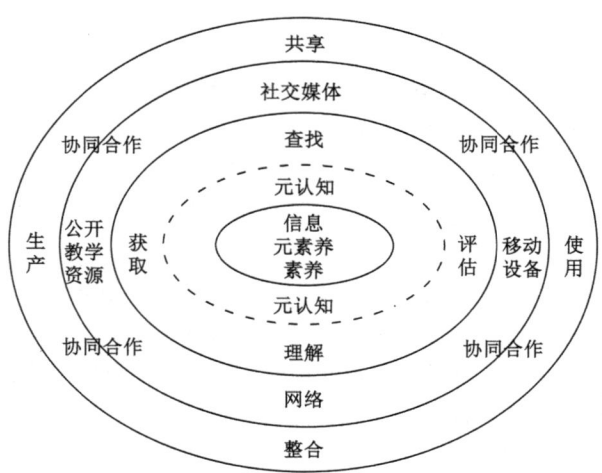

图 1-2 元素养概念模型

元素养概念模型表明元素养是以信息素养为基础，强调思考问题的批判能力、信息的甄别能力和元认知能力的培养。在社交媒体、移动化、在线实时和开放教育资源的大环境下，信息素养的内涵查找、获取、评估和理解固然重要，但元素养更强调信息的共享、使用、整合和生产。

元认知作为一项重要的信息素养能力，是元素养概念中的重要组成要素，在信息问题解决过程中，特别是在处理复杂认知问题中扮演着重要的角色。元认知能力要求用户不仅要学会各种信息查询技能，更要掌握使用这些技能的知识与能力，强调对自己思考过程的认识和理解。元认知重点在于人们如何学习和处理信息，同时考虑个人对如何学习的认识；知识技能是学习者理解了阈概念之后所具备的技能或能力，体现了学习者增强对信息素养概念理解的方式；行为方式是指以特定的方式行动或思考的倾向。具体地讲，行为方式是偏好、态度和意图的统称，也指人偏好以某种特定方式实践的综合能力，描述了人处理对待学习的情感、态度或评价维度的方式。学而不思则罔，思而不学则殆，提倡元认知，能让学生通过对学习结果和过程的反思来探求学习之道。

2. 元素养培养目标

元素养学习分为 4 个领域，指向 4 个培养目标。其中，每个培养目标又细分为若干个细分指标，每个细分指标分属于不同的领域。元素养在秉承信息素养原则的基础上，增加了一些能够反映不断发展的信息环境的新目标，多数细分指标远超传统信息素养内容，促使元素养学习者不断学习。

元素养学习的 4 个领域包含行为（Behavior）、认知（Cognition）、情感（Affectivity）、元认知（Metacognitive）。元素养的培养目标分为以下四个方面。

（1）能批判性地评估动态演化的信息内容和网络情境，包括动态、在线内容的变化和发展，如文章预印本、博客、维基百科等。

（2）能结合变化的技术环境理解信息。

（3）在多元化信息参与环境中协同和共享信息。

（4）具备针对个人、学业及专业目标，学习和科研相结合的终身学习能力。

具体如表 1-1 所示。

表 1-1 元素养学习的目标领域

领域名称	相关描述	培养目标
行为	学习者完成学习后应具备的技巧和能力（信息利用、科研能力等）	（1）（2）（3）
认知	学习者完成学习后知道"做什么"（理解、应用、组织、评估信息）	（1）（2）（3）（4）
情感	学习者完成学习后态度或情感的转变	（1）（2）（3）
元认识	学习者完成学习后对自己思路的反思，知道为何学、如何学、知道和不知道什么、观念是否有偏差、如何继续学习等问题的自我剖析（批判式反思）	（3）（4）

总之，元素养培养旨在培养学生具备信息探究能力，掌握如何学习、了解知识的结构，知道如何获取信息，高效地发现自己所需要的有用信息，以及帮助学生具备必要的批判性思维，在学习中学会独立思考和判断。积极探索元素养的培养方式和目标，有助于完善信息素养教育体系。

3. 高等教育信息素养框架

2015 年 1 月，《高等教育信息素养框架》（以下简称《框架》）正式颁布，《框架》围绕元认知对信息素养进行了重新定位，支撑《框架》的两个新概念是元素养和阈概念（Metaliteracy and Threshold Concepts）。

《框架》以元素养和阈概念为理论基础，确定元素养是催生其他信息素养的核心素养，从全新的角度定义在信息生态系统中高校学生应具备的信息知识和能力，以及应有的行为方式和情感态度。其核心是将许多信息研究和学术方面的相关概念和理念融汇成一个连贯的整体，是美国高等教育界和图书情报界在信息素养教育中的又一里程碑，《框架》的颁布预示着传统信息素养教育向元素养教育观念的转型，对于在国际范围内开展信息素养教育具有很强的前瞻性。

《框架》特别使用了框架（Framework）一词，它围绕一系列的"框架要素"（Frames）制定而成。这些"框架要素"是指学生要想在学科、专业或知识领域取得真才实学，就必须要通过的哪些阈概念。每个"框架要素"包含知识技能部分，用于说明如何灵活运用所掌握的概念，并利用它们创造新知识。每个"框架要素"也包含一系列针对学习情感的行为方式，供学习者灵活选择实施。"框架要素"指出学生要想在学科、专业或知识领域取得真才实学，就必须要知道什么、掌握什么。

《框架》按六个框架要素编排，每个框架要素都包括一个信息素养的核心概念、一组知识技能及一组行为方式。代表这些框架要素的六个概念按其英文字母顺序排列如下。

（1）权威的构建性和情境性（Authority is Constructed and Contextual）。

（2）信息创建的过程性（Information Creation as a Process）。

（3）信息的价值属性（Information has Value）。

（4）探究式研究（Research as Inquiry）。

（5）对话式学术研究（Scholarship as Conversation）。

（6）战略探索式检索（Searching as Strategic Exploration）。

阈概念是指在任何学科领域中，为增强理解、思考及实践方式起通道或门户作用的理念，是一些核心的或基础的概念。学习者一旦掌握这些概念，就可以创建新的视角，以及对某学科或者挑战性知识领域的认识方法。这类概念会引起学习者内部的变化；没有它们，学习者无法在该知识领域获得专业知识。阈概念可以被认为是门户，即学习者必须通过它才能形成新的观点和更充分的认识。

《框架》基于元素养这一核心理念，特别强调元认知，或称批判式反省（Critical Self-Reflection），增加了知识技能（Knowledge Practices）和行为方式（Dispositions）两个重要元素，阐明与这些概念相关的重要学习目标。知识技能体现了学习者对信息素养概念理解的方式；行为方式描述了学习者对待学习的情感、态度或评价维度的方式。

《框架》中设定的信息素养将延伸学生的学习范围，与其他学术和社会学习目标相融合。因此，元素养是信息素养的扩展定义，旨在挖掘信息素养的巨大潜能，使其成为更有深度、更系统完整的学习项目，包括学生在校期间的所有基础课、专业课、本科研究、团体学习及课程辅助学习等。《框架》极其关注合作的重要性，以及《框架》在增强学生对知识创造和学术研究过程理解上的潜能，同时也强调学生的参与度与创造力。

1.3.3 从信息素养到元素养

随着网络技术的发展，信息环境的变革，从信息素养到信息通晓的转换，信息素养含义扩展到包括多种素养，衍生出视觉素养、网络素养、数字素养、媒体素养、跨媒体素养等相关概念，并且新的素养还会持续出现。元素养概念是在信息社会不断发展变革，信息素养概念不断演进的基础上提出来的。元素养理论成功地阐明了信息素养是其他素养的根基，并将教育目标由以文献信息资源的搜索与利用为主转变为以培养学生在社交媒体时代的批判式反思和协同合作能力为主。

1. 信息素养的新定位——元素养

元素养以信息素养为基础，包含相关概念的内容，并能够催生其他素养。从这个角度讲，元素养概念是一个涵盖所有与信息、网络相关的内容的包容性很强的概念。元素养概念提供了在线进行信息获取、评估、组织、交互协同生产与分享所必需的更高级思维，也可以说是新信息环境下对信息素养的一种替代概念。元素养提供了新的学术话语，保留并整合了各种素养理论的合理内核，同时引入批判性思维、交互协同生产与分享信息、元认知等新的素养要素，完善了信息素养理论内容，为信息素养的研究设定了新的研究议程，给出了对各种素养理论的整合性框架，推动了信息素养理论的跨越式发展。当今媒体环境呈现出瞬变、合作和自由流动的特征，信息不是容易获取的固定物，需要学习者具备新的媒体技能，尤其是需要具备批判性评估、共享信息的综合能力，以发现和辨别有效或有用的信息。

2. 信息素养相关素养的基础——元素养

根据时代的发展，基于对信息、信息载体或信息交流环境的变化和特点，人们提出了这样或那样与信息有关的素养概念，但信息素养所要求的信息检索、获取、评价、吸收、利用能力，以及个人在评价信息时应当具备的辩证思维，是这些新素养概念对个人素养能力的共同要求，只是不同素养概念的侧重点或关注点不同，适用范围不同。元素养是媒体素养、视觉素养等与信息素养相关的素养的共同基础，是这些素养的支撑。媒体素养、视觉素养等相关素养是信息素养的拓展或细化。

1.3.4 信息素养与终身学习

在当今的社会，没有一个人能说他掌握的知识已经完全够用了，更何况未来就更难讲了。一个人的一生总是处于不断学习之中，最重要的是掌握学习方法和提高学习能力，学会如何获取所需知识，培养和强化自己的信息素养，即信息意识、信息能力/技能和信息道德。

信息意识是对信息媒介的敏感性、接受性、快速反应性、适应性、推理性、驾驭性，是现代人成功的重要条件。

信息能力/技能是指学习者能够确定所需信息的范围，鉴别信息及其来源，有效地获取所需的信息，并将获取的信息融入自己的知识体系。具体包括：获取信息工具的能力、运用信息工具的能力、处理信息的能力、创造信息的能力、表达信息的能力、发挥信息作用的能力、信息协作意识与能力、信息免疫能力，即在"正确"的地方，使用"正确"的工具和"正确"的方法，查找"正确"的内容。

信息道德是指有效地利用信息去完成具体的研究或工作，了解所利用信息涉及的经济、法律和社会问题，做到合理、合法地获取和利用信息。

信息素养教育的意义主要有五个方面。

（1）更好地获取知识。

（2）提高信息素养。信息素养是一种了解、搜集、评价和利用信息的知识结构。信息素养较好的人能够知道什么时候需要什么样的信息，能够有效地获取、评价和利用所需要的信息。

（3）遇到问题会本能地去求助信息（有信息意识）。

（4）成为会终身学习的人。学会和掌握自己查找、获取信息的方法，有助对前人的研究成果加以继承、发展和创新。学会终身学习，特别有利前沿学科、边缘学科的研究，可以使自己的研究或工作始终站在前人的肩膀上，避免重复劳动，少走弯路。联合国教科文组织国际教育发展委员会主席埃德加·富尔（Edgar-Jean Faure）曾说过："我们再也不能刻苦地、一劳永逸地获取知识了，而需要终身学习如何去建立一个不断演进的知识体系——学会生存。"

（5）应对信息超载，提高应用信息的能力。人们在工作、学习与生活上越来越依赖信息，但面对巨大的信息源，却又难以有效地获得自己所需要的信息，这就是信息社会的信息超载（Information Overload）给人们带来的困惑。"茫茫信息之海洋，浩浩知识之渴望"（We are drowning in information, but starving for knowledge.-John Naisbett）——约翰·奈斯贝特。

第 2 章
图书馆信息资源与服务

书是人类文明的伟大标志，是人类智慧的最佳体现，是人类表达思想、传播知识、积累文化、传递经验的物质载体，是人类最伟大的发明之一。有了图书，就产生了如何整理、保存、利用图书的问题，因此也就产生了图书馆。

2.1 图书馆概述

"图书馆"的英文为"library"，含义为藏书之所，来源于拉丁文的"liber"（图书馆）一词。我国古代图书馆先后有府、官、阁、观、院、斋、楼等称谓，一般又通称为"藏书楼"。19世纪末，"图书馆"一词才传入我国。图书馆是人类社会发展到一定阶段的产物，承担着收集、整理、存储各种类型的信息资源，并提供信息服务的重要职能。现代意义上的图书馆肩负着普及、传播科学文化知识和传递社会情报的双重职能，在当今知识经济社会，图书馆关于"知识"与"情报"的职能愈加重要。

2.1.1 图书馆的起源与发展

考古发现证实，古巴比伦、古埃及、古印度、古中国等世界著名的四大文明古国都有图书馆。最早的图书馆名为"亚述巴尼拔图书馆"，出现在公元前7世纪，位于现今的伊拉克，是藏有大约2.5万块泥板文献的皇宫图书馆，其藏书门类齐全，且都按专题排列，包括哲学、数学、语言学、医学、文学主占星学等各类著作，几乎囊括了当时的全部知识。尤其珍贵的是，亚述巴尼拔图书馆藏有世界史上最古老的英雄史诗《吉尔伽美什史诗》，是美索不达米亚文明创造的最重要的作品之一。古埃及早在约公元前23世纪前的古王国时期，就有了王室图书馆和寺院图书馆。古希腊和古罗马时期也都有为贵族知识分子保存资料的图书馆。

我国的图书馆历史也很悠久，根据史料记载，距今3600多年前殷商时代甲骨文的出现，意味着文字的产生和文献的形成，早在周朝就有了王室的藏书机构——守藏室，春秋时期著名的思想家老子就曾是周朝的"守藏室之史"。汉代时，国家图书馆已初具规模，经学大师刘向曾在中国最早的国家图书馆——天禄阁校对书籍。在宋代，随着经济文化的发展，不仅有藏书丰富的官方藏书楼——崇文院，还出现了书院藏书，当时著名的四大书院（岳麓书院、白鹿洞书院、应天书院、嵩阳书院）都建有自己的藏书机构。至明清两代，私人藏书趋于繁盛，如明朝浙江宁波范钦的"天一阁"、明末江苏毛晋的"汲古阁"等。与此同时，官方藏书楼亦有所发展，清朝乾隆年间所编修的《四库全书》，共抄写了 7 份，分别藏于北京故宫的文渊阁等 7 座官方藏书楼之中。

无论是中国还是外国，古代图书馆的主要特征是以藏书为主，仅为王公贵族等少数人使用，所以人们习惯将古代图书馆称为藏书楼。受欧洲文艺复兴和启蒙运动的影响，在西方逐渐出现了面向大众、具有近代意义的图书馆和图书馆学。1571 年，意大利的佛罗伦萨出现了欧洲第一所公共图书馆——美弟奇洛伦佐图书馆（Laurentian Library），公共图书馆是近代图书馆的标志性产物。例如，1661 年建立的普鲁士图书馆，1753 年建立的英国伦敦不列颠博物院图书馆，1800 年建立的美国国会图书馆等。1850 年，英国国会通过了英国第一部公共图书馆法，于 1852 年在曼彻斯特建立了第一所公共图书馆。18 世纪末的法国资产阶级革命，推动了西方各国图书馆事业的蓬勃发展。西方许多国家宣布了图书馆的普及性，图书馆的总数迅速增加，到第二次世界大战前夕，西方各国图书馆已经相当发达。

我国具有近代意义的图书馆起步较晚，1840 年鸦片战争以后，西方向社会开放图书馆的浪潮也传到中国并得到发展。1902 年，浙江的徐树兰依照西方图书馆模式建立的古越藏书楼，已具有近代图书馆的雏形。1909 年，清政府推行"新政"，筹建京师图书馆，于 1912 年正式对外开放，即今天国家图书馆的前身。

从图书馆的发展历史来看，大致经历了古代图书馆、近代图书馆、现代图书馆几个阶段，其主要职能一直在不断扩充，古代的藏书楼重藏轻用，与近代图书馆重开放、重利用有着本质的不同。到了现代，随着科学技术的迅速发展，改变了传统图书馆存放单一的印刷型文献的历史，现代图书馆以馆藏多元化、信息资源数字化、信息服务网络化和业务管理自动化为特征。现代图书馆以新的姿态继续发挥着收集和保存人类文化遗产、推广普及科学知识、进行社会教育、传递文献信息、弘扬民族文化精神等各种职能。因此，图书馆不仅是知识信息交流的重要场所，也是社会教育机构，为读者提供了良好的学习场所。

2.1.2　图书馆的类型和职能

根据不同的划分标准，图书馆有不同的类型。目前，不同国家根据本国具体情况提出了一些划分标准。为了便于国际间图书馆的交流和对世界图书馆事业做统计，1974 年国际标准化组织颁布了《国际图书馆统计标准》。其中，《图书馆分类》将图书馆分为六大类：国家图书馆、高等院校图书馆、其他主要的非专门图书馆、学校图书馆、专门图书馆、公共图书馆。

在我国，划分图书馆类型通常采用三条标准：第一，按图书馆主管部门或领导系统划分；第二，按图书馆的性质和职能划分；第三，按读者对象划分。根据上述标准划分出的图书馆类型有国家图书馆、公共图书馆、高等学校图书馆、科学和专业图书馆、其他类型图书馆。

（1）国家图书馆。国家图书馆是由国家开办的面向全国担负着国家总书库职能的图书馆，负责全面收藏本国出版物，以及各种珍本、善本特藏文献，有选择地入藏国外文献，起着国家总书库的作用职能。国家图书馆是面向全国的中心图书馆，既是全国的藏书中心、馆际互借中心、国际书刊交换中心，也是全国的书目和图书馆学研究中心，能推动和指导国家图书馆事业的发展。

（2）公共图书馆。公共图书馆是由国家或地方政府管理、资助和支持的，免费向社会公众服务的图书馆。它兼顾科研用户与普通读者，以服务大众、普及科学文化知识、提高全民科学文化素养为首要任务，其馆藏文献内容涉及各学科，兼顾通俗性与学术性，注重收集地方性文献资源。我国公共图书馆包括省（直辖市、自治区）图书馆、市（省辖市、地区）图书馆、县（市辖区）图书馆及各级少年儿童图书馆等。

（3）高等学校图书馆。高等学校图书馆是学校的文献信息中心，是为教学和科学研究服务的学术性机构，也是学校信息化和社会信息化的重要基地。根据教育部关于《普通高等学校图书馆规定（修订）》要求，高等学校图书馆的主要任务是：①建设包括馆藏实体资源和网络资源在内的文献信息资源，进行科学的加工整序和管理维护，为学校的教学和科学研究工作提供文献资源保障；②开展流通阅览、读者辅导、资源传递工作；③开展信息素质教育，培养师生的信息意识和获取、利用文献的能力；④开展参考咨询和情报服务工作，开发文献情报资源；⑤组织和协调全校的文献信息工作，实现文献信息资源的优化配置；⑥积极参与文献保障体系建设，开展馆际协作，实行资源共建、共知、共享，促进图书馆事业的整体优化发展；⑦开展图书馆工作学术研究和交流活动。

（4）科学和专业图书馆。科学和专业图书馆属于专门图书馆，是指专门收藏某一专业或学科的文献信息的服务性学术机构，一般隶属各种科研机构或专门部门。我国科学和专业图书馆主要有科学院系统的图书馆、政府部门所属的研究院（所）和大型厂矿企业的技术图书馆，他们主要为本系统或本单位的科学研究服务。我国规模最大的科学和专业图书馆是中国科学院文献情报中心，它是集文献信息跟踪服务、情报研究服务、科学文化传播服务和图书馆学、情报学高级人才培养功能于一体的研究型国家科学图书馆。

（5）其他类型图书馆。除国家图书馆、公共图书馆、高等学校图书馆及科学和专业图书馆外，根据图书馆类型的不同划分标准，还可以划分出其他类型图书馆，如儿童图书馆、中小学图书馆、工会图书馆和军事图书馆等。

2.2 图书馆信息资源及其组织

现代图书馆作为一种动态的信息资源体系，主要由四个要素组成：一是信息资源，这是图书馆最为核心的要素，是图书馆的"立身之本"，它是针对特定用户群的信息需求而采集、组织、维护和发展的；二是用户的信息需求，这是图书馆诸要素中最为活跃的要素；三是信息人员，这是图书馆的主体因素，是图书馆发展的关键；四是信息设施，这是图书馆最主要的物质条件，随着信息环境特别是现代通信技术的发展变化，图书馆的作用日趋减小，取而代之的是多种适用的现代信息技术与设备。

传统的图书馆信息管理对象多为纸质载体信息，管理手段主要是手工管理，管理内容是对纸质文献信息的生产、存储、检索、流通等环节进行计划、组织、管理和控制。应该说，传统图书馆对纸质载体信息的管理是比较系统和规范的。然而，现代信息技术的迅速发展及其在图书馆信息管理领域中的渗透，改变了传统图书馆信息资源管理的面貌，突破了纸质载体文献管理的局限性和范围。现代图书馆信息管理除纸质文献信息外，各类动态的、多媒体的信息也是其重要的管理对象，图书馆信息正朝着数字化、集成化、网络化方向迅速发展。因此，把各种载体的信息资源纳入图书馆的信息管理，是图书馆在信息资源共享、信息标准化、信息安全管理等方面的发展方向。

2.2.1 图书馆馆藏信息资源组织

1. 图书馆分类法

图书分类收藏是指根据图书的内容属性，按学科的分类体系分门别类地组织起来，使同一学科门类的图书在目录中、在书架上都集中在一起。我国常用的分类法有《中国图书馆分类法》（简称《中图法》）、《中国人民大学图书馆图书分类法》（简称《人大法》）、《中国科学院图书馆图书分类法》（简称《科图法》）。

我国现代图书馆收藏的图书大多依据《中图法》进行学科分类与馆藏排架。《中图法》按学科内容分成五大部类；在此基础上，再分出 22 个基本大类（见表 2-1）。由 22 个基本大类依次向下，层层展开，划分出若干个下级类目，每个类目都代表一类学科的知识范围，用类目名称界定和代表这类学科知识范围并用类号表示，并依此不断向下划分，形成一个主次分明的树状结构，直至将人类所有知识全部包括在类目里。

表 2-1 《中国图书馆分类法》（第四版）简表

五大部类	22 个基本大类
马克思主义、列宁主义、毛泽东思想、邓小平理论	A 马克思主义、列宁主义、毛泽东思想、邓小平理论
哲学	B 哲学、宗教
社会科学	C 社会
	D 政治、法律
	E 军事
	F 经济
	G 文化、科学、教育、体育
	H 语言、文字
	I 文学
	J 艺术
	K 历史、地理
自然科学	N 自然科学总论
	O 数理科学和化学
	P 天文学、地球科学
	Q 生物科学
	R 医药、卫生
	S 农业科学
	T 工业技术
	U 交通运输
	V 航空、航天
	X 环境科学、安全科学
综合性图书	Z 综合性图书

2．图书排架方法

利用图书馆分类法对图书进行分类可以解决图书的归类问题。在图书馆实际工作中需要采用区分号码对同类书进一步地加以区分。目前，各图书馆一般采用分类号加种次号或分类号加著者号的方法对图书进行更深一层的分类，以便排列上架。分类号加著者号、分类号加种次号共同组成了一种索书号，这个索书号决定了该图书在书架上的位置，也就是说，图书馆书架上的图书是按索书号的顺序排列的。

以沈阳理工大学图书馆为例，图书的索书号由分类号加种次号组成，索书号的构成如图 2-1 所示，每本图书的书脊正下方和图书封底所贴的书标上标有该图书的索书号。图书在分类号相同的情况下，依种次号（阿拉伯数字）的大小，从左至右、从上至下进行 S 形排列。其规则是：首先按分类号排列，分类号是按字母的顺序和数字的大小来排列的；分类号完全相同的，按种次号排列，分类号和种次号相同的，按卷次号排列。

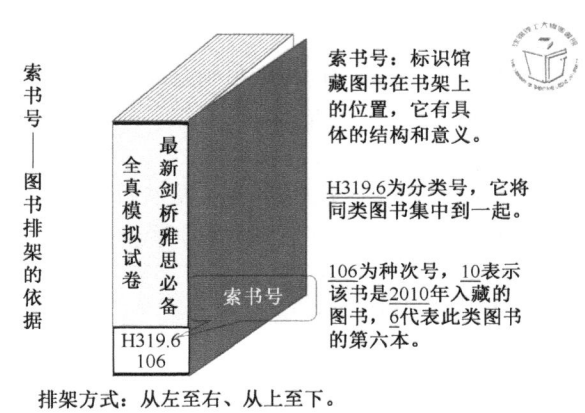

图 2-1　索书号构成实例

2.2.2　网上图书馆及其使用

现代图书馆的网上资源越来越丰富，读者可以利用的图书馆网上资源主要有以下几种。

1．图书馆基本信息查询

为了使读者更方便地了解图书馆的基本服务信息，更好地服务于读者，图书馆大都会在其网站上设置基本信息查询的栏目，包括该馆的馆情介绍、部室设置、馆藏分布、联系方式、开放时间、借阅规则、服务内容等。读者可以通过浏览或查询的方式获得图书馆的基本信息，对于网站上没有列出的信息，读者还可以通过电话、电子邮箱、QQ、微信公众号、参考咨询平台等与图书馆取得联系。随着图书馆信息服务水平的提高，还有许多图书馆开通了实时的虚拟咨询服务，图书馆的咨询馆员可以通过互联网随时回答读者提出的问题，它替代了传统的实体咨询台服务，服务的效率更高，效果更好。

2．OPAC 查询

OPAC（Online Public Access Catalogue）即联机公共书目查询系统，是利用计算机终端查询馆藏书目数据库的一种现代化检索系统。OPAC 查询是图书馆提供的最基本的网上服务项目，也是读者通过校园网利用图书馆资源的一种途径。以沈阳理工大学图书馆为例，OPAC 查询的一般方法如下。

（1）在沈阳理工大图书馆主页面中找到"我的图书馆"单击进入。

（2）输入用户名和登录密码。登录后，读者在"我的图书馆"中可以查看个人信息、书刊借阅历史、还书日期、违章缴款、预约信息、委托信息、书刊遗失、账目清单、荐购历史等多项信息。

（3）单击"书目检索"，OPAC 查询提供馆藏检索、简单检索和多字段检索三种检索方式。本书主要介绍书目检索的简单检索方式，如图 2-2 所示。

（4）单击简单检索，可选择系统提供的题名、责任者（作者）、主题词、ISBN 号、分类号、索书号、出版社、丛书名等任意一个检索字段，在检索框中输入要查询的内容，同时可以附加检索模式、检索范围等限制条件。例如，在检索词匹配模式中选择前方一致，就表示限定检索结果中该字段的最前面和检索词一致。

简单检索虽然直接、方便，但由于给出的检索限制条件少，导致检索结果往往会出现过多文献，读者仍然要浏览检索大量文献，才能选出自己所需要的文献。因此，当读者对查询结果要求有较高的专指度、精确度时，可以选择多字段检索。

（5）新书通报。新书通报展示的是图书馆最新购买图书的书目信息清单，读者可以根据需要对时间、文献类型和馆藏地等进行限制，然后按类别查看新书的书目信息。

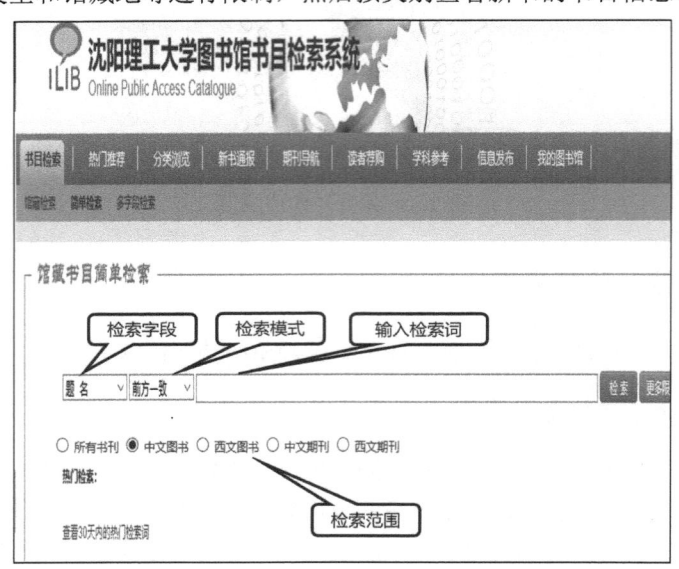

图 2-2　沈阳理工大学图书馆 OPAC 系统书目检索的简单检索页面

（6）网上预借和续借。读者可以通过 OPAC 系统在网上办理预借或续借图书。

预借图书是指读者可以在网上对已被外借而暂时无法借到的图书进行预约，从而在该书归还时能第一时间借到该书的一种流通服务。其具体操作是，读者首先通过 OPAC 系统检索到需要预约的图书，并确定该书已被外借；单击书名进入该书的详细记录，单击页面左上角的"读者预约"按钮，进入预约页面；勾选"预约"选项，并正确填写邮箱地址；最后单击"执行预约"按钮，完成网上预约手续，待有读者归还该书后，再到图书馆办理借阅手续。

续借图书是读者对自己所借的已临近归还日期的图书，想继续再续借一个借期时所选用的一种流通服务。读者可通过图书馆主页或馆内检索机登录 OPAC 系统中的"我的图书馆"，查看自己当前的借阅信息，于应归还日期前，在所期望保留的书刊栏右端单击"续借"按钮，办理网上续借手续。

（7）读者荐购。读者荐购是由读者主动推荐图书馆购买图书馆没有收藏的图书。读者可通过图书馆 OPAC 系统工具栏中的"读者荐购"，按要求填写荐购表并提交，就可以完成网上图书荐购手续，过一段时间后可登录"我的图书馆"查看图书馆工作人员对此书的处理情况。

3．图书馆网上数据库

高等学校图书馆通常会根据资金及本校学科专业设置情况购买一定数量的商业数据库，这些数据库都是学术价值较高、能为读者的工作和学习提供学术资源支持的数据库。数据库的类型可以根据语种分为中文数据库和外文数据库；根据信息报道形式分为书目数据库、文摘数据库、全文数据库；根据服务器地址分为网上数据库和本馆镜像数据库等多种类型。由于各高校的性质和类型不同，特别是图书馆的经费数量不同，不同的高校图书馆购买数据库的种类及数量的差别也非常大。如清华大学的外文数据库多达 135 个，中文数据库也有 94 个之多，但即便如此，图书馆也不可能将全球的数据库都买全。这些数据库在图书馆网站上集中管理，一般只为本馆读者服务，通常采用 IP 地址限定或账号密码登录的方式使用。

4．图书馆网络学术导航

网络学术资源导航是为帮助读者在网络的海洋中快速找到有用的信息，由大学图书馆、大学重点学科院系或其他学术资源单位承担，针对网上可免费获取的又具有重大学术参考价值的资源，按学科、主题或学术资源体系等进行收集、整理、分类、发布的一种基于内容的资源导航服务。

网络学术资源导航收录的一般都是独立的学术资源网站或网站中有价值的学术论文、报告及其他文献，包括多媒体和图像资料等。目前，国内外网上学术资源导航系统有很多，如国内的 CALIS 重点学科网络资源导航门户（http://navigation.calis.edu.cn）、清华大学的学科资源导航（http://tsinghua.cn.libguides.com）、中国科学院文献情报中心（国家科学图书馆）的网络信息资源导航（www.las.ac.cn）、武汉大学图书馆的学科服务平台（http://libguides.lib.whu.edu.cb）；比较著名的国外网络学术资源导航有美国加利福尼亚大学洛杉矶分校（https://guides.library.ucla.edu）和伯克利分校（https://guides.lib.berkeley.edu）的 Research Guides、英国联合信息系统委员会（Joint Information Systems Committee，JISC）（https://www.jisc.ac.uk）提供的英国及爱尔兰图书馆的学术资源、INFOMINE（https://www.infomineresearch.com）等。

2.3 图书馆信息咨询服务

2.3.1 参考咨询服务

参考咨询服务主要负责解答读者在利用图书馆过程中产生的各种问题，内容涉及馆藏资源及其利用、文献查找途径及查找中遇到的问题、图书馆的各项服务与规则等，目的在于帮助读者更有效地利用图书馆。

随着信息社会图书馆功能的演变，近年来，图书馆参考咨询服务逐渐向信息咨询方向倾斜，其形式和内容都发生了根本性的改变，口头咨询、电话咨询、虚拟参考咨询是图书馆参考咨询的主要方式，其中虚拟参考咨询的方式越来越普遍。虚拟参考咨询是图书馆利用现有的网络平台推出的一种参考咨询服务形式，用户不受计算机系统、资源与时空的限制，通过多种信息交流方式（如 E-mail、Web 表格、在线交谈、商务软件等）提出要咨询的问题，受理参考咨询的人员（可以是个人、参考馆员、专家及计算机系统等）同样可以用不同的信息交流方式及时给予答复。比起口头咨询和电话咨询，虚拟参考咨询的方式更加方便、快捷，更加受到用户的青睐。

2.3.2 文献传递与馆际互借

馆际互借（Interlibrary Loan），是基于馆际资源共享而提供的一种服务方式。就是对于本馆没有的文献，在本馆读者需要时，根据馆际互借制度、协议、办法和收费标准，从外馆借入；反之，在外馆向本馆提出馆际互借请求时，借出本馆所拥有的文献，满足外馆的文献需求。馆际互借适用于返还式文献和复制等非返还式文献。当然，对于复制等非返还式文献也可以通过文献传递的方式获取。

文献传递是将用户所需文献的复制品或网络链接以有效的方式和合理的费用，直接或间接地传递给用户的一种非返还式的文献提供服务，它具有快速、高效、便捷的特点。现代意义的文献传递不同于传统的纸质文献传递，是在网络信息技术的支撑下从馆际互借发展而来而又优于馆际互借的一种服务。可进行文献传递的文献一般包括期刊论文、学位论文、会议论文、科技报告、专利、标准等文献类型，通常以电子版或 E-mail 形式提供。

2.3.3 科技查新

科技查新是为了避免科研课题重复立项和客观正确地判断科研成果的新颖性而设立的一项工作。一般在科研项目申请立项或进行鉴定时，要求有科技查新业务资质的查新机构，根据查新委托人提供的需要查证其新颖性的科学技术内容，按照《科技查新技术规范》（GB/T 32003—2015）进行操作，并给出结论，出具查新报告，为科研项目的评审专家提供全面、准确、客观、公正的"鉴证性客观依据"。查新报告与专家评议相辅相成，维护了科研管理部门提高科研立项、成果鉴定与奖励的严肃性、公正性、准确性和权威性。

科技查新不只是一项课题的文献检索和查询，更是一项专题信息咨询。一般文献检索（课题查询）只针对课题的需要，提供有关该课题内容的相关信息，包括原文或二次文献，而不需要提供对课题进行更加深入的分析、评价与鉴证工作。科技查新则是文献检索（课题查询）和情报研究相结合的一项工作，它以文献为基础，以文献检索（课题查询）和情报研究为手段，以检出结果为依据，通过综合分析，对查新项目的新颖性进行情报学审查，写出有依据、有分析、有对比、有结论的查新报告。也就是说，查新通过课题查询过程中检出文献的客观事实来对项目的新颖性给出结论。因此，查新有较严格的年限、范围和程序规定，要求检索范围具有全面性、系统性和连续性，有查全、查准的严格要求。由于查新要求给出明确的结论，因此选择的对比文献要具有代表性、针对性和可比性，给出的查新结论要具有科学性、客观性和鉴证性，但不做水平评价。

2.3.4 定题服务

定题服务也称定题信息服务（Selective Dissemination of Information Service，SDI 服务）。定题服务是指图书馆工作人员根据用户需求，针对所提供的课题范围，围绕某一科研项目，定期搜集、筛选、整理相关研究课题的最新文献信息，并及时传递给用户，直至协助课题完成的一种连续性的服务。其主要目的是节省用户查询、检索所需文献信息的时间，便于用户随时跟踪本研究领域或本行业的最新发展动态，随时解决研究过程中的问题。这一服务对满足不同层次、不同学科专业人员和广大读者的需求具有十分重要的意义，是其他服务所不可替代的。

定题服务有如下特点。

（1）主动性。定题服务是一种主动性的服务工作。图书馆的情报人员需要主动配合课题研究，深入实际，选择服务课题，积极与科研人员沟通，及时了解科研进展情况，为研究人员提供相关课题研究所需的最新文献信息，即主动送资料上门，解决难题，促进科研课题早日完成。

（2）针对性。定题服务是一种针对性很强的服务工作。从选定科研课题到研究（提出科学假说）至研究成果的形成（文献服务），都体现了很强的针对性，即只针对某一研究课题的有关文献信息进行收集、查找、整理、传递。

（3）连续性。定题服务是一项连续性的服务工作。它要求信息要不断更新、补充，动态跟踪科研活动直到课题完成，以保证课题研究持续有效地进行，避免因信息输送的间断而导致课题研究的中止。

（4）专深性。定题服务工作是一项专业性很强的服务工作。它的服务范围是用户的研究课题，这些课题往往都是针对某一学术问题、科学问题或技术问题等进行深入研究，专业知识较为精深。这就决定了为其提供的文献信息内容，除要具有很强的专业性外，还要具有一定的深度。这也是定题服务有别于其他图书馆常规信息服务的显著特点。

2.4 数字图书馆与移动图书馆

综观图书馆的发展过程，一直是变与不变的统一体，从古代藏书楼到传统图书馆，再到现代图书馆，图书馆除保存人类文化遗产，为社会提供教育外，还兼有信息搜集、传递、加工和开发等职能。时代发展到今天，图书馆的服务范围更是达到了前所未有的深度和广度。图书馆的功能也大大增强，图书馆组织向网络化、国际化方向发展，正在实现最大范围的文献信息资源共享。随着互联网的普及，数字图书馆、移动图书馆、智慧图书馆等新型图书馆正在兴起，图书馆的功能也发生了翻天覆地的变化。

2.4.1 数字图书馆

数字图书馆（Digital Library）是用数字技术处理和存储各种图文并茂文献的图书馆，实质上是一种多媒体制作的分布式信息系统。数字图书馆把各种不同载体、不同地理位置的信息资源用数字技术存储，以便实现跨越区域、面向对象的网络查询和信息传播，它涉及信息资源的加工、存储、检索、传输和利用的全过程。通俗地讲，数字图书馆就是虚拟的、没有围墙的图书馆，是基于网络环境共建共享的可扩展的知识网络系统，是超大规模的、分布式的、便于使用的、没有时空限制的、可以实现跨库无缝链接与智能检索的知识中心。

与传统图书馆相比较，数字图书馆具有独有的特点，其特点可归纳为以下几方面。

（1）信息资源数字化。这是数字图书馆的最基本特征，也是与传统图书馆的最大区别。信息存储的主要形式是从以纸张为载体的印刷型文献变成了数字化电磁信号，压缩了存储空间，改进了信息组织形式。数字是信息载体，信息依附于数字而存在，离开了信息资源的数字化，数字图书馆就成了无源之水。

（2）信息传递网络化。数字图书馆通过由宽带网连接的互联网将世界各国的图书馆和成千上万台计算机联为一体，实现网上检索信息资源，通过网络输送信息，打破了纸质印刷文献的局域性和局限性，可以跨时空检索，极大地缩短了信息传递的时间，以及信息提供者和使用者的距离，从而加快了信息交流与反馈的速度。

（3）信息利用共享化。由于有了数字化和网络化的坚实基础，信息利用共享体现出跨地域、资源无限与服务无限的特征。馆藏资源已不再"私有"，而是面向世界，任何人享受的服务都是"虚拟馆"的服务，原先的信息围墙将被逐渐拆除。

（4）信息提供的知识化。数字图书馆将图书、期刊、声像资料、数据库、网页等各类信息载体与信息来源在知识单元的基础上有机组织并连接起来，以动态分布的方式为用户提供服务。与传统图书馆相比，数字图书馆将实现由文献的提供向知识的提供的转变。数字图书馆信息提供的知识化，将为读者建立起"知识宝库"，而图书馆馆员也将成为知识导航员。

（5）服务用户智能化。用户通过互联网、移动网络、智能手机、计算机终端，在不同的区域、场所及空间都能便捷地获取所需要的信息。数字图书馆可向用户提供方便灵活的服务，体现了双方更加密切的合作和交流。

2.4.2 移动图书馆

移动图书馆服务是指图书馆为用户提供的可以通过各种便携式移动终端设备，如手机、掌上电脑、手持阅读器、平板电脑等，接收图书馆各项信息服务的一种新型图书馆服务方式。移动图书馆服务将成熟的无线移动网络技术应用于图书馆的信息服务之中，是对数字图书馆信息服务的延伸与补充。用户只要有一台移动终端，并身处移动网络信号的覆盖范围之内，便可以在任意时间和地点，方便灵活地使用图书馆的资源和服务。

1. 移动图书馆的服务模式

（1）移动短信服务。移动短信服务包括单向的短信通知服务和请求应答服务，对于前者，由图书馆向用户发送通知，不接收用户的请求；对于后者，用户可以通过编辑短信代码的方式向图书馆发送请求，图书馆将相应信息内容反馈给用户，其特点是图书馆与用户之间有互动过程，如图书馆书目信息服务、借书卡挂失、讲座预订、用户调查等。

（2）图书馆 WAP 网站服务。在通常情况下，用户利用碎片化时间访问图书馆的 WAP 网站往往是带有明确的查询目的的，并非像访问 Web 网站一样随意浏览，它的主要内容应该是用户最常用的、最可能需要的服务。

(3）移动终端阅读。移动终端阅读是指用户以手机、平板电脑、电子阅读器等移动设备为终端，通过无线热点或移动通信网络访问、接收、下载电子书、有声书等数字馆藏资源，并在移动终端上阅读和使用。

（4）基于云计算的笔记分享和社区网络功能。移动图书馆的 WAP 网站可以基于云平台提供学术微博、原迹手写批注、云笔记等个性化功能。用户可以随时随地通过账户登录移动图书馆，查看自己记录的信息，极大地提高了阅读和思考的效率。

（5）App 服务。目前，使用最多的移动图书馆 App 是商业公司开发的 App，如超星移动图书馆 App、汇文掌上图书馆 App，以及由各图书馆个性化定制的 App。

（6）微信服务。图书馆的微信服务是利用微信公众号通过网络的快速传播，发送图片、文字、语音、视频等图书馆相关信息。同时，微信构建的移动图书馆服务系统可以整合短信、网站等多种服务模式，其功能更加强大、更加开放灵活，同时支持多语种功能和多平台操作。

（7）其他服务。除上述服务类型外，基于移动互联网的移动图书馆服务还有移动定位服务、图书二维码服务、移动视频服务等。

2. 移动图书馆的特点

（1）移动性。移动图书馆首先应具备的特点是移动性，移动性使用户不必依靠固定的计算机设备来获取信息，通过小巧易于携带的各种移动设备（如智能手机、笔记本等）能够随时随地移动地接收信息，满足读者用户阅读的需求。

（2）实时性。实时性是指在任何时间、地点、空间都能通过用户的移动设备来获取图书馆的信息。现在无线通信技术和图书馆 App 终端、网站、微信服务的模式的结合，使得图书馆的移动更加有效，实现了图书馆馆务、馆藏、个人信息等随时随地的实时接收，使得泛在环境更有可触性，进一步强化了图书馆资源公平获取的理念。

（3）主动性。在知识信息资源接收方面，相较于传统图书馆的被动接收移动图书馆具有主动性，读者可以通过移动设备有选择地进行查询检索、阅读、接收知识信息。主动选择充分调动了全民阅读的积极性，使图书馆的服务进一步得到认可，充分体现了图书馆"以读者为中心的"服务宗旨。

（4）集成性。移动图书馆的检索系统是基于 OPAC 系统的数字资源整合，使馆藏与数字资源彼此链接，无论是从此到彼，还是从彼到此，都能够使读者在图书馆的馆藏文献和自助服务中，只用一条检索命令就能同时检索印刷型和数字型资源，并链接到电子资源的网络地址，实现在线浏览，从而实现移动图书馆的电子资源一站式检索与全文移动阅读。

（5）扩展性。用户在浏览和检索时，可以检索到自己平时无暇顾及或被忽视的知识资源，可以使用户随时随地的补充自己的不足，拓展自己的知识层面。另外，由于移动图书馆的可触性，只需要一个移动设备，就能随时随地地进行浏览和阅读，扩大了阅读群体，那些比较容易被忽视的群体（如农民工、残障人士等）也可以享受移动图书馆提供的馆藏文献资源。

第 3 章
信息资源检索

人类文明发展至今，所累积的知识与文献可以说是不计其数，产生了大量的信息，信息的种类很多，形成了不同的信息资源，对于从如此浩瀚的知识宝库中寻找特定范围的信息是一件相当艰难的工作。在当今的信息时代，信息量的增长是十分惊人的，人们常用"信息爆炸"一词来形容，那么如何在大量的信息中找到自己需要的信息呢？本章重点讨论信息资源检索的原理、方法和途径等内容。

3.1 信息资源检索概述

信息资源的充分利用和共享是人们在从事科技活动中避免重复劳动、少走弯路的捷径，它必将产生巨大的社会效益和经济效益。面对日益庞大的信息资源，人们必须通过一种科学的方法从中获取自己所需的信息，这就是信息资源检索。

3.1.1 信息资源检索的含义

信息资源检索（Information Retrieval）可以从广义和狭义两个角度理解。广义的信息资源检索是指将杂乱无序的信息进行有序化，形成信息集合，并根据需要从信息集合中找出特定信息的过程，因此，也可以称为信息资源存储与检索。信息存储主要指对一定范围内的信息进行筛选并描述其特征，然后加工使之有序化，形成信息集合，即建立数据库，这是检索的基础；信息检索是指采用一定的方法与策略，从检索系统中查找出所需信息，这是检索的目的。信息检索中的"存"与"取"之间存在着密不可分的关系。首先，两者是相互依存的：没有存储就没有检索，不检索存储也就失去了意义。其次，两者之间有时是相互矛盾和制约的：从存储的角度来看，越简单越好，但过于简单的存储，势必影响信息检索的质量与效率，即有效的检索需要以增加存储的代价作为前提。

狭义的信息资源检索是指根据特定需要，运用科学的方法，采用专门的工具，从大量信息中迅速、准确、相对无遗漏地获取需信息（文献）的过程。通常人们所说的信息检索主要指狭义的信息检索，即信息查找的过程。

信息检索的实质是将用户的检索标识与信息集合中的信息存储标识进行比较与选择，当用户的检索标识与信息存储标识匹配时，信息就会被查找出来，否则就查不出来。匹配有多种形式，既可以是完全匹配，也可以是部分匹配，这主要取决于用户的需要。

真正具有信息素养的人不仅要具备信息意识，更要掌握信息检索技术，具备信息获取的能力。根据美国科学基金委员会、凯斯工学院研究基金会及日本国家统计局的初步统计，科研人员在一个研究项目中，其时间分配大致如图 3-1 所示。

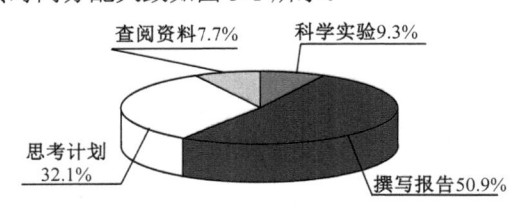

图 3-1 科研人员研究时间分配

由图 3-1 可见，在整个科研的时间分配比例上，用于查阅资料和撰写报告的时间近 60%，可见信息之重要，信息检索能力之重要。需要注意的是，信息检索与信息搜索是两个不同的概念，二者之间的区别如表 3-1 所示。

表 3-1 信息检索与信息搜索的区别

项　　目	检索（Retrieval）	搜索（Search）
获取途径	从有序信息集合中识别与获取所需信息	从任意资源获取所需信息
过程和方法	有一定的策略，是系统地查找资料	随机或更随意一些
技能	需要一定的专门知识和技能	简单，任意词
用途	课题或专题	日常生活、学习
结果	检索前通常不知道会有什么结果	通常知道结果
效率	迅速、准确	一般

信息量日益庞大且高度分散，信息类型复杂多样，这对信息检索的角度、深度及广度提出了新的要求，也增加了信息检索的难度，产生了形式多样的报道、存储和查找信息的系统，即信息资源系统。

所谓信息资源系统，是指将信息资源按一定方式、方法建立起来的供读者查检信息的一种有层次的体系，是表征有序的信息特征的集合体。在这个集合体中，对所收录信息的外部特征和内容特征都需要有着详略不同的描述，每条记录（款目）都标明有可供检索用的标识，按一定序列编排，科学地组织成一个有机的整体，同时应具有多种必要的检索手段。其中二次信息或三次信息是信息资源系统的核心。

3.1.2 信息资源检索的类型

信息资源检索具有广泛性和多样性，根据不同的划分标准，可以将信息资源检索划分为不同的类型。

1. 按信息检索的内容和对象划分

（1）文献检索（Document Retrieval）。文献检索是以文献（包括目录、题录、文摘、索引和全文）为检索对象，以科学的方法利用专门的工具，从大量的文献资料中迅速、准确、完整地查找到文献资料的过程。

（2）数据检索（Data Retrieval）。数据检索是以数值或数据（包括数据、图表、公式等）为对象的检索。它一般以数据大全、手册、年鉴等为检索工具。

（3）事实检索（Fact Retrieval）。事实检索是以某一客观事实为检索对象，查找某一事物发生的时间、地点及过程的检索。一般利用字词典、年鉴、百科全书、手册等作为检索工具。

2．按检索的信息资源的组织方式划分

（1）全文检索（Full Retrieval）。全文检索是计算机程序通过扫描文章中的每一个词，对其建立一个索引，并指明该词在文章中出现的次数和位置，当用户查询时根据所建立的索引进行检索。

（2）超文本检索（Hypertext Retrieval）。超文本检索是利用非线性信息组织方法建立数据库并检索相关信息的方式。超文本的基本组成元素是节点和节点间的逻辑联接链。节点用于存储信息，节点中的信息和逻辑联接被联系在一起，构成相互交叉的信息网络，当用户激活某个节点时，计算机就会在屏幕上显示出相应节点的信息。

（3）超媒体检索（Media Retrieval）。超媒体检索是在超文本的基础上发展而来的。随着多媒体技术的发展，开始用图像、图形视频、动画、声频等超媒体信息载体建立超链接。存储对象从单维发展到多维，存储空间一直在不断扩大。

3．按信息资源检索的手段划分

（1）手工检索。手工检索是指检索者利用手工操作的方式直接查找印刷型文献的检索，它依靠检索者手翻、眼看、脑判断来进行。这是一种传统的信息检索方式，其优点是检索者可以边检索边思考，随时获得反馈信息，及时调整检索策略，避免可能出现的漏检和误检。它具有较强的灵活性，不需要借助任何辅助设备，因而具有广泛的适应性和方便性。手工检索的缺点是检索速度慢、检索效率低，尤其是在查找较复杂、较大课题和资料信息时，费时费力、效率不高。

（2）计算机检索。计算机检索是指利用计算机等设备从存储媒体、数据库及信息网络等已经数字化的信息库中查找信息资料的方法。它需要利用计算机、通信硬件、系统软件及网络等设备来完成。它的优点是检索速度快、检索效率高、查全率较高；不足之处是成本高、费用大。计算机信息检索是从手工检索的基础上发展起来的，日益成为信息检索的主流方式。计算机检索包含光盘检索、联机检索和网络检索等。各种信息检索手段差异比较如表 3-2 所示。

表 3-2　各种信息检索手段差异比较

项目	手工检索	计算机检索		
		光盘检索	联机检索	网络检索
组成	印刷型书刊、资料	计算机硬件、检索软件、信息存储数据库、通信网络	中央服务器、检索终端、检索软件、联机数据库、通信网络	网络服务器、用户终端、网络数据库、通信网络
优点	直观，回溯性好，无时间限制，信息存储与检索费用低	设备简单、检索费用低、检索技术容易掌握	检索范围广泛、检索速度快、检索功能强、及时性好	检索方法简单，检索较灵活、方便，及时性好，检索费用和速度均低
缺点	检索入口少，速度慢，费时，效率较低	更新不够及时	检索技术复杂，设备要求高，回溯性差，检索费用昂贵，有时间限制	

信息检索使用的方法和手段对检索效果影响非常大。检索过程中，使用科学、正确的检索方法和手段，可大大提高检索效率；反之，则会事倍功半。

3.2 信息资源检索的发展历程

信息检索作为一门学科，其历史可追溯到 20 世纪中期。在此之前，信息存储与传播主要以纸质介质为载体，信息检索活动也是围绕文献的获取和控制展开的。因此，信息检索研究关注的是如何检索利用文献中记载的信息，20 世纪 50 年代"文献检索"一度成为信息检索的同义词。20 世纪八九十年代，"情报检索"一词逐渐成为主流。从 20 世纪 90 年代末到 21 世纪初，"信息检索"的概念取代了"文献检索"和"情报检索"。概念的变化，反映了观念的变化和理论的发展。随着通信技术与计算机技术的紧密结合、信息载体类型的多样化及传播手段的改进，情报检索研究和文献检索研究逐渐归入信息检索研究这一具备兼容性的概念。信息检索研究的范围也日趋扩展，包括信息检索理论、信息检索语言、信息检索工具评价、信息检索技术与方法等。

信息资源检索经历了从手工检索到机械检索，再到计算机检索的发展过程。

3.2.1 手工检索

信息检索直接发源于图书馆的参考咨询工作和文摘索引工作。参考咨询工作是由美国的公共图书馆和大专院校图书馆于 19 世纪下半叶首先发展的。20 世纪初，多数图书馆成立了参考咨询部门，主要利用图书馆的书目工具来帮助读者查找图书、期刊或现成的答案。随着文献的激增和读者需求的增长，逐渐发展到从多种文献源中查找、分析、评价和重新组织情报资料，"索引"突破了以前的狭隘范畴，成为独立的检索工具，并逐渐从单纯的经验工作向科学化方向发展。

手工检索阶段对于信息检索最大的贡献就是检索语言规范的产生。19 世纪后半叶，相继出现具有划时代意义的标准词表和分类法，即《美国国会图书馆主题词表》和《杜威十进分类法》。这两者对信息检索的发展产生了深远的影响，形成了主题词法和分类法，使检索语言的选取、标识规范化及分类表的结构体系是否正确都有了相应的标准。

手工检索阶段的数据库是书本式的，以查阅工具书和报刊资料为主，主要通过检索型工具书、资料型工具书和期刊型工具书来进行检索。检索型工具书包括综合性或专科性工具书、综合性系统列举式书目（包括国家书目、营业书目等），以及用于解析书刊文献内知识信息的索引和文摘。资料型工具书本身就可以提供读者所需的资料，包括百科全书、词典、年鉴、手册、政府出版物等。资料型工具书更新周期长，且是内容变化较小的资料型信息，可用于事实型和数值检索。期刊型工具书由于期刊传播及时、出版迅速、资料新颖、阅读经济，从而得以迅速发展，占据 80%的信息来源，成为文献信息源之首。检索型工具书能够及时反映最新文献信息，是手工检索的主要工具。

3.2.2 机械检索

20 世纪以来，科学技术迅速发展，传统的手工检索工具已经不能完全适应科学技术发展的新要求,因此相继出现了各种类型的机械检索工具,即利用力学、光学、电子学的方法帮助检索的工具,如穿孔卡片、光电检索系统等。

穿孔卡片检索装置的问世,标志着人类进入了机械检索时代,这也是信息资源检索从手工检索发展到计算机检索的短暂过渡阶段。穿孔卡片检索系统利用探针及辅助设备,对标有检索标识(分类号、主题词等)的穿孔卡片进行选取,选择符合要求的信息。这种检索方式比起纯手工检索方式,在一定程度上提高了检索效率,但由于穿孔卡片检索系统的检索装置设备笨重,操作复杂,因此适用范围较窄。此后发展起来的缩微胶卷检索装置,是用缩微照相记录二次文献,以胶卷或胶片边缘部分若干黑白小方块的不同组合作检索标志,再利用光电检索元件查找符合条件的文献,使机械检索在小范围内推广开来。早期机械检索的功能和效率都不太理想。20 世纪 40 年代中期,人们发明了电子计算机,这就为高速有效地查找文献提供了新的方向。随着计算机技术和数据库技术的逐步成熟,信息检索迎来了现代化的时代,特别是到了 20 世纪末,互联网的建设使计算机信息检索逐渐走入人们的生活。

3.2.3 计算机信息检索

自从世界上第一台计算机诞生以来,随着计算机技术、通信技术及存储介质的发展,计算机信息检索经历了脱机批处理信息检索、联机信息检索、光盘信息检索与网络信息检索四个阶段。

1. 脱机批处理信息检索阶段

20 世纪 40 年代中期,在利用计算机进行信息检索的早期,人们只是用单台计算机的输入/输出装置进行检索,用磁带作为存储介质,一般为连续的顺序检索方式。检索部门把许多用户的检索提问汇总到一起,由专职人员定期(半月/月)进行批量检索,然后把检索结果通知给各用户,用户无须直接接触计算机和数据。这种方法适合大批量的定题信息检索,所以也称为脱机批处理信息检索或定题情报服务。

2. 联机信息检索阶段

20 世纪 60 年代末,计算机软硬件技术不断提高,出现了一台主机带多个终端的联机(Online)信息检索系统。这种系统具有分时操作能力,能够使许多相互独立的终端同时进行检索。这种系统采用实时操作技术,用户可以使用终端设备直接与计算机进行"人—机对话",计算机对用户的提问能及时处理并显示出结果。20 世纪 80 年代,发达国家的一些计算机信息联机信息检索系统,通过卫星通信网和计算机专用终端,在世界范围内提供联机信息检索服务,形成了国际联机信息检索服务业。联机信息检索服务是计算机信息检索走向实用化、规模化、产业化的重要标志。世界上比较著名的联机信息检索系统有以下几种。

(1)DIALOG 系统。DIALOG 系统由美国洛克希德公司(http://www.dialog.com)研制开发,是目前世界上最大的国际联机信息检索系统,总部设在旧金山附近的帕洛阿尔托市。DIALOG 系统有近 600 个数据库,涉及 50 多种语言的信息内容。数据库内容涉及综合性学科、自然科学、应用科学和社会科学等;文献类型有期刊、图书、会议录、学位论文、专利、研究报告、报纸、政府文件、标准文献、年鉴、市场行情和厂商名录等。2016 年 6 月 22 日,ProQuest 公司收购美国 Alexander Street 出版社。收购后,ProQuest 与 Alexander Street 出版社的文本资源与视频资源无缝整合，集成资源总量进一步扩大和强力互补，为全球用户提供更全面的信息、资源与服务，提高发现隐含信息的能力及资源发现的效率。DIALOG 数据库也移至 ProQuest Dialogs 检索平台（http://www.proquest.com）。

（2）ORBIT 系统。文献目录信息分时联机检索（Online Retrieval of Bibliographic Information Timeshared，ORBIT）系统，是第二大国际联机检索系统，拥有 200 多个数据库。ORBIT 系统因化工、石油、生物、化学、环境科学、医学、运动科学和安全科学等深入文献收录比较齐全而著称，该系统独有的特色数据库有 30 多个，包括汽车、飞机等交通工具（SAE）、石油、天然气开采与勘探（TULSE）等。

（3）ESA/IRS 系统。ESA/IRS 系统是欧洲最大的联机检索中心，也是世界上大型国际联机检索系统之一，是仅次于美国的 DIALOG 系统和 ORBIT 系统的联机检索系统。该系统涉及的专业范围有科技、农业、卫生、管理、社会科学和宇航工程及技术等，拥有 120 多个数据库。其中，酸雨（Acidrain）、铸造（Biipam-Ctif）、原材料价格（Pricedata）、卫星遥感图像（Leda）、宇航及高技术软件（Spacesoft）等为特色数据库。

（4）STN 系统。国际科学技术信息网络（The Scientific and Technical Information Network International，STN）系统，是由德国卡尔斯鲁厄能源、物理、数学专业信息中心（FIZ Karlsruhe，FIZ-K）、美国化学文摘社（Chemical Abstracts Service，CAS）和日本国际化学信息协会（Japan Association for International Chemical Information，JAICI）三家合作经营的国际联机检索系统（https://stnweb.cas.org）。数据库内容涉及的专业范围有化学、化工、生物、医学、数学、物理、能源、冶金、建筑等，其特色数据库有 CAS 化学物质结构图形数据库（REGISTRY）、德国专利数据库（PATDPA）、碳 13 核磁共振和红外光谱数值图形数据库（C13-NMR/IR）等。STN 系统的特点为：合作建网，分布式管理；多文档检索，方便实用；字段限制检索时，只使用后缀码，无前缀码；拥有世界上第一批联机图像数据库。

（5）OCLC 系统。联机计算机图书馆中心（Online Computer Library Center，OCLC）是世界上最大的文献信息服务机构之一，总部设在美国俄亥俄州。FirstSearch（http://www.oclc.org/en/firstsearch.html）是 OCLC 最早的电子资源检索平台，提供 70 多个数据库，学科范围涉及 13 个主题领域。该系统不仅有书目信息，而且绝大部分可以直接获取全文。WorldCat 是 OCLC 公司在世界范围图书馆和其他资料的联合编目库，也是世界最大的联机书目数据库。OCLC 推出的发现系统 WorldCat Local 使所有订购 FirstSearch WorldCat 数据库的图书馆可以免费获得 WorldCat Local 快速启动服务。2014 年 3 月，OCLC 整合 FirstSearch 和 WorldCat Local，向 FirstSearch 图书馆订户推出 WorldCat 发现服务（WorldCat Discovery Services）（http://www.oclc.org/en/worldcat-discovery.html），通过一键搜索就能在 WorldCat 和索引了 2485 个数字内容馆藏的中心索引中进行检索，发现来自世界各地图书馆的电子、数字及物理资源，帮助使用 FirstSearch 的图书馆为其读者提供更为丰富的检索体验。目前，FirstSearch 和 WorldCat Discovery 仍然独立使用，WorldCat Discovery 开发继续完善。

联机信息检索与脱机信息检索系统相比较，具有以下优点：用户不受地理位置影响，可以利用终端很方便地检索异地的联机数据库，按照自己的需求与计算机反复"对话"；在检索过程中可以随时修改检索策略，直到检索结果满意为止；迅速接收数据、实时处理和输出检索结果，检索结果可以有多种输出格式；每个课题的联机时间一般为几分钟到几十分钟，系统响应时间快；能为许多同时使用主机的终端用户提供分时处理。联机信息检索与脱机信息检索系统相比，缺点是检索费用昂贵、检索人员必须熟悉不同信息检索系统的检索语言等。

3. 光盘信息检索阶段

光盘（Compact Disc，CD）是一种用激光记录和读取信息的盘片，具有信息存储密度高、容量大、读取速度快、信息类型多、保存时间长、占据物理空间小、成本低等优点。它是在计算机技术、激光技术和精密伺服电机技术等现代科学技术成果的基础上发展起来的新型存储载体。光盘信息检索服务于20世纪70年代末问世，是利用光盘数据库通过检索软件开展的信息检索服务。根据使用的通信设备，又可分为单机光盘检索系统和光盘网络检索系统。

4. 网络信息检索阶段

进入20世纪90年代初，互联网的应用从单纯的科学计算与数据传输向社会应用的各方面扩展，图书馆、信息服务机构、科研机构及一些大的数据库生产商纷纷加入互联网，为信息需求者提供各种各样的信息服务，构成极其丰富的网络信息资源，数据库内容涉及所有知识领域。互联网为我们获取文献信息提供了前所未有的方便，也彻底打破了信息检索的区域性和局限性，用户足不出户就可以获取所需要的文献信息，而且信息形式图文并茂、声影并现。互联网的迅速发展和广泛应用，改变了计算机信息检索的方式和方法，将信息检索拓展到一个更广阔的领域。与联机信息检索系统的主机和用户终端的主从关系不同，网络信息检索系统客户机和服务器是对等的。

计算机信息检索方式的比较如表3-3所示。

表3-3　光盘信息检索、联机信息检索、网络信息检索方式的比较

项目	光盘信息检索	联机信息检索	网络信息检索
检索页面	友好	需要熟悉	很友好
数据更新	较慢，一般按月/季更新	较快，一般按周更新	更快，实时更新
检索方式	菜单检索	命令检索	菜单/命令/超文本链接检索
检索范围	单机或局域	远程	全球
检索执行	终端用户	专业人员	网络用户
费用支付	一次性投资（购买）	使用费（按时/次）租赁、通信费	流量费、使用费（购买）

综上所述，脱机批处理信息检索无法实现人—机对话，因此不能进行信息的实时检索。联机信息检索系统主要由中心计算机和数据库、通信设备、检索终端等组成，能进行实时检索，具有灵活、不受地理限制等优点，但检索费用较高。光盘信息检索系统主要由光盘数据库、光盘驱动器、计算机等组成，具有易学易用、检索费用低的优点。但是光盘数据库的信息更新有固定周期，不能提供最新信息。网络信息检索系统是将若干计算机信息检索系统用通信线路连接起来，以实现资源共享的有机体，是现代通信技术、网络技术和计算机技术发展并结合的产物，它使各大型计算机信息系统变成网络中的一个节点，每个节点又可连接很多终端设备，依靠通信线路把每个节点连接起来，形成纵横交错、相互利用的信息检索网络，既可实现实时检索，又可降低检索成本。

3.2.4 信息资源检索的发展趋势

随着计算机技术、通信技术和信息存储技术的飞速发展，信息检索已经从手工检索发展到网络化检索阶段，信息检索对象已经从独立数据库的单一信息源扩展到开放、动态、更新快、分布广泛、管理松散的网络信息，信息检索的用户也由原来的信息专业人员扩展到包括各专业人员在内的普通用户，这些对信息检索从检索方式到检索结果都提出了更高、更多样化的要求。其发展趋势如下：

（1）智能化。智能化是网络信息检索未来的主要发展方向。用户需要做的仅仅是告诉计算机想做什么，至于怎样实现则无须人工干预，用户将彻底从烦琐的规则中解脱出来。近几年，智能信息检索（Intelligent Information Retrieval）作为人工智能的一个独立研究分支得到了迅速发展，面向网络的信息获取技术已成为当代计算机科学技术领域中迫切需要研究的课题，人工智能技术应用于信息检索领域将是人工智能走向应用的一个新契机与突破口。

（2）可视化。可视化是用图像取代文字帮助人们检索，其优点在于图像的表达方式生动、形象、清晰、准确、效率更高，并能从多维角度揭示；而纯文字的表达方式是模糊的、一维的。

（3）多元化。多元化首先表现在可以检索的信息形态多样化，如文本、声音、图像、动画、视频等；其次，基于内容的检索技术和语音识别技术的发展，将使多媒体信息的检索变得逐渐普遍。网上检索工具已不仅仅是单纯的检索工具，还在向其他服务范畴扩展，如提供站点评论、天气预报、新闻报道、股票点评等，以多种形式满足用户需要。

（4）个性化。个性化是指各网站数据库内容的特色化及个性化的服务。网络资源呈指数级膨胀，使用户在获得自己需要的信息资源时要花费大量的时间和精力。个性化服务的实质在于提供真正适应用户需要的产品，贯彻以用户为中心的理念。

（5）全文化。全文检索以文字、声音、图像等类型数据为主要处理对象，是目前信息检索发展的最高阶段，也是前沿趋势。与其他检索技术相比，全文检索的新颖之处在于，它可以使用原文中任何一个有实际意义的词作为检索入口，得到的检索结果是源信息而不是信息线索。

（6）商业化。网络信息检索系统拥有数量众多的用户，可以吸引大量广告，为电子信息的增值服务提供了广阔的空间。网络信息检索系统不再仅仅是一种检索工具，而是成为一种产业，它的商业利益将成为推动系统完善和扩展的主要动力，促使网络信息的检索与利用由公用性转向商业化，网络信息检索系统将成为新的投资热点。

（7）自然语言与人工语言检索并用。自然语言检索是指用自然语言作为提问输入和对话接口的检索方式。作为最终用户，不必考虑表达自己的提问，不必学习一套烦琐的命令、格式或代码，就能得到检索结果，但是这种方法也不能完全取代人工语言检索。人工语言检索的最大优点是用它标引的数据库检索效率（查全率和查准率）相当高，这是自然语言检索所不能及的。因此，这两种检索方式将在并存中为用户提供更多的选择。

（8）传统信息检索和网络信息检索长期并存。印刷型检索工具是较为理想可靠的信息载体，而网络信息检索技术参数太多，有时还存在计算机病毒和网络黑客入侵的。在更好的信息载体未发明之前，纸质介质检索工具仍然是最安全和可靠的，并且由于二次信息、三次信息的检索工具都是从庞大而浩瀚的信息资源中分检、提炼、整理出来的各种信息数据资料，对人们传播、利用知识，协助管理者做出正确决策等起着重要作用，因此电子版与印刷型检索工具将长期并存，以满足不同用户的要求。

21 世纪上半叶，信息科学与技术正在发生深刻的跃变，如专著《大数据时代：生活、工作与思维的大变革》引发热议，大数据有"4V"特点，即 Volume（容量）、Variety（种类）、Velocity（速度）、Value（价值）。Volume 是指巨大的数据体量与完整性，数据量从 TB 级跃升到 PB 级；Variety 是指类型繁多，在海量、各类繁多的数据间发现其内在关联；Velocity 是指大数据要求处理速度快；Value 是指大数据的洞察力和价值，需要将信号转化为数据，将数据分析为信息，将信息提炼为知识，以知识促进决策和行动。再如，信息技术已进入全民普及阶段，21 世纪很可能会出现信息技术应用的"寒武纪大爆发"，信息技术惠及大众、惠及信息素养教育，信息技术将成为未来几十年的主旋律。

3.3 信息资源检索基础知识

从第二次世界大战之后，科学技术进入了空前发展的时期。信息传递结构呈现多样化和复杂化趋势，使得科技人员在面对"知识的海洋"时感到无能为力。特别是计算机技术和远程通信技术的发展，使网络信息交流与传递跨越了时间和空间的限制，提高了信息资源共享与交换的能力，吸引了越来越多的科研人员。正是在这种背景下，各国政府纷纷设置专门的信息机构，配置专职信息人员从事信息的收集、整理、存储、报道、交流、分析与综合，围绕着信息的基本特征开展了各种各样的研究活动。与此同时，与信息检索密切相关的理论、方法和技术等也随之产生和发展。

3.3.1 信息检索的基本原理和方法

1．信息资源检索的基本原理

信息检索的基本原理就是将用户需求（检索）标识和信息集合中的存储（标引）标识进行比较和选择，其核心是两者通过检索语言进行匹配（Match）的过程。如果两者标识匹配，则具有这些特征标识的信息就会从检索系统输出，输出的信息就是检索要求的信息；如果不能匹配，就需要更换或修改检索词，继续重新查找，直到两者一致为止。匹配有多种形式，既可以是完全匹配，也可以是部分匹配，这主要取决于用户需要，如图 3-2 所示。

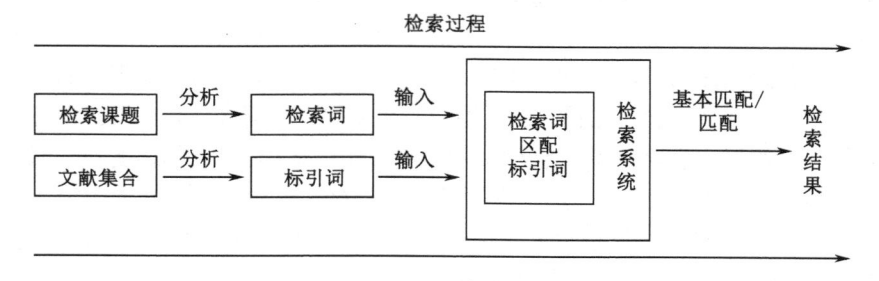

图 3-2 信息检索原理

2．信息资源检索的方法

信息资源检索的方法多种多样，分别适用于不同的检索目的和检索需求。常用的信息资源检索方法有以下三种：

1）常用法

常用法又称工具法，它是以主题、分类、作者等为检索点，利用检索工具查找信息的方法，它分为顺查法、倒查法及抽查法三种形式。

（1）顺查法。顺查法是根据检索课题的起始年代，按照文献出版时间由远及近、由过去到现在逐年查找，直至满足课题要求为止的检索方法。这种方法查全率高，适用于围绕某一主题查找一定时期内的全部文献信息，可以看出研究对象的发展过程及规律。

（2）倒查法。倒查法与顺查法相反，是按照文献出版时间由近及远、由现在到过去逐年查找，直至满足课题要求为止的检索方法。这种方法多用于新课题、新观点、新理论、新技术的检索，可以查出研究对象相关领域的最新信息。

（3）抽查法。抽查法是针对某学科的发展重点和发展阶段，抓住该学科发展较快、信息发表较多的年代，即抽查某时段的信息进行检索的一种方法。这种方法可查出研究对象发展的关键时期、鼎盛时期即学科兴旺时期的信息。这些时期是针对研究对象重大成果出现的时期，抽取这一时期的信息进行检索，往往能找到重要信息。

2）追溯法

追溯法又称引文法，是利用已知信息的某种指引，如文后的参考文献、相关书目、引文注释、辅助索引、附录等进行追踪检索的一种检索方法。通过追溯法查到的信息指明了与用户需求最密切的文献线索，往往包含了相似的观点、思路、方法，具有启发意义，这种方法适合于历史研究或对背景资料的查询。

3）交替法

交替法又称循环法、综合法或分段法，是把常用法和追溯法结合起来查找文献的方法。即先利用常规检索工具从分类、主题、作者、题名等入手，找出一批相关信息，然后通过精选，选择与检索课题针对性较强的信息，再利用这些信息所附的参考文献为线索追溯原文，如此循环往复，不断扩大检索，分期、分段地交替进行，由此获得更多信息。

总之，以上各种检索方法各有特点，在实际检索中，需要根据课题研究的检索要求、检索条件和检索背景等因素确定。检索要求是指查准、查快、查全，这三项要求互相制约，难以兼得。若要"查全"，则应采用顺查法或循环法；若要"查准"，则应该采用倒查法；若要"查快"，则应采用抽查法。检索条件是指是否有充分的检索工具可利用，在没有检索工具的情况下，可采用以追溯法为主的检索方法。检索背景是指待查课题所属学科的发展情况，即该学科从何时开始研究、何时达到高峰、何时研究处于低谷等。若能准确地知道这些背景情况，则可以采用以抽查法为主的检索方法。

3.3.2 检索工具

为了从海量信息中及时获取所需求的信息，解决海量信息量与人们特定信息需求之间的矛盾，人们在长期的实践中，先后创造了一些行之有效的放法，其中之一就是将数量庞大的一次信息压缩成二次信息，检索工具应运而生，检索工具的功能不断完善，应用领域不断拓展。从文献书目型检索工具到参考工具书，从手工检索工具到计算机检索工具，再到联机信息检索、光盘信息检索、网络信息检索等信息资源检索系统的出现，检索工具将人类查检信息资源引入了一个全新的应用领域。

1. 检索工具的定义

信息资源检索工具是人们为了充分、准确、有效地利用已有的信息资源而加工编制的用来报道、揭示、存储和查找信息的卡片、表册、特定出版物和计算机系统。一般来说，检索工具都具有存储信息和检索信息的功能，具有如下特征：

（1）包含信息资源的外部特征和内容特征。外部特征是指信息的篇名、著者姓名、文献出处等；内容特征是指信息的主题、摘要或学科分类等。

（2）每条信息描述记录都标明有可供检索用的检索标识。这是指存入检索工具的每条信息都需要经过标引，取得检索标识，如主题词、分类号、著者姓名等。

（3）全部标识必须系统地、科学地排列，成为有机的整体。科学的组织标识，系统地进行编排，有利于信息通过标识记录存放有序，易于存取。

（4）具有多种检索手段或检索途径。检索工具有满足用户以多种角度查找所需信息资源的要求。

2. 检索工具的类型

信息资源检索工具是随着信息技术的不断发展而完善的，按不同的标准或方法，信息检索工具可以有不同的分类。

1）按处理信息的手段划分

（1）手工检索工具。手工检索工具主要是各种类型的工具书。工具书是根据一定的需要，比较完备地汇集某一方面的资料，并按特定的方法加以编排，专供读者检索查找有关知识、资料或事实的书籍。根据工具书的体例和功用，可分为检索性工具书、参考性工具书、词语性工具书、表谱性工具书、图录性工具书和边缘性工具书等类型。

（2）计算机及网络检索工具。面向计算机及网络的检索工具主要包括联机信息检索系统、光盘信息检索工具和网络信息检索工具等。

2）按照信息著录的内容划分

（1）目录型检索工具。目录（Catalogue）又称为书目，通常以一个完整的出版或收藏单位（如文献的种或册）为基本的著录对象，著录的项目包括书名或刊名、作者、出版者、出版年、价格、页码等，揭示文献的外部特征，用以提供书刊的出版信息。目录的种类繁多，根据目录编制的目的、收录的范围和内容的不同，可分为国家书目、馆藏书目、联合目录、专题目录等。

（2）题录型检索工具。题录（Title）是以单篇文献为基本的著录单位，描述信息的外部特征，快速报道文献信息的检索工具，著录项目包括篇名、作者、出处等。它是在目录的基础上发展起来的一种检索工具。

题录与目录的主要区别在于著录的对象不同，目录著录的对象是一个完整的出版物，即一种或一册文献；题录著录的对象则是整册书中的一个独立的知识单元，即单篇文献。从名称上看，题录型检索工具无统一的名称，有的称为"题录"，有的称为"目次"。题录型检索工具的特点是报道速度快、覆盖面较大，多用于查找最新文献。题录型检索工具常作为文摘型检索工具的先导和补充，在揭示信息内容的深度方面，比目录做得更深入些，但又比文摘型浅，如《中国社会科学文献题录》、美国的《化学题录》等都是典型的题录型检索工具。

（3）索引型检索工具。索引（Index）是根据一定的需要，将特定范围内的某些文献中的有关知识单元或款目，如书报刊中的篇名、著者、地名、人名、字词句等，按照一定的方法编排，并指明出处，为用户提供信息线索的一种检索工具。索引不仅是一种独立的检索工具，还能作为其他检索工具的辅助部分，附在这些检索工具的后面，提供多种检索途径，使其检索功能得到增强。

与目录相比，索引所著录的是某一出版物中的知识单元，如篇名、著者、词句等，揭示的内容更为深入、具体，目录是以一个完整的出版物为著录对象；与题录相比，索引在揭示信息的广度和深度上要比题录专、深、具体。索引的功能主要是用来检索，常从属于某种出版物或文档，独立性差，题录则以报道为主、检索为辅，独立性强。

常见的索引类型有篇名索引、著者索引、号码索引、引文索引等根据信息外部特征编制的，以及分类索引、主题索引和关键词索引等根据信息内容特征编制的索引。

（4）文摘型检索工具。文摘（Abstract）是以精练的语言把信息所包含的主要内容、学术观点，如文献所讨论的范围和目的、采用的方法和手段、主要数据和公式、研究的结果和结论等准确地摘录下来，并按一定的方式编排起来供用户使用的一种检索工具。文摘是二次信息的核心，是索引的延伸。它以单篇文献为报道单元，全面反映信息的外部特征和内容特征。文摘是在题录的基础上发展起来的，因此文摘除具有与题录内容相同的著录项目以外，还有揭示文献内容特征的著录项目，如文摘、检索标识（主题词、关键词等）。

根据文献内容的揭示和深度、报道的详细程度及用途等，可将文摘分为指示性文摘、报道性文摘和评论性文摘三种。文摘的特点是形式简练，文摘用精练的语言将信息的主题范围、目的、方法等进行简略、准确的摘录。通过阅读文摘，用不多的时间，就可以确定原文内容及查找与课题的相关程度，帮助读者选择文献，决定取舍。

（5）全文型检索工具。全文型检索工具顾名思义，就是报道信息的全部内容，检索人员可以根据信息中的任意知识单元进行查找，这种类型的检索工具信息描述完整，可以通过多种检索途径检索所需要的信息。

3.3.3 检索语言

检索语言是信息管理和信息检索的基础，它作为标引人员和检索用户的共同语言，建立了信息特征表达和信息需求之间的桥梁。

1. 检索语言

检索语言（Retrieval Language）是信息检索系统存储与检索所使用的共同语言。它是一种专门用以描述文献信息的外部特征和内容特征，表达检索需求的人工语言。由于自然语言不可避免地存在词汇上的歧义性，语义上的歧解性，不便用于标引和检索。因此，情报检索领域出现了各种检索语言，为标引人员和检索者之间交流思想，取得共同的理解提供了工具。检索的匹配实质就是通过检索语言的匹配来实现的。检索语言是人与检索系统对话的基础，要想正确地使用检索系统，必须了解和掌握检索语言。

2. 检索语言的信息表达

任何一种检索语言，无论其表达形式是词、词组或是符号，都是一种用概念及其相互关系来表达文献的内容特征和外部特征的标识系统,因此概念及其相关逻辑是检索语言的基础。在信息检索过程中,为了揭示一种事物与其他各种事物之间的区别与联系,达到检索的目的,检索语言不仅要表达事物的不同概念,还要揭示概念之间的逻辑关系。

1)同一概念的内涵与外延

概念是事物本质属性的概括,是人们对事物从感性认识上升到理性认识阶段的产物。概念具有内涵和外延两个基本的逻辑特征。①概念的内涵反映事物的本质属性,是唯一的。②概念的外延反映事物对象的范围,也可以说是指该概念适用的范围。概念的内涵有深有浅,即一个概念它所概括的事物的本质属性有多有少;同样,概念的外延也有大小之别。概念的内涵与外延是种反变关系,即一个概念的内涵越深,反映的事物的特性越多,则这个概念的外延就越小,所指事物的数量就越少,反之亦然。

2)概念间的逻辑关系

概念之间存在三种逻辑关系:等同关系、从属关系及相关关系。

(1)等同关系。等同关系是指两个或两个以上的词所表达的概念完全相同或基本相同。它又分为同义关系(指所表达的概念完全相同,如"父亲"与"爸爸")和准同义关系(指所表达的概念基本相同或相近,如"中国首都"与"北京")。

(2)从属关系。从属关系是指两个概念属于上下位关系,其中一个概念完全被包含在另一个概念的外延中,或一个概念的外延是另一个概念外延的一部分,如"乘用车"包含"轿车"。

(3)相关关系。相关关系是指概念之间虽然关系密切,但不是等同关系和从属关系,是除此之外的其他关系。例如,交叉关系,即两个概念的外延一部分重合,如"青年"和"大学生";矛盾关系,是指两个概念互相排斥,而它们的外延之和等于其共同上位概念的外延总和,非此即彼,如"金属材料"与"非金属材料";并列关系,也称同位关系,指同一个上位概念之下的几个下位概念之间的关系,如"苹果""香蕉""菠萝"等概念间的关系,就是在"水果"这个属概念包含下的并列关系。

3)概念的划分与概括

每个概念都有内涵和外延,概念内涵由反映事物本质属性的概念因素组成,概念因素的增加或减少都可以形成新概念。概念的划分就是增加概念因素,形成更为专指的新概念,新概念的外延相对变小。概念的概括就是减少概念因素,形成更为泛指的新概念,新概念的外延相对较大。

2. 检索语言的类型

由于在表达各种概念及其相互关系时所采用的方法不同,同时随着对信息检索技术手段要求的不断提高,检索语言不断得到丰富和完善,形成了多种检索语言。一般检索语言按对信息特征的描述分为描述内容特征的检索语言和描述外部特征的检索语言,如图3-3所示。

1)描述内容特征的检索语言

(1)主题语言。

主题语言是以自然语言的语词为字符,以名词术语为基本词汇,以一组名词术语作为检索标识的检索语言;受控语言是指经过控制的、表达文献信息内容的语词。主题词需要规范,主题词表是主题词语言的体现,主题词表中的词可作为文献内容的标识和查找文献的依据。

第 3 章 信息资源检索

```
                    检索语言
                    的类型
            ┌──────────┴──────────┐
      描述内容特征              描述外部特征
      的检索语言              的检索语言
      ┌────┴────┐         ┌────┬────┬────┐
   主题语言  分类语言      题名  责任者 代码语言 其他
   ┌──┴──┐
 自然语言 ─── ■ 关键词（Keyword）
 受控语言 ─── ■ 标题词（Heading）
            ■ 单元词（Uniterm）
            ■ 主题词（Descriptor/Thesaurus）
```

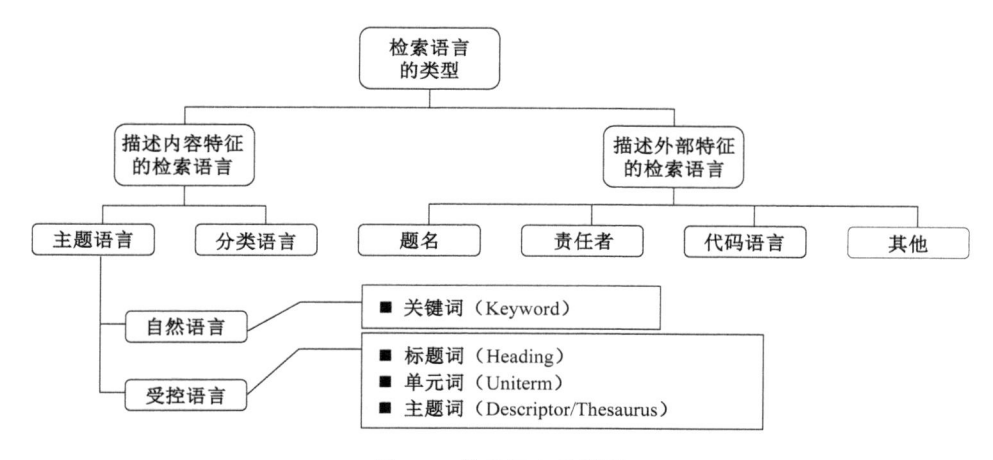

图 3-3　检索语言的类型

主题语言有主题词和关键词两种形式。

①主题词。主题词又称叙词，是指能代表信息主题内容、经过严格规范化处理的专业名词术语或词组。其主要特点是：①对一个主题概念的同义词、近义词、拼法变异词和缩写词等进行适当归并，以保证词语与概念唯一对应，避免多次检索；②采用参照系统揭示非主题词与主题词之间的等同关系及某些主题词之间的相互关系，以便正确选用检索词；③强调构词的规则和取词的统一，一般都有一部词表作为检索者的和标引者取词的依据。

②关键词。关键词是指出现在文献的标题、文摘或全文中，能表达文献信息内容，或者被人们作为检索入口的关键性专业名词术语，它属于自然语言范畴。由于关键词直接来源于文献，不考虑规范化，抽词容易，所以关键词的最大特点是使用起来比较灵活，常能揭示最新出现的专业名词术语，同时计算机编制关键词索引还具有成本低、速度快、时差短的优点。因此在计算机检索系统中，关键词得到了广泛深入的应用。但是由于关键词不像主题词那样严格、规范、唯一，因此同一主题内容的文献可能因使用不同的关键词标引而被分散，从而使漏检的可能性增加。同时，每篇信息标引的关键词较多时，虽然可以减少漏检的可能性，但误检的可能性会增加，使检索到的大量信息可能并不相关。因此使用关键词进行检索时应注意检索结果的全面性和准确性。

以主题语言来描述和表达信息内容的信息处理方法称为主题法。

（2）分类语言。分类语言以数字、字母或数字和字母的结合作为基本字符，采用字符直接连接并以圆点（或其他符号）作为分隔符，以基本类目作为基本词汇，按类目的从属关系表达复杂的概念。

分类语言是以学科和专业集中信息的，它强调知识的系统性，因此利用分类语言从学科和专业的角度检索文献具有较好的族性检索效果。但是由于学科之间相互渗透和相互整合的现象越来越多，直线序列的分类表难以反映多元性的知识特性。利用分类语言检索，在表达复杂主题概念时不够准确，影响查准率，同时不能及时地体现出新兴学科、边缘学科或交叉学科的信息。

以知识属性来描述和表达信息内容的信息处理方法称为分类法。世界上比较著名的分类法有《国际十进分类法》《美国国会图书馆图书分类法》《国际专利分类表》《中国图书馆分类法》等。

2）描述外部特征的检索语言

描述外部特征的检索语言主要指文献的题名（篇名/标题/题目/书名/刊名/出版物名称）、责任者（作/著者姓名、专利权人姓名、作/著者单位、机构/团体名称）、代码语言（出版者、报告号、专利号）等。这种检索语言将不同的文献按照题名、责任者的字序进行排列，或者按照报告号、专利号的数序进行排列，利用所形成的题名、责任者或号码的检索途径来满足用户需求。

代码语言是指根据事物的某方面特征，用某种代码系统来表示和排列事物概念，从而提供检索的检索语言。例如，根据化合物的分子式这种代码语言，可以构成分子式索引系统，允许用户从分子式出发，检索相应的化合物及其相关的文献信息。

3.3.4 检索途径

由于信息形式很多，特别是文献信息有多种不同的特征，信息检索工具往往是把众多信息进行分析、加工后，按照一定的特征标识排检、组织形成信息集合，因此检索途径是与内容特征、外部特征及检索标识相关的。检索途径又称检索点，就是利用信息的内容特征（分类号、主题词等）和外部特征（题名、责任者和出版者等）来查询相关的信息，是信息检索的入口点，常见的检索途径如下。

1．分类途径

分类途径是利用分类语言，按学科分类体系查找信息的途径。这种途径能体现学科的系统性，反映学科与事物的隶属、派生和平行关系，能较好地满足族性检索的需求，查全率较高。其检索的关键在于正确理解检索工具中的分类表，将所需信息划分到相应的类目中。利用分类途径可以把同学科的信息集中检索出来，但由于新兴学科、边缘学科和交叉学科的信息难以给出确切的类别，易造成误检和漏检。因此，从分类途径查找信息，一定要掌握检索工具中学科的分类体系及有关规则。

2．主题途径

主题途径是指利用主题语言，按照文献的主题内容进行检索的途径，将文献主题用主题语言表达，按主题词、关键词、标题词等来查找文献。以主题词作为检索点表征概念较准确、灵活，可随时增补、修改，可将关于某一事物或主题的不同学科的文献集中在一起，且主题概念比较直观、专指，能满足复杂概念和交叉、边缘学科检索的需要，能较好地满足检索要求。

综上所述，分类途径和主题途径是信息检索的常用途径。两者各有特点，前者以学科体系为基础，按分类编排，学科系统性好，适用于族性检索；后者直接用文字表达主题，概念准确、灵活，直接性好，适用于特征检索。两者相互配合则会取得较好的检索效果。

3．题名途径

题名途径是根据所需信息资源题名进行信息检索的一种检索途径，题名包括信息资源的篇名、书名、刊名、专利名称、标准名称等，一般用于查找图书、期刊或单篇文献。

4．责任者途径

责任者途径是根据已知信息的责任者的名称来检索信息的途径，信息的责任者包括个人责任者、团体责任者、专利权人和学术会议的主办单位等。按著者姓名检索信息时，需要了解著者索引编排的规则，特别是著者姓名的一般常识，如欧美国家的习惯是名在前、姓在后。

5. 号码途径

号码途径是指用户根据所需信息的某种号码来进行检索的检索途径。这些号码主要指图书的 ISBN、期刊的 ISSN、专利号、标准号、报告号、合同号、索书号、专用符号代码（如元素符号、分子式、结构式等）。号码途径具有特性检索的功能，在事实数据检索中用得比较多。

上面所列的检索途径是根据文献的外部特征或内容特征进行信息检索时的检索途径，用户可以根据自己的不同需求依据各种检索途径的优缺点进行选择。

3.3.5 检索效果评价

检索效果（Retrieval Effectiveness）是指检索系统检索的有效程度，它反映了检索系统的能力，包括技术效果和经济效果。技术效果是由检索系统完成其功能的能力来确定的，主要指系统的性能和服务质量。经济效果由完成这些功能的价值所确定，主要指检索系统的服务成本和时间。存储的广泛全面要求检索系统保证一定的覆盖面和摘储率，信息资源要丰富、完备。检索的迅速准确则要求检索系统有更多的检索途径和信息存取点，使用户能从多渠道、多方面尽快找到所需资料。

1. 检索效果评价指标

由于检索效果的评价涉及许多问题，可以从不同的角度采用不同的检索效果评价方法。为衡量检索系统效率，我们引入四个常用的检索指标，如表3-4所示。

表3-4 检索效果评价常用指标

项　　目	相关信息	非相关信息	总　　计
检出信息	a（hit）	b（noise）	$a+b$
未检出信息	c（mission）	d（rejected）	$c+d$
总　　计	$a+c$	$b+d$	$a+b+c+d$

表3-4中，a是被检出的相关信息，即查准的信息；b是被检出的非相关信息，即误检的信息；c是未检出的相关信息，即漏检的信息；d是未检出的非相关信息，即正确拒绝的无关信息。

（1）查全率（Recall Ratio）。查全率是衡量某一检索系统从信息集合中检出相关信息成功度的一项指标，它描述检索系统检出相关信息的能力。查全率 R 用检出的相关信息量与全部相关信息量的百分比来描述。

$$R=[a/(a+c)]\times 100\%$$

（2）查准率（Precision Ratio）。查准率也称相关率，是衡量某一检索系统信息"噪声比"的一种指标，描述检索系统拒绝不相关信息的能力。查准率 P 用检出的相关信息量与检出的全部信息量的百分比来描述。

$$P=[a/(a+b)]\times 100\%$$

（3）漏检率（Mission Ratio）。漏检率是与查全率相对应的概念。漏检率 M 用未检出的相关信息量与全部相关信息量的百分比来描述。

$$M=[c/(a+c)]\times 100\%$$

（4）误检率（Noise Ratio）。误检率是与查准率相对应的概念。误检率 N 用检出的不相关信息量与检出的全部信息量的百分比来描述。

$$N=[b/(a+b)]\times100\%$$

在评价检索系统的检索效果时，最为常用的是查全率和查准率。一般将查全率和查准率结合起来，否则难以准确反映检索系统的功能和效果。

2. 查全率与查准率的关系

在一个检索系统中，查全率与查准率成反比（互逆）关系。检索标识全面、广泛，则网罗性强，可保证较高的查全率；但是相关度不高的主题内容会同时被检出，则查准率降低。反之，检索标识具体、专指，则检索的信息会更切题，提高了查准率，但命中信息少，降低了查全率。查全率与查准率两者的关系 $R-P$ 曲线如图3-4所示。

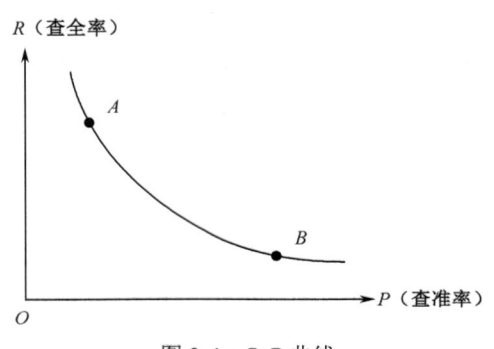

图3-4　$R-P$ 曲线

因此，我们在制定检索策略时应根据课题需要合理分配，协调二者之间的比例，以满足课题需要为最终目的。理想的检索效果应该是同时获得100%的查全率和100%的查准率，但这在实际检索中很难达到。

3. 影响查全率和查准率的主要因素

查全率和查准率与文献的存储与信息检索两个方面是直接相关的。也就是说，与系统的收录范围、标引工作和检索工作等均有着非常密切的关系。

（1）影响查全率的因素。从文献存储的角度来看，影响查全率的因素主要有数据库收录文献不全、索引词汇缺乏控制和专指性、词表结构不完整、词间关系模糊或不正确、标引不详、标引前后不一致、标引人员遗漏了原文的重要概念或用词不当等。此外，检索策略过于简单、选词和逻辑组配不当、检索途径和方法少、检索人员业务不熟练或能力欠缺、检索系统不具备截词功能和反馈功能、检索时不能全面描述检索要求等也会影响查全率。

（2）影响查准率的因素。影响查准率的因素主要有索引词不能准确描述文献主题和检索要求、组配规则不严密、选词及词间关系不完整、标引过于详尽、组配错误、检索时所用检索词（或检索式）专指度不够、检索面宽于检索要求、检索系统不具备逻辑"非"功能和反馈功能、检索式中允许容纳的词数量有限、截词位置不当、检索式中使用逻辑"或"不当等。

4. 提高检索效果的措施

（1）提高检索人员素质。检索过程是一个人机互动的过程，人的因素占支配和主导地位，检索效果同人的知识认识水平、业务能力、经验和责任心密切相关。检索过程中，虽然检索劳动由机器来操作，但复杂的思维劳动，如检索策略的制定、检索程序的设计、检索途径与检索方法的选择等仍需人通过大脑进行不断思考、判断和抉择。因此，必须提高检索人员的检索素质。

（2）选择合适的检索工具和数据库。检索时既要注意选择质量较高的检索工具和数据库，又要选用适合检索课题需要的检索工具和数据库。

（3）准确使用检索语言。检索所用的检索语言应能准确表达情报需求，注意灵活运用泛指性较强和专指性较强的检索语言。使用泛指性较强的检索语言（如上位类、上位主题词）能提高查全率，但查准率会下降；使用专指性较强的检索语言（如下位类、下位主题词）能提高查准率，但查全率会下降。

（4）优化检索策略与步骤。正确的检索策略，可优化检索过程与检索步骤，有助于求得查全和查准的适当比例，节省检索时间与费用，取得最佳的检索效果。用户信息需求的多样性，决定了其检索目的、检索策略、检索方法与检索步骤的差异性。只有充分了解用户的检索要求，才能有针对性地选择检索工具；只有了解用户的检索目的，才能有效地把握查全率与查准率的关系。

（5）充分发挥检索系统的功能。检索语言、检索技术、检索方法的正确、灵活使用，可以使检索者更好地与检索系统协调、配合。另外，也要根据不同检索课题的需要，适当调整对查全率和查准率的要求。例如，对查全率要求很高的查新工作，就要放弃对查准率的苛刻要求。当代科技信息检索系统能达到的查全率和查准率分别是 60%～70%和 40%～50%。除此之外，还可以通过提高用户素质、加强对查询项的预处理、改进检索系统人机交互界面、应用人工智能、开发新的相似度计算方法、对已有相似度计算方法的整合等办法来提高检索效果。

3.4 信息检索需求分析

信息需求以信息为对象，是人们在社会实践中对信息、知识的欲求。信息需求与人类基本需求的所有方面都密切相关，人类的实践活动是广泛的，信息需求是一种普遍存在的心理现象，可以说，凡事皆需要信息，凡事皆有信息需求。在工作、生活、学术研究中如何获取及时又准确的信息呢？这就是信息检索的需求。只有对信息需求真正了解，才能获得正确的检索结果。需求分析是在问题及其最终解决方案之间架设桥梁的第一步，分析清楚需求间的逻辑关系，包括因果关系、主次关系等，需求优先级的排列，就能探索出描述这些需求的多种解决方案，否则对需求内容的任何改进，都将导致信息查询上的大量返工。

3.4.1 认识信息需求

美国学者 Robert S. Taylor 提出用户问题的形成需要经历四个阶段：①内在的需求，是一种真正的但无法表达出来的信息需求；②意识到的需求，用户可以觉察出的，但概念仍很模糊，对问题的界定及表达不清楚；③表达出来的需求，即用户对问题可以进行具体的描述，并会寻求图书馆员的帮助；④折中的需求，即基于图书馆的内容组织结构或信息检索系统的限制，致使问题经过妥协之后有所修正，使得与检索系统产生作用。莱恩（Maurice Line）认为：信息需求就是任何人为了他的工作、研究和构思所需要的事实或数据。我国的学者丁宇则认为：信息需求是人们为了解决各种问题而产生的对信息的必要感和不满足感。崔春莎则将信息需求定义为：个人的内在认知与外在环境接触后所感觉到的差异、不足和不确定，试图找寻消除差异和不足，判断此不确定事物的一种要求。

从上面的论述可以看出，信息需求与用户的动机有密切的关系，它是为了消除用户的不确定性而产生的。在人类社会中，任何个体都会产生信息需求。从这一点上来说，任何人都是信息用户。同时，信息用户的信息需求是发展变化的，同时受时间、空间的限制。这说明，信息的需求是动态的，不同的信息需求状态决定了信息需求的类型。因此，不同的信息用户及信息需求的不同阶段信息需求都是不同的。

1. 用户特征不同，信息需求不同

每个人的知识结构、所处环境和面临的问题都有所不同，由此产生的信息需求也多种多样，因人而异。即使面对同一课题，不同身份的人需求的内容也不相同。

科研人员一般面向某个具体课题，研究内容专一，需要的信息内容专深，要求系统、完整，重视理论性较强的原始文献，如期刊文献、会议论文、研究报告等。信息需求具有阶段性，在课题的不同阶段对信息的需求不尽相同，需要信息的主要特点是新颖性、连续性和系统性。

教学人员信息需求量大，获取信息的能力较强，需求的信息主要涉及教材、仪器、方法等，要求信息准确、可靠，重视学科理论的产生和发展，既要求最新信息，也需要回溯性信息，信息类型主要有图书和期刊等。

学生则注重基础知识及与专业学习相关的信息，信息类型多为教材、专著、参考工具书等，阅读范围较广泛，信息获取的途径较为简单，主要依靠图书馆进行借阅和查询。

其他如工程技术人员、市场营销人员等也因从事的行业性质不同而产生不同的信息需求。

2. 不同阶段，信息需求不同

在学术研究过程中，研究人员在科研课题的选题立项、课题实验、成果发表、论文写作的不同阶段对信息的需求也不同。在课题的选题立项阶段，需要大量相关信息以积累、继承、借鉴前人的成果，信息需求的主要特征是关于课题的基本知识、学科背景、论证信息等，可以通过概览性资料了解背景知识、明确信息需求；也以可通过查询百科全书、专著、综述等获取信息。在课题的实验、试验阶段，信息需求的特点是特定的、准确的信息、知识点等，可通过查询标准、专利等全文数据库获取信息。在课题结题以后成果发表、论文写作阶段，信息需求的特征是需要进行全面的论证、分析信息与研究，此时需要通过全面且权威的信息来源，如引文数据库、文摘数据库和全文数据库等获得信息。

综上所述，信息需求由用户所从事的职业或活动，以及所处的社会环境和知识结构等客观因素决定，同时信息需求也因为用户和信息活动过程阶段的不同而不同。

3.4.2 分析信息需求

信息需求与个人的认知、感觉、情境是相关的，当个人影响因素改变时，需求也将随之改变，用户可以决定个人因素为何，进而产生信息搜集的行为。在一般情况下，大部分的信息需求，最后都会转化成信息检索的行为。所以正确分析信息需求，对信息检索结果的正确性至关重要。

1. 信息需求的主题分析

分析信息需求的主题内容，即分析所需信息的学科性质、特点及水平层次，对选择专业的信息资源非常重要。弄清学科性质的目的是明确检索的学科范围，学科范围越具体、越明确，越有利于信息检索。同时，主题分析的质量同分析的深度和广度有很大关系。在分析信息需求的主题内容时，要注意展开需求的全部主题概念，因为有些概念是明确的，而有些可能是隐含的；还要注意弄清这些概念间的逻辑关系，如从属关系、等同关系和相关关系等。要确定哪些是主要概念，哪些是次要概念，要能够舍弃无关概念，使分析出的主题概念少而精，对于计算机中检索式的构造是非常有用的。

2. 信息需求的数量分析

信息需求的数量要适度，而不是越多越好，既要防止片面地认识问题，又要避免信息过于泛滥。这主要涉及信息需求的总量及信息检索的查全率，这些都与信息需求的目的有关。不同的信息用户在不同时期，而对不同的信息需求，所要求的查全率也不一样。对于在校的大学生来说，查全率要求较高的信息需求主要有撰写文献综述、课题研究（如课程设计、毕业设计等）。在保证查全率的同时，对获取信息的总量也是要加以控制的。当我们面对太多的信息而无法吸收时，也会产生困惑，所以信息的数量对于信息需求者来说是个适度的问题。

3. 信息需求的质量分析

首先，信息需求的质量是指获得的信息是否是真正需要的信息，也就是我们通常所说的查准率。信息检索的查全率与查准率是两个互为矛盾的参数，若要增大查准率，必须准确表达信息需求，就会造成一些相关的信息不可避免地会被漏掉；反之，若要增加查全率，则必须使需求尽量表达全面，以确保获得所有可能的相关信息，这就造成了相对较低的查准率。因此，既要考虑合适的查全率，又要保证一定的查准率。其次，信息需求质量与信息的正确性和可靠性有关，还与获得信息的完整性有关，零散、片面的信息会导致错误的结果。最后，信息需求的质量还与所获得信息对用户的适应性有关，即同一个信息对不同的信息用户产生的效果不同。

4. 信息需求的时间分析

信息需求的时间性主要包括所需信息的时间段和获取信息的及时性。确定所需信息的时间的范围是为了检索更经济、快捷和准确。对于需要较多回溯性信息的问题，要查找的时间较长，对于需要较新信息的问题，就要缩短检索的时间。

5. 信息需求的信息源分析

不同的信息需求对信息源的选择也不同。通常来说，文献信息源是信息需求的主要来源，但对一些特定信息的需求，非文献信息源也是必不可少的。对于通过文献信息源获得信息的需求，还需要进一步确定具体的文献类型，如图书、期刊文献、会议论文、学位论文还是专利文献、标准等，这样才能快速、准确地找到所需信息。同时在确定了信息源以后，还要对信息源的优劣进行一定的评价，才能作为选择信息源的依据。

经过上述分析后，如果信息需求还比较模糊，可以请教图书馆馆员、专家、教授或与同行交流，借鉴他们的建议，浏览一些相关主题背景的文献，以使信息需求逐渐明朗。明确信息需求的过程，事实上也是科学研究选题的过程，需要在阅读大量文献的基础上，适当调整已确立的研究方向，逐渐发现新的具有研究价值的课题，全面深刻理解课题本意，确定最恰当的检索词，调整并优化检索策略，这样才能将信息需求与目标信息源关联，才能够最终获得正确的检索结果。

3.4.3 表达信息需求

信息需求表达的决定因素之一是用户的认识能力。信息检索人员认识到的信息需求不同于客观信息需求，由于主观因素、专业知识、认识能力等差异，检索人员有可能对信息需求产生错误的或片面的认识，也就是说，有些信息用户表达出来的信息需求，与客观的信息需求之间存在着相当大的差距，这些都会导致信息检索策略的不准确或检索的失败。在实践中，由于信息用户自身的信息能力、专业知识及理解水平等原因，信息需求的表达可能不完全、不确定，这些都会给后续的信息检索造成障碍。

信息需求表达和另一个决定因素是用户的表达能力。信息用户主要是用语言和文字表达信息需求，因此，从用户信息检索的角度来讲，信息需求归根结底是要以适当的词语形式予以表达。正是从这个意义上讲，表达信息需求的关键就是如何准确地使用检索词及如何构造检索表达式，这将直接影响所获得信息的全面性、相关性和准确性。信息需求的表达可以用自然语言、关键词或短语等多种形式表达，既可以书面的形式表述，也可以口头表达。

具体的步骤可以如下：首先，用一段文字表达信息需求，如查找所需信息的综述性文献，具体了解课题研究的内容及学科范围等。其次，用提问的方式来明确信息需求，将所查信息的疑问提出来；再根据所需信息提炼关键词。如对课题不熟悉，可先从课题相关的同义词、近义词查起，在对词汇的解释中了解课题的研究对象和内容、方向等，根据具体情况不断调整检索词和策略。同时在分析研究信息需求时，可能还会发现，选题太宽泛，在进一步查阅文献后，将提炼的关键词调整到更加细化的研究内容上。最后，根据信息需求，将得到的关键词根据合适的逻辑进行组配，以准确表达信息需求。

3.4.4 检索词的确定与选取

在信息检索的过程中，最基本也是关键的问题是选择合适的检索词。检索词的确定，从广义上来说，不仅仅是提炼的表达信息内容的"词"，即主题词或关键词等，还可以是根据信息需求分析所表达其他的检索词，如著者姓名、作者机构名称、分类号等。

1. 检索词的选词原则

（1）准确性。准确性是指检索词应该选择与信息需求最贴切、最恰当、最具有专指意义的专业名词。一般应选择国际上通用的、国内外文献中常出现的术语作为检索词，检索词的选取既不能概念外延过宽，又不能太窄。常见的问题是检索词的概念外延过宽，或者检索词中有错别字。

（2）全面性。全面性是指选取的检索词要能覆盖信息需求的全部主题内容，通常需要找出信息需求的隐性主题概念，同时还要注意检索词的缩写形式、外文检索词时词形的变化及英美单词的不同拼法等。

（3）规范性。规范性是指选取的检索词要符合所使用的检索系统的要求。

2. 检索词的选取方法

（1）根据信息需求，拆分主题概念。主题概念一般包括研究对象、方法、材料、过程、条件等具有独立检索意义的一些基本概念。研究对象通常指事物、人物、事物的组成成分和组成部分、学科、问题现象等；方法指对研究对象进行操作时的措施、工艺、手段、方法及所使用的工具等；材料指构成对象的物质材料；过程一般指各种自然过程、社会过程和生产过程中的运动、操作、演变等；条件指研究对象在存在、发展、变化、操作等方面的条件等。将信息需求中所涉及的上述概念进行拆分。拆分是对信息需求中包含的主题概念进行概念外延的最小单元的分割。注意，有的词不应拆分，拆分后将失去原来的意思，如北京大学不可拆分为北京、大学两个名词。

在分析信息需求时，不仅是信息需求字面上的拆分，更重要的是认真分析信息的主题概念，掌握信息需求的内容实质，挖掘隐含问题与隐含概念。对经过上述过程所得到的所有名词中不熟悉、不理解的名词进行名词解释。可利用谷歌、百度等搜索引擎，或利用教材等工具书，或利用自己的专业知识和平时积累的知识，或与导师、同学进行交流，挖掘隐性词。

（2）删除。通过信息需求的主题分析得到的主题概念在经过拆分后，对概念外延过分宽泛或对概念内涵过分具体的词、无实质意义的连词、虚词及概念之间存在蕴涵关系的词应删除，如的、基于、设计、研究、影响、因素等。

（3）替换。对经过上述步骤得到的主题概念中表达含义不清晰且容易造成检索误差的词应做同义词替换处理，或者引入更明确、更具体、更本质的词来替换，如绿色包装应替换成环保、可降解材料等。

（4）补充。将上述过程中经过拆分、筛选出的主题概念进行同义词、近义词、相关词的扩充，以避免漏检。有些词是缩略词，应考虑找出全称一并作为检索词。

（5）试查。利用数据库进行初步检索，借鉴相关文献的用词。中国知网、万方数据、ProQuest等很多检索系统都提供相关检索词作为参考，还有扩展词、同义词、修正与揭示等功能。

（6）在检索中逐渐优化检索词。选择检索词不是一次就成功的，一般先从较少的关键词开始检索，可借鉴相关检索结果中的文献上的词汇来补充或修正检索词，反复修正检索词。

第 4 章
计算机信息资源检索

1946 年 2 月 15 日，在美国宾夕法尼亚大学诞生了世界上第一台电子数字计算机，这标志着人类进入计算机时代。第一台计算机名字叫埃尼阿克（ENIAC），由 1.8 万个电子管组成，是一台又大又笨重的机器。它质量达 30 多吨，体积同两三间教室一样大，运算速度为 5000 次/s 加法运算，这在当时是相当了不起的成就。随着计算机技术、通信技术和高密度存储技术的迅猛发展，利用计算机进行信息检索已成为人们获取信息的重要手段。

4.1 计算机信息资源检索概述

计算机信息检索不仅能够跨越时空，在短时间内查阅各种数据库，还能快速地对几十年前的文献资料进行回溯检索，而且大多数检索系统数据库中的信息更新速度很快，检索者随时可以检索到所需的最新信息资源。科学研究工作过程中的课题立项论证、技术难题攻关、前沿技术跟踪、成果鉴定和专利申请的科技查新等都需要查询大量的相关信息，计算机检索是目前最快速、省力、经济的信息检索方法。

4.1.1 计算机信息资源检索系统

计算机信息检索系统从物理构成上说，包括计算机（硬件、软件）、数据库、检索终端设备和通信线路（网络）4 个部分。一般而言，软件由计算机信息检索系统的开发商制作，通信线路、硬件和检索终端设备只要满足计算机检索系统的要求都不需要检索者多加考虑。对检索者来说，他们必须了解数据库的结构和类型，以便根据不同的检索要求选择合适的数据库和检索途径。

1. 计算机

计算机是检索系统的核心部分，它包括硬件和软件。计算机硬件是系统采用的各种硬设备的总称，主要包括具有一定性能的主计算机、外围设备，以及与数据处理或数据传送有关的其他设备。

软件由系统维护软件与检索软件构成。系统维护软件，如数据库管理程序、词表管理程序等，其作用是保障检索系统的高效运转。检索软件是用户与系统的界面，用户通过检索软件进行检索，检索软件功能的强弱直接影响检索效果。检索软件可以分为指令式、菜单式和智能接口等。通过一定的检索软件，计算机能够进行信息的存储、处理、检索，以及整个系统的运行和管理。相对来说，硬件部分决定了系统的检索速度和存储容量，软件部分则充分发挥硬件部分的功能。

2. 数据库

根据 ISO/DIS 5127 标准，数据库（Database）的定义为："至少由一种文档组成，并能满足某一特定目的或某一特定数据处理系统需要的一种数据集合。"通俗地说，数据库就是指计算机存储设备上按一定方式存储并相互关联的数据的有序集合。数据库既是检索系统的信息源，也是用户检索的对象。数据库可以随时按不同目的提供各种组合信息，以满足检索者需求。检索系统中的数据库一般由各个数据库生产者提供，也有一些是由检索系统本身自建的。

数据库内容通常由若干个文档组成，每个文档又由若干条记录组成，每条记录则包含若干个字段。

文档（File）：是数据库中某一部分记录的有序集合。

记录（Record）：是组成数据库的信息单元，每条记录描述了一个原始信息的外表特征和内容特征。

字段（Field）：是比记录更小的单位，是组成记录的数据项目。

字段分为基本索引字段和辅助索引字段。基本索引字段反映内容特征的题名、关键词、文摘等；辅助索引字段反映外表特征的著者、单位、语种、出版项等。

例如，某个检索数据库将不同年限收录的文献归入不同的文档，文档中每篇文献是一条记录，而篇名、著者、出处、摘要等外表和内容特征就是一个个字段。对于计算机检索来说，字段相当于检索入口。

3. 检索终端设备

检索终端设备是用户与检索系统相互传递信息进行"人—机对话"的装置，有电传终端、数传终端和 PC 终端等。现在基本上都是 PC 终端，通常由计算机、调制解调器和打印机组成。调制解调器的作用主要是把传输的信息在传输前加载到一个载波信号上（称为调制），接收时通过检测收到的信息偏离精确载波信号的程度，分离出原先发送的信息（称为解调），起到数据转换的作用。调制解调器有内置式和外置式两种。

4. 通信线路（网络）

由于现代通信技术的发展，公共数据传输技术为信息的传递提供了保障，信息检索逐渐发展成为网络检索。通信网络（数据传输网）将计算机系统和检索终端设备连接起来，远距离、高速度、无差错地传递信息。每个计算机成为网络中的一个节点，每个节点可含一个或多个数据库，网络上的每个节点及其终端只要有授权均可对网络中的数据库进行访问，实现资源共享。随着空间技术的发展，信息检索已进入了信息传递—卫星通信—计算机技术三位一体的新阶段。

整个通信网络分成资源子网和通信子网两部分。资源子网包含网络中所有的计算机、输入输出设备、各种软件资源和数据资源，负责全网的数据处理业务，向网络用户提供各种网络资源和网络服务；通信子网是由用作信息交换的节点计算机和通信线路组成的独立数据通信系统，承担全网数据传输、转接、加工和交换等通信处理工作。检索网络所用的通信线路，一般是公用电话线或专用线，国际联机检索系统则是由通信卫星和海底电缆构成的通信网络。

4.1.2 计算机信息检索数据库类型

数据库是计算机技术和信息检索技术相结合的产物，是电子信息资源的主体，是信息检索系统的核心部分之一。按所提供的信息内容和国际上通用的分类方法，数据库主要可分为参考数据库和源数据库。

1. 参考数据库

参考数据库（Reference Database）是指引用户到另一信息源以获得原文或其他细节的一类数据库。

书目数据库（Bibliographic Database）是指存储某个领域二次信息的机读目录、题录、文摘、索引、提要或简介的数据库。提供的检索结果是文献的线索而非原文。例如，许多图书馆提供基于网络的联机公共检索目录（Online Public Access Catalogue）、MEDLINE、CBMDisc等。

2. 源数据库

源数据库（Source Database）是指能直接提供原始资料或具体数据的数据库，用户不必再查阅其他信息源。它可以分为以下几类。

（1）事实数据库（Fact Database）又称指南数据库，是存储有关某些客体（如机构、人物、出版物、项目、程序、活动等对象）的一般事实性描述的一类参考数据库，指引用户从其他有关信息源获取更详细的信息，如人物传记、公司/机构名录、研发项目、基金项目、技术标准、产品目录、指南、大事记等，如美国医生数据咨询库（Physician Data Query，PDQ）。

（2）数值数据库（Numeric Database）是一种专门提供以自然数值方式表示的、计算机可读的、具有一定结构的数据的集合。数值数据库中是人们从文献资料中分析提取出来或者从试验、观测、统计工作中得到的数据，主要有数字统计数据库、财务数据库等。

（3）文本—数值数据库（Text-Data Database）是一种能同时提供文本信息和数值数据的源数据库，如企业信息数据库、产品数据库等。

（4）全文数据库（Full Text Database）是一种存储文献全文（原始文献）或其中主要部分的源数据库。

（5）图像数据库（Image Database）是一种提供给人们存储和检索的图像或图形信息及其有关文字说明资料的源数据库，主要应用于建筑、设计、广告、产品、图片或照片等资料类型的计算机存储与检索。

（6）术语数据库（Item Database）是一种计算机化的术语词典或词库，是专门存储名词术语信息、词语信息及术语工作和语言规范工作成果的源数据库，如名词术语信息库、各种电子化辞书等。

（7）音/视频数据库（Video Database）是提供人们存储和检索音/视频文件及其文字说明的一种源数据库。

除上述几种类型的数据库外，还有能同时存储多种不同类型数据的数据库，即混合型数据库。另外，按载体不同数据库又可分成磁媒体数据库、光盘数据库和多媒体数据库等。

4.2 计算机信息检索基本原理与技术

计算机信息检索是指利用计算机及其相关技术存储和检索信息。具体地说，就是指人们在计算机或网络终端，使用检索词、特定的检索指令和检索策略等技术，从计算机检索系统的数据库中检索出所需的信息，再由终端设备显示或打印的过程。

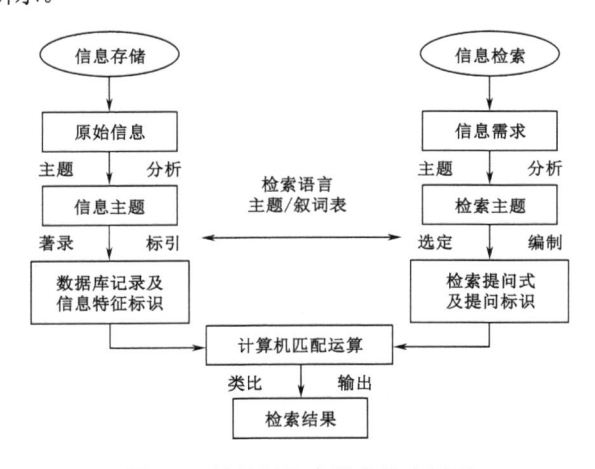

4.2.1 计算机信息检索基本原理

为实现计算机信息检索，必须事先使用信息处理技术将大量的原始信息加工处理，以数据库的形式存储在计算机中，所以计算机信息检索广义上讲包括信息的存储和检索两个方面。

计算机信息存储过程是指用手工或者自动方式将大量的原始信息进行加工。具体做法是将收集到的原始文献进行主题概念分析，根据一定的检索语言抽取出主题词、分类号及文献的其他特征进行标识或者写出文献的内容摘要，然后把这些经过"前处理"的数据按一定格式输入计算机存储起来，计算机在程序指令的控制下对数据进行处理，形成机读数据库存储在存储介质（如磁带、磁盘或光盘）上，完成信息的加工存储过程。

计算机信息检索过程是用户对检索课题加以分析，明确检索范围，弄清主题概念，然后用系统检索语言来表示主题概念，形成检索标识及检索策略，输入计算机进行检索。计算机按照用户的要求将检索策略转换成一系列提问，在专用程序的控制下进行高速逻辑运算，选出符合要求的信息输出。计算机检索过程实际上是一个比较、匹配的过程，提问标识只要与数据库中的描述信息特征的标引标识及其逻辑组配关系相一致，则属"命中"（Match），即找到了符合要求的信息，如图4-1所示。

图 4-1 计算机信息检索基本原理

4.2.2 计算机信息检索基本技术

计算机信息检索基本技术包括字段检索、布尔逻辑运算组配检索、截词检索和通配检索、位置算符检索、短语检索、模糊检索与精确检索、限制检索检索式等。

1. 字段检索

字段检索是指将检索词控制在某个或某些字段，用来检索某个或某些字段中含有该检索词的记录。常用的检索字段通常有题名、摘要、关键词、全文等，如表 4-1 所示。

表 4-1 常用检索字段

字段名称	中文名称	简称	字段名称	中文名称	简称
Title	题名	Ti	Journal Name	期刊名称	JN
Abstract	摘要	AB	Source	出版物来源	SO
Keywords	关键词	KW	Language	语种	LA
Subject/Descriptor	主题词	SU/DE	Document Type	文献类型	DT
Author	著者姓名	AU	Publication Year	出版年	PY
Full-Text	全文	FT	Country	出版国	CO
Corporate Source/Affiliation	著者单位或机构名称	CO	ISBN/ISSN	国际标准书号/国际标准刊号	ISBN/ISSN

选择的检索字段不同，得到的检索结果也会不同。选择题名和关键词字段，得到的检索结果数量相对较少，但相关度高；选择全文检索字段得到的检索结果数量相对较多，但相关性较差；通过摘要字段控制得到的检索结果的数量介于上述两个检索字段之间，但要注意的是文摘字段的检索结果会漏掉计算机系统中没有摘要的信息。

2. 布尔逻辑运算组配检索

布尔逻辑（Boolean）运算组配检索是利用布尔逻辑运算符进行检索项的逻辑组配，以表达检索者提问的一种检索技术。它是计算机检索系统中最常用的一种检索技术。布尔逻辑运算有 3 种，即逻辑"与""或""非"。在一个检索式中如果含有两个以上的布尔逻辑算符就要注意运算次序：（）> not>and>or，即先运算括号内的逻辑关系，再依次运算"非""与""或"关系。布尔逻辑检索含义及功能如表 4-2 所示。

表 4-2 布尔逻辑检索含义及功能

逻辑运算	含义
◐	逻辑"与"：用"AND/and"或"*"表示。用于连接概念交叉和限定关系的检索词，要求多个检索词同时出现在文章中。功能：缩小检索范围，有利于提高查准率。例如，电脑 and 病毒
●	逻辑"或"：用"OR/or"或"+"表示。用于连接并列关系的检索词，要求检索词中的任意一个或多个出现在文章中。功能：扩大检索范围，有利于提高查全率。例如，计算机 or 电脑
◑	逻辑"非"：用"NOT/not/ANDNOT/andnot"或"-"表示。用于连接排除关系的检索词，要求符号后面所有词均不出现在文章中。功能：排除不需要和影响检索结果的概念，有利于提高查准率。例如，电脑 not 综述

3. 截词检索和通配检索

截词算符（Truncation Symbol）和通配算符（Wildcard Symbol）是用给定的词干，即被截断的词加上截词符号将其作为一个字符串，并认为凡满足这个局部字符串的文献均为命中文献。

截词的方式有多种，按截断的位置可分为前截断、中截断、后截断 3 种类型。

不同的检索系统/数据库使用不同的截词符号，一般为*、?、!、$等。截词分为有限截词（一个截词算符只代表一个字符）和无限截词（一个截词算符可代表多个字符）。截词检索和通配检索含义及功能如表 4-3 所示。

表 4-3 截词检索和通配检索含义及功能

名 称	符 号	位 置	用 法	样 例
截词算符	*	前截断	前方不同后方一致	"*computer"，可检索出包含 "minicomputer" "microcomputer" 的检索词，并且所有检索词默认的逻辑关系为 "OR"
		后截断	前方一致后方不同	"comput*"，可检索出包含 "computer" "computers" "computing" "computerized" "computation" "computational" "computability" 等检索词，并且所有检索词默认的逻辑关系为 "OR"
通配算符	?	中截断	前后方一致，中间不同	"s?nk"，可检索出包含 "sink" "sank" "sunk" 的检索词，并且所有检索词的默认逻辑关系为 "OR"。也称通配检索

截词检索符号的使用一方面可以避免漏检，扩大检索范围，提高查全率；另一方面也避免了多次输入的麻烦，节省了检索时间。

4．位置算符检索

位置算符检索，也称邻近检索，是用一些特定的算符来表达检索词与检索词之间的邻近关系，规定算符两边检索词出现的位置，即要求检索词之间的相互位置满足某些条件而使用的检索算符。位置算符检索含义及功能如表 4-4 所示。

表 4-4 位置算符检索含义及功能

符 号	含 义	样 例
W	是 "word" 或 "with" 的缩写。表示此算符两边的检索词词序必须按输入时的前后顺序排列，不能改变；而且所连接的两个词之间除可有一个空格或一个标点符号或一个连接号之外，不得夹有其他的单词或字母	检索 "information (2W) management"，则可能检出 "information management" 和 "information technologies and management"
nW	是 "word" 或 "with" 的缩写。表示此算符两边的检索词词序必须按输入时的前后顺序排列，不能改变；而且所连接的两个词之间最多可间隔 n 个词（一般系统默认两个词之间可间隔的 n 个词数量不超过 100 个单词）	
N	是 "near" 的缩写，表示此算符两边检索词必须紧密相连，此间不允许插入其他单词或字母，但词序可以改变	检索 "economic (2N) recovery"，可以检出 "economic recovery" "recovery of the economy" "recovery from economic troubles"
nN	表示在两个检索词之间最多可以间隔 n 个单词，且词序可以改变	
F	是 "field" 的缩写。这个算符表示其两侧的检索词必须在同一字段	检索 "market (F) information/DE"，可以检出 market 和 information 同在主题词字段

续表

符号	含义	样例
S	是"sub-field/sentence"的缩写，表示在此运算符两侧的检索词出现在记录的同一句子同一个子字段内（例如，在摘要中的一个句子就是一个子字段），并且词序可以改变，中间插入词的数量不限	检索"high (S) strength (S) steel"，表示只要在同一句子中检索出含有"high、strength 和 steel" 3 个词均为命中记录

位置算符检索是很有用的检索技术，它可以规定词组中各词的前后次序，防止错误的搭配和输出；它也可以替代词组中的禁用词。常用的 9 个禁用词：AND、FOR、THE、AN、FROM、TO、BY、OF、WITH，如果在编制检索式时碰到禁用词，就要用位置算符代替它。

5．短语检索

对于一些精确的词组或短语可使用" "或{ }，将其作为一个词处理。短语检索含义及功能如表 4-5 所示。

表 4-5　短语检索含义及功能

符号	含义	样例
" "	查找与引号内完全匹配的记录，但一些无用词、标点符号、连字符、停用字等会被自动忽略	"computer aided design"
{ }	所有符号都作为检索词进行严格匹配	{Analysis of chemical}

6．模糊检索与精确检索

模糊检索（Fuzzy Search）是与"精确检索"相对应的一个概念，是指检索系统自动按照用户输入的关键词及其同义词进行模糊检索，从而得出较多的检索结果。同义词由系统管理界面配置。例如，配置了"计算机"与"computer"为同义词后，检索"计算机"，则包含"computer"的信息也会出现在检索结果中。因此，模糊检索就是同义词检索，当用户在检索页面中输入同义词中任何一个检索词时，只要选中"模糊检索"复选框，则该关键词的所有同义词信息都会被检索出来。

精确检索（Accurate Search）是指检索系统按照与用户输入的关键词字符串完全匹配方式进行精确检索，从而得出非常准确的检索结果。

7．限制检索

在绝大多数检索系统中都有一些缩小或约束检索结果的方法，最常用的是对特定字段（Field）的限定检索（Limit Search），限制符多为 in、=、[ ]等。用这种方法可以将检索词限制在特定的字段中，如 Chinese in LA，表示检索结果的语种为中文。

8．检索式

检索式是指将各检索单元（检索词、检索字段等）之间的逻辑关系、位置关系等，用检索系统规定的各种组配算符连接起来，成为计算机可识别和执行的命令形式。设计合理的检索式是控制和提高检索质量的关键。检索式的表达不是唯一的，而是有多种选择、组配和限定的。

当检索要求过于复杂，难以用一个检索式来完成时，应该采用分步检索或二次检索来提高查全率和查准率。在检索式的编制过程中，要注意检索词与检索字段正确匹配，注意细节，合理使用词组检索及截词符号。

4.3 计算机信息检索策略与检索步骤

计算机信息检索基本步骤的实施与用户需要的服务方式有密不可分的联系。在计算机信息检索过程中，必须首先了解用户需要提供的服务方式，科学地确定检索策略和检索步骤，才能最大限度地满足用户的需求。

4.3.1 计算机信息检索策略

检索策略是对检索行为的全面策划，寻找最佳的检索策略不仅是情报检索研究的一个重要目标，而且是计算机检索实际工作中必然遇到的问题之一。在保证一定的数据库质量和功能的前提下，检索策略的优化与否已成为决定检索效率高低的一个重要因素。

1．检索策略的含义

检索策略是指为实现检索目标而制定的全盘计划和方案，是对整个检索过程的谋划和指导。具体来讲，就是在分析检索提问的基础上，确定检索的数据库、检索的用词，并明确检索词之间的逻辑关系和查找步骤的科学安排。检索式（检索用词与各运算符组配成的表达式）仅是狭义上的检索策略。

2．检索策略的制定与优化

一般来说，构造检索策略可按下列顺序进行：
（1）填写检索提问表，列出待检课题的学科专业范围、主题内容及其检索目标。
（2）选择相关数据库并确定检索途径，以便编制适合所选数据库的检索策略。
（3）对情报提问进行概念分析，选择能代表概念组面的检索项，从而把提问的主题概念转换成适合系统的检索词，完成用户情报需求由概念表达到计算机系统所能接受的检索标识表达的转换。
（4）拟定检索表达式。
（5）编排具体的检索程序。
检索时不一定要绝对按上述顺序执行，可根据所检课题需求及使用系统的具体情况灵活运用。

4.3.2 计算机信息检索步骤

计算机信息检索的步骤指的是从用户有信息需求开始到制定检索策略、上机操作直至获得检索结果或原始文献的全过程。由于信息需求本身具有不确定性，加之对数据库中的文献特征标识不能充分了解，以及系统功能的某些限制，都会不同程度地影响检索效果。但是只要遵循一定的检索步骤，制定良好的检索策略，便可以减少各种不利因素的影响，尽可能地使检索提问标识与信息需求和检索系统保持良好的一致性，从而在系统中检索出满足用户需求的信息。

一般来说要经过以下基本程序：分析检索课题、选择检索系统和数据库、确定检索词、构建检索策略（表达式）、上机检索并调整检索策略、输出检索结果。

1．分析检索课题

利用计算机信息检索系统获取文献信息的用户，一般分为直接用户和间接用户两种类型。直接用户是指最终使用获得的信息进行工作的用户（如科研人员、管理者、决策者等）；间接用户是指专门从事计算机检索服务的检索人员。检索人员在接到用户的检索课题时应首先分析研究课题，全面了解课题的内容及用户对检索的各种要求，从而有助于正确选择检索系统及数据库，制定合理的检索策略等。分析检索课题时应从以下几方面进行：

（1）弄清用户信息需求的目的和意图。
（2）分析课题涉及的学科范围、主题要求。
（3）描述课题所需信息的内容及其特征。
（4）确定课题所需信息的类型，包括文献类型、出版类型、年代范围、语种、著者、机构等。
（5）明确课题对查新、查准、查全的指标要求。

2．选择检索系统和数据库

在全面分析检索课题的基础上，根据用户要求的信息类型、时间范围、课题检索经费支持等因素综合考虑后，选择检索系统和数据库。正确选择数据库是保证检索成功的基础。选择数据库时必须从以下几个方面考虑：

（1）数据库收录的信息内容所涉及的学科范围。
（2）数据库收录的文献类型、数量、时间范围及更新周期。
（3）数据库所提供的检索途径、检索功能和服务方式。

3．确定检索词

检索词是表达文献信息需求的基本元素，也是计算机检索系统中进行匹配的基本单元。检索词选择正确与否，直接影响检索结果。在全面了解检索课题的相关问题后，提炼主要概念与隐含概念，排除次要概念，以便确定检索词。检索词的确定，一般有以下几种方法。

（1）选用主题词。当所选的数据库具有规范化词表时，应优先选用该数据库词表中与检索课题相关的规范化主题词，从而可获得最佳的检索效果。

（2）选用数据库规定的代码。许多数据库的文档中使用各种代码来表示各种主题范畴，有很高的匹配性。例如，世界专利文摘数据库中的分类代码，化学文摘数据库中的化学物质登记号等。

（3）选用常用的专业术语。在数据库没有专用的词表或词表中没有可选的词时，可以从一些已有的相关专业文献中选用常用的专业术语作为检索词。

（4）选用同义词与相关词。同义词、近义词、相关词、缩写词、词形变化等应尽量选全，以提高查全率。

4．构建检索策略（表达式）

检索表达式是计算机信息检索中用来表达用户检索提问的逻辑表达式，由检索词和各种布尔逻辑算符、位置算符、截词算符及系统规定的其他组配连接符号组成。检索表达式构建得是否合理，将直接影响查全率和查准率。在构建检索表达式时，应正确运用逻辑组配运算符：

（1）使用逻辑"与"算符可以缩小命中范围，起到缩检的作用，得到的检索结果专指性强，查准率也就高。

（2）使用逻辑"或"算符可以扩大命中范围，起到扩检的作用，得到更多的检索结果，查全率也就高。

（3）使用逻辑"非"算符可以缩小命中范围，得到更切题的检索效果，也可以提高查准率，但是使用时要慎重，以免把一些相关信息漏掉。

另外，在构建检索表达式时，还要注意位置算符、截词算符等的使用方法，以及各个检索项的限定要求及输入次序等。

5．上机检索并调整检索策略

构建完检索表达式后，就可以上机检索了。在检索时，应及时分析检索结果是否与检索要求一致，根据检索结果对检索提问式进行相应的修改和调整，直至得到比较满意的结果。调整检索策略的目的，就是提高检索结果与用户需求的一致度。

1）检索结果信息量过多

产生检索结果信息量过多的原因可能有以下两点：一是主题词本身的多义性导致误检；二是对所选的检索词的截词截得太短。在这种情况下，就要考虑缩小检索范围，提高检索结果的查准率。调整检索策略的方法如下：

（1）提高检索词的专指度，增加或换用下位词或子概念或专指度较强的词。

（2）减少同义词与同族相关词。

（3）增加限制概念，采用逻辑"与"连接检索词。

（4）使用字段限定，按全文→主题词→摘要→关键词→题名顺序逐步缩小检索范围，将检索词限定在某个或某些字段范围。

（5）使用逻辑"非"算符，排除无关概念。

（6）调整位置算符，由松变严，即（N）→（W）。

（7）使得精确运算符""，或者选择精确匹配模式。

（8）根据信息需求，增加文献类型、语种、地理范围、时间范围等限定条件等。

2）检索结果信息量过少

造成检索结果信息量过少的原因有以下几点：其一，选用了不规范的主题词或某些产品的俗称、商品名称作为检索词，或检索词过于冷僻；其二，同义词、相关词、近义词没有运用全面；其三，上位概念或下位概念没有完整运用；其四，运算符号如位置算符、逻辑与"AND"算符运用过多等。针对这些情况，就要考虑扩大检索范围，提高检索结果的查全率。调整检索策略的方法如下：

（1）降低检索词的专指度，可选择一些上位词或相关词补充，并用逻辑"或"将它们连接起来，增加网罗度。

（2）进行族性检索，可用分类号检索。

（3）减少逻辑"与"的运算，丢掉一些次要的或者太专指的概念。

（4）去除某些字段限制。

（5）调整位置算符，由严变松，即（W）→（N）。

6. 输出检索结果

根据检索系统提供的检索结果输出格式，选择需要的记录及相应的字段（全部字段或部分字段），将结果显示在显示器屏幕上、存储到磁盘或直接打印输出，网络数据库检索系统还提供电子邮件发送，至此完成整个检索过程。

4.4 计算机信息检索结果及原文获取

4.4.1 计算机信息检索结果

根据信息需求确定检索策略进行检索以后，计算机信息检索的结果是按一定条件，如时间排序、相关度排序的符合条件的信息。用户可以根据要求选择适合的输出格式。输出格式是对检索结果记录字段的选择，可以进行屏幕显示、打印、存盘或输出。

4.4.2 原文获取途径与开放获取

检索结果的原文获取是信息检索的最后一个步骤，也是最重要的一步。

获取原文的途径有很多，如果是二次文献数据库，当检索到所需信息的线索并识别出信息的类型后，可以根据不同的文献类型索取原始文献。传统的原文索取是根据信息线索，利用馆藏目录查找收藏机构，采用借阅或复制的方式索取原文。还可以根据信息线索所提供的作者姓名及其工作单位等信息直接与作者联系，索取原始文献。从作者处获取原文，是目前国际上通行的学术交流方式。随着互联网的普及，可以利用本单位图书馆的馆藏目录、公共查询目录（OPAC）、联合目录等通过馆际互借、原文传递等方式来获取原始文献，这也是获取原文最方便的途径，即立足于本单位、本地区图书情报部门获取信息。

当然，对全文数据库而言，可以直接获取原文，要注意的是信息的文档格式是否能进行阅读并编辑。

目前，国际上还流行一种新的获取方式，就是开放获取。开放获取是利用互联网进行科学交流与出版，促进科学与人文信息的广泛交流，保障科学信息的长期保存和高效利用。根据《布达佩斯开放存取宣言》（*Budapest Open Access Initiative*，BOAI），开放获取是指"某文献在公共网络领域里可以被免费获取，任何用户均可阅读、下载、复制、传递、打印、检索、超级链接该文献，并为之建立索引，用作软件的输入数据其他合法用途。用户在使用该文献时不受财力、法律或技术的限制，而只需要在存取时保持文献的完整性，对其复制和传递的唯一限制，或者说版权的唯一作用是使作者有权控制其作品的完整性及被准确地接受和引用"。简单地说，就是在线链接、免费使用、版权豁免。

开放获取的形式多种多样，主要有开放存取期刊（Open Access Journals）、学科仓储（Disciplinary Archives）、机构仓储（Institutional Archives or Repositories）、预印本（Preprint）、开放获取搜索引擎等。按照不同的运作模式，开放获取可分为完全开放、半开放存取和延时开放存取。

1. 国内开放存取数据库及系统

（1）Socolar 平台（www.socolar.com）。该平台是由中国教育图书进出口公司开发的基于开放获取期刊和开放获取机构仓储的导航，可以免费进行文献检索和全文链接服务。目前，该平台已收录世界各国多语种全学科开放获取文章 1000 多万篇。

（2）中国预印本服务系统（prepring.nstl.gov.cn）。它是国家科技图书文献中心与中国科学技术信息研究所联合建设以提供预印本文献资源服务为主要目的的学术论文交流系统。用户可以在该系统自由提交、检索、浏览预印本文章全文及发表评论等。目前，该系统收录包括数学、物理、天文、生物、信息、化学、力学、地球科学 8 个学科的预印本论文超过 1.4 万篇，提供免费阅读和下载服务。

（3）中国科技论文在线（www.paper.edu.cn）。中国科技论文在线是经教育部批准，由教育部科技开发中心主办的科技论文网站。目前，中国科技论文在线拥有全国最大规模的预印本首发论文 10 万余篇、全免费期刊论文 130 万篇，其中知名学者论文 13 万多篇，还提供国外免费数据库的链接。

（4）国家哲学社会科学文献中心（www.ncpssd.org）。该中心立足全国哲学社会科学领域，由国家投入和支持，中宣部指导，中国社会科学院牵头，教育部和国家新闻出版署等相关部委配合，开展哲学社会科学文献信息资源建设和服务。该中心收录了国内人文社科领域的全部核心期刊，用户只要注册，在登录后就可以进行免费的文献检索、在线阅读和全文下载等。

2. 国外开放存取数据库及系统

（1）Open Access Library（www.oalib.com）。Open Access Library（OA 图书馆）是在线数据库，所有文献都来自世界顶级著名的出版商和数据库，所有已经评审或者未发表的文章都可以在线查看，可以满足各个学科领域学者的需求。

（2）Directory of Open Access Journals（DOAJ，www.doaj.org）。DOAJ 是瑞典隆德大学图书馆整理的开放期刊目录，集成散见在互联网上的所有学科和语种的开放期刊，截至 2020 年 8 月共收集了 133 个国家的 15023 种期刊近 520 万篇文献。这些期刊都是经过同行评审，或者有编辑进行质量控制的，可提供免费、全文、高质量的文献。

（3）High Wire Press（http://www.highwirepress.com）。High Wire Press 是由美国斯坦福大学图书馆于 1995 年创立的科学与医学文献数据库，是全球最大的提供免费全文的学术文献出版商。

（4）NTLDT 学位论文共享系统（www.ndltd.org）。Networked Digital Library of Theses and Dissertations（NDLTD）是由美国国家自然科学基金支持的一个网上学位论文共建共享项目，为用户提供免费的学位论文文摘，并可获得部分免费的学位论文全文。目前，全球有 100 多家图书馆、7 个图书馆联盟及多个专业研究所加入 NDLTD。

（5）Free eBook-Project Gutenberg（www.gutenberg.org）。古登堡（Gutenberg）免费电子书项目由 Michael Hart 于 1971 年在美国伊利诺伊大学读书时发起，其目的是鼓励电子图书的传播。由志愿者合作，将版权过期的书籍转化为电子版，为全世界的读者提供免费下载服务。古登堡免费电子书项目的书籍大多数是 TXT 格式，也有 HTML 或 PDF 格式。截至 2020 年 8 月，该项目已有几十种语言超过 6 万册电子书可供读者免费下载阅读。

（6）arXiv.org（http://arxiv.org）。arXiv 是美国国家科学基金会和美国能源部资助的项目，是由物理学家保罗·金斯帕于 1991 年在美国洛斯阿拉莫斯国家物理实验室建立的电子预印本仓储，是当今世界物理学研究者最重要的交流平台。arXiv 支持全部论文的自动化电子存储和发布，目前，该数据库在俄罗斯、德国、日本、英国等 17 个国家或地区设立了镜像站点，在我国的站点设在中科院物理研究所。截至 2020 年 8 月该数据库拥有 1743562 篇学术文献，涵盖的学科领域有物理、数学、计算机科学、计量生物学、计量金融学、统计学、电子工程和系统科学及经济学、材料学等。

（7）MIT Open Course Ware（http://ocw.mit.edu）。麻省理工学院开放式课件是全世界教师、学生和自学者不可多得的免费开放教育资源。麻省理工学院的开放式课件的目标是为世界各地的学习者提供免费的教育教材，以及几乎全校所有的本科生和研究生课程的材料，扩大了麻省理工学院的影响和范围。

因此，利用计算机信息资源检索信息时，不应只局限于本馆所拥有的资源，还可以利用如文献传递、开放获取、免费的学术资源等方式，以获得更多的信息原文。

第 5 章 中文网络信息资源检索

随着互联网和计算机技术的普及和发展，国内外在线数据库剧增，数据库检索已经成为人们获取信息的重要途径。但由于各数据库的结构不同、信息资源标引的规范和深度不同，各数据库的检索功能既相似又有不同，用户在使用时难以分辨和掌握。目前，国内比较有影响力的中文检索系统有 CNKI 中国知网、万方数据知识服务平台、超星发现系统、维普中文期刊务平台、中国高等教育文献保障系统（CALIS）、国家科技图书文献中心（NSTL）等。中国高校及科研单位一般采用包库方式购买特定学科的专题数据库，以 IP 地址控制方式供给学校或科研单位内部使用。

5.1 CNKI 中国知网

国家知识基础设施的概念是世界银行于 1998 年提出的。中国国家知识基础设施（China National Knowledge Infrastructure，CNKI）由清华大学、清华同方发起，始建于 1999 年 6 月。在党和国家领导及教育部、中宣部、科技部、国家新闻出版署、国家版权局、国家发展和改革委员会的大力支持下，在全国学术界、教育界、出版界、图书情报界等社会各界的密切配合和清华大学的直接领导下，CNKI 工程集团经过多年努力，采用自主开发并具有国际领先水平的数字图书馆技术，建成了世界上全文信息量规模最大的"CNKI 数字图书馆"，并正式启动建设《中国知识资源总库》及 CNKI 网络资源共享平台，为全社会知识资源高效共享提供丰富的知识信息资源和有效的知识传播与数字化学习平台。

5.1.1 CNKI 中国知网概述

CNKI 中国知网（http://www.cnki.net）是中文检索系统之一。现有用户遍及中国和欧美、东南亚、澳洲等各个国家和地区，实现了我国知识信息资源在互联网条件下的社会化共享与国际化传播，资源总量达到全国同类资源总量的 80%以上。CNKI 中国知网工程的目标：一是建设大规模集成整合知识信息资源，整体提高资源的综合与增值利用价值；二是建设知识资源互联网传播扩散与增值服务平台，为全社会提供资源共享、数字化学习、知识创新信息化条件；三是建设知识资源的深度开发利用平台，为社会各方面提供知识管理与知识服务的信息化手段。

1. CNKI 中国知网资源总库

CNKI 中国知网平台面向海内外用户提供中文学术文献、外文文献、学位论文、报纸、会议、年鉴、工具书等各类资源的统一检索、统一导航、在线阅读和下载服务。产品分为十大专辑：基础科学、工程科技Ⅰ、工程科技Ⅱ、农业科技、医药卫生科技、哲学与人文科学、社会科学Ⅰ、社会科学Ⅱ、信息科技、经济与管理科学。十大专辑下分为 168 个专题，数据实时更新。

2. CNKI 中国知网主要数据库简介

CNKI 中国知网现有在线数据库数百个，主要检索数据库有以下 6 个。

1）中国学术期刊（网络版）

中国学术期刊（网络版）（China Academic Journal Network Publishing Database，CAJD）是目前世界上最大的、连续动态更新的中国学术期刊全文数据库，是"十一五"国家重大网络出版工程的子项目，是《国家"十一五"时期文化发展纲要》中国家"知识资源数据库"出版工程的重要组成部分，以学术、工程技术、政策指导、高级科普、行业指导及教育类期刊为主，内容覆盖自然科学、工程技术、农业、哲学、医学、人文社会科学等各个领域，收录国内学术期刊 8810 余种，全文文献总量 5640 万篇。因中国知网总库平台升级后提供中英文整合检索，该库默认的检索结果包含中国知网合作的国外期刊题录数据，只有"中文文献"分组项内的条目是本库全文数据。中国知网收录自 1915 年至今出版的期刊，部分期刊回溯至创刊。服务模式有云租用、云托管、云机构托管、本地镜像。其中，云租用、云托管、云机构托管的数据实时发布，本地镜像数据每月 10 日出版。

2）中国博士学位论文全文数据库

中国博士学位论文全文数据库（China Doctoral Dissertations Full-text Database，CDFD）是目前国内相关资源完备、出版周期短、数据规范、实用、质量高、连续动态更新的博士学位论文全文数据库。收录的博士学位论文多是在相关学科有造诣的学者、专家指导下完成的，具有较高的参考与借鉴价值。目前该数据库收录了自 1984 年以来 490 家（动态）国家 985、211 工程等重点高校、中国科学院、中国社会科学院等研究院所的博士学位论文，主要以 1999 年以后的博士学位论文为主。

3）中国优秀硕士学位论文全文数据库

中国优秀硕士学位论文全文数据库（China Master's Theses Full-text Database，CMFD）是国内内容较全、质量较高的硕士学位论文全文数据库。目前收录自 1984 年以来 771 家（动态）国家 985、211 工程等重点高校、中国科学院、中国社会科学院等研究院所的优秀硕士学位论文。主要特色学科包括通信工程、军事学、中医药等专业，以 1999 年以后优秀硕士学位论文为主。

4）中国重要会议论文全文数据库

中国重要会议论文全文数据库（China Proceedings of Conference Full-text Database，CPCD）收录了由国内重要会议主办单位或论文汇编单位书面授权投稿到"中国知网"进行数字出版的会议论文。该数据库收录自 1999 年以来中国科协、社科联系统及省级以上的学会、协会、高校、科研机构、政府机关等举办的重要会议，以及在国内召开的国际会议上发表的会议论文文献。截至 2020 年 8 月，该数据库已收录出版 1.2 万次国内重要会议投稿的论文。其中，全国性会议文献超过总量的 80%，部分会议论文可回溯至 1953 年。

5）国际会议论文全文数据库

国际会议论文全文数据库收录了由国内外会议主办单位或论文汇编单位书面授权并推荐出版的重要国际会议论文，重点收录自 1999 年以来中国科协系统及其他重要会议主办单位举办的、在国内召开的国际会议上发表的文献，部分重点会议文献回溯至 1981 年。截至 2020 年 8 月已收录出版国际学术会议论文集 4152 本，累计文献总量 80 余万篇。

6）中国重要报纸全文库

中国重要报纸全文库（China Core Newspapers Full-text Database，CCND）是我国第一个收录报纸时事新闻、学术性、资料性文献，连续动态更新的报纸全文数据库。该数据库遴选收录 2000 年以来我国公开发行的 640 多种报纸上有关政治、经济、社会、文化、科技、教育、军事、国防等方面的文献，为各类读者用户从事学术、政策和工作研究及决策提供咨询服务。

3. CNKI 中国知网特点

CNKI 中国知网的特点包括：收录信息全、学科覆盖面广；检索系统设计先进，用户界面友好，使用方便；检索途径多，标引深度大；系统服务与时俱进，不断创新，包括全文、引文、个性化服务、"一站式"检索等服务，数据库数据均为每日更新。为了更好地服务终端读者，中国知网从 2017 年 1 月 24 日起，免费向各机构用户的终端读者开通"移动知网"云平台，并同时提供机构外的个人漫游服务。

期刊优先数字出版是 CNKI 中国知网的一个主要特点。优先数字出版也称 On-Line First，是指以互联网、手机等数字出版方式提前出版印刷版期刊的内容。这种出版模式的产生是出版业发展的客观要求，是解决出版时滞过长难题的有效方式。与仅把印刷版期刊的数字化发布不同，新型出版模式以超文本标记语言（Hyper Text Markup Language，HTML）在网络上呈现给读者，使读者既能及早发现最新的文献情报，亦可对所提供的数据进行深度的钻研和再利用。

中国知网的知识挖掘与知识网络组织的层次，已从题名摘要、全文文献，深化到文献的研究对象、问题、思想、方法、步骤、结果、结论等主题段落，以及概念、原理、方法、命名实体、经济社会微观运行状态等知识单元；知识大数据的处理与应用技术，已从全文文献特征的智能标注与检索，发展到段落主题及 5W2H 知识类标注、知识元本体标注与知识图谱构建、逻辑推理、智能问答，以及内容的动态重组、自动摘要、自动翻译和数据分析的可视化等。中国知网在 2019 年 10 月 28 日正式发布了"世界知识大数据"（WKBD）平台——《全球学术快报（2.0）》，CNKI 工程跨入了 2.0 时代，以全面应用大数据与人工智能技术打造知识创新服务为新起点，建设世界第一个融世界科学、社会、政府三大数据体系为一体的综合型大数据，以应对重大和复杂问题的大数据研究。

5.1.2 CNKI 中国知网检索

CNKI 中国知网提供了强大的检索功能，具有多种检索入口。检索方式分为浏览、检索、高级检索、专业检索、作者发文检索、句子检索、一框式检索等方式。检索词匹配方式包括精确匹配和模糊匹配，用以提高查全率或查准率，可节省检索时间、提高检索效率。本书主要介绍"高级检索"。

1. 浏览

CNKI 中国知网首页提供出版物浏览，浏览方式包括以下两种。

（1）按出版物学科领域浏览。在"出版物来源导航"栏的"学科导航"列表下提供了 10 个专辑、168 个学科分类，可按学科进行出版物浏览。

（2）按出版物类型和题名浏览。在"出版物来源导航"栏，可按期刊导航、学术辑刊导航、学位授予单位导航、会议导航、报纸导航、年鉴导航、工具书导航等类型进行浏览，部分资源还可以再选择"学科导航"方式进行浏览，包括基础科学、工程科技等 10 个专辑。期刊导航还包括数据库刊源导航、主办单位导航、出版周期导航、出版地导航、发行系统导航、核心期刊导航等。

2．检索

检索为系统默认的基本检索方式，有文献检索、知识元检索及引文检索 3 种类型的基本检索。该方法类似搜索引擎的检索，可直接在查询框中键入检索词，实现文献的模糊查询，是简单快捷的文献检索方式。对于一些目的范围较大的查询，建议使用该检索方式。文献检索过程归纳为 4 个步骤：

（1）在查询框中键入检索词，查询框内多个检索词默认为逻辑"与"运算，每个词之间需要插入一个空格。

（2）选择检索字段：系统主题、篇关摘、关键词、篇名、全文、作者、第一作者、通信作者、作者单位、基金、摘要、小标题、参考文献、分类号、文献来源、DOI 共 16 个检索字段。

（3）单击"检索"就可以查到相关的文献。

（4）对检索结果进行分组排序，反复筛选并修正检索式以得到最终结果。

3．高级检索

相对于基本检索而言，高级检索是数据库检索中使用比较多的一种检索方式。高级检索可使用多于基本检索的设置构造检索策略/表达式，以便精练检索结果。高级检索功能包括字段检索、布尔逻辑运算组配检索等，利用这些功能实现精确查找文献的目的。高级检索页面如图 5-1 所示。

图 5-1　CNKI 中国知网高级检索页面

检索方法如下。

1）选择数据库（文献类型）

该平台提供多个数据库，如学术期刊、学位论文、会议、报纸、年鉴、图书、专利、标准、成果、学术辑刊、古籍、法律法规、政府文件、科技报告、政府采购、工具书、特色期刊、视频等，可选择单一数据库检索，也可以进行总库检索。

2）选择专辑（文献分类）

检索数据库时，通过使用学科分类达到控制检索范围、提高检索准确率及检索速度的目的，可在"文献分类"10个专辑列表中选择相应专辑并勾选；也可以从10个专辑列表中逐级单击某个专辑的展开图标"⊞"，显示各级学科名称和学科级别，直到出现图标"□"，表示无下级学科可分，勾选使之出现"☑"，表示限定在某个或某几个学科领域范围内检索。如果不做选择，系统默认为"全选"。单击"清除"，可一次性清除全部所选导航类目。

3）确定检索时间范围

在"时间范围"后面"从～到～"的查询框内，单击鼠标左键激活时间选项，选择确切的检索时间范围；也可以通过"更新时间"下拉菜单选择最近一周、最近一月、最近半年、最近一年、今年迄今、上一年度。

4）选择检索字段

在组合式检索框中，通过下拉菜单选择检索字段。检索字段包括主题、篇关摘、关键词、篇名、全文、作者、第一作者、通信作者、作者单位、基金、摘要、小标题、参考文献、分类号、文献来源、DOI共16项。常用的有篇名、关键词、主题词。通过选择检索字段，可缩小/扩大检索范围。当需要特定的文献检索时，可以将字段"篇名*作者*作者单位"进行组合，准确查找所需的特定信息。

检索字段下拉菜单中列出的字段名称是从所选数据库的检索点中汇集的共性检索点，选择不同文献类型的数据库，检索字段的数量和名称会有不同。

检索条件（词）数量设置：在组合式检索框中，符号"⊞"和"⊟"分别表示可以增加或减少逻辑检索行，默认的逻辑检索行是3行，选择的数据库不同，可增加的行数不同，最多可增至10行。

5）键入检索词

在组合式检索框中，在查询框内键入检索词或词组。

6）确定布尔逻辑运算或组配关系

在组合式检索框中，各个查询框均按AND、OR、NOT三种逻辑关系进行组合检索，三种逻辑运算关系的优先级相同，即按先后顺序进行组合，先左后右，先上后下。

（1）AND：表示它所连接的两个检索词必须同时出现在每条检索结果中，用于组配不同的检索概念，可以缩小检索范围，精确检索结果。例如，不锈钢 and 表面 and 热处理。

（2）OR：表示它所连接的两个检索词中任意一个出现在结果中就满足检索条件，用于同义/近义概念的组配检索，可扩大检索范围，防止漏检，提高查全率，并且不影响查准率。例如，网络 or 互联网 or 因特网。OR用于交叉概念的组配检索时需要慎重，虽然可以扩大检索范围，但误检率较高，查准率下降。

（3）NOT：表示从原来的检索结果中删除包含某些词的检索结果，可以缩小检索范围。例如，（轿车 and 安全系统）not 苏联。

7）选择检索模式

确定检索词与标引词之间的匹配程度，有模糊检索、精确检索两种模式。

（1）模糊检索：是指与检索词基本相同但不完全等于的一种检索方式。检索结果包含检索词或检索词中的词素，即包括同义词/近义词的检索，可提高查全率。

（2）精确检索：是指与检索词完全等同的一种检索方式。检索结果中包含与检索词完全相同的词语，可提高查准率。

8）其他检索控制条件

检索控制条件包括网络首发、增强出版、基金文献、中英文扩展、同义词扩展等选项。

增强出版包含根文献和附加内容，经过组织和封装，形成一个有内在联系的复合数字作品的数字出版物，是全部学术成果的出版。其中，根出版物指与印刷版出版物内容一致的数字化出版物形式，或者并无印刷版相对应的纯粹数字化出版物；附加内容又叫增强材料，伴随根出版物一起进行数字化出版，其内容包括文本、数据表格、图像、音频、视频、软件程序、手稿等，通常仅通过网络呈现。

中英文扩展检索控制条件是由所键入的中文检索词，自动扩展检索相应检索项中英文语词的一项检索控制功能。仅在选择"匹配"中的"精确"时，"中英文扩展"功能才可使用。

上述检索条件确定之后，单击"检索"按钮，所有命中文献按篇名及题录信息列表显示。

4．专业检索

专业检索比高级检索功能更强大，但需要检索人员根据系统的检索语法编制检索式进行检索，适用于熟练掌握检索技术的专业检索人员。专业检索页面如图 5-2 所示。

图 5-2　CNKI 中国知网专业检索页面

在专业检索中，构造检索表达式时检索字段可使用字段名称描述，亦可使用字段代码。可检索字段包括主题（SU）、篇关摘（TKA）、题名（TI）、关键词（KY）、摘要（AB）、全文（FT）、作者（AU）、通信作者（RP）、第一作者（FI）、作者单位（AF）、文献来源（LY）、参考文献（RF）、年（YE）、基金（FU）、分类号（CLC）、ISSN（SN）、统一刊号（CN）、ISBN（IB）、被引频次

（CF）等。

检索表达式中布尔逻辑运算的顺序为 NOT→OR→AND，大、小写均可，但不支持"*"、"+"和"-"运算符的表示。可使用圆括号"（）"改变运算顺序（注：括号使用半角），括号内优先于括号外的术语和操作，括号还可重复使用，用户在一次检索中可以使用更多的检索词，构造更复杂的检索表达式。

与高级检索方式相比，专业检索页面只有一个独立的查询框，用户不仅要在查询框中键入检索词，还要键入布尔逻辑运算符，为用户提供了一个按照自己需求来组合逻辑表达式的方法，使熟练和专业的检索人员能更快速、更准确地查询到所需信息。

5．检索结果显示与管理

在检索结果显示页面可查阅感兴趣记录的文摘和全文，并对检索结果进行标记、浏览下载、保存、打印等操作。

1）显示排序

CNKI 中国知网的检索结果可按四种排序方式显示，默认排序方式为相关度排序，并提供列表和文摘切换功能。四种排序方式如下。

（1）相关度排序：按检索词在检索字段内容里出现的命中次数/频率、位置的相关程度从高到低排序。

（2）发表时间排序：按数据更新日期排列，最新发表的文献排在前面。

（3）被引次数排序：按文献被引用次数从高到低排序。

（4）下载次数排序：按文献被下载次数从多到少排序。

2）标记

在检索结果列表页面浏览文献题名，勾选"☑"，进行"批量下载""导出/参考文献""计量可视化分析"等操作。导出格式包括 GB/T 7714—2015 格式引文、CAJ-CD 格式引文、查新（引文格式）、查新（自定义引文格式）、CNKI E-Study、CNKI 桌面版个人数字图书馆、Refworks、EndNote、NoteExpress、NoteFirst 和自定义等。检索结果可生成检索报告，也可在线预览所选文章（只支持期刊、博士论文、优秀硕士论文、报纸、会议和年鉴组合在线阅读）。

3）浏览与下载

（1）文摘浏览：如有必要可单击某条记录题名查看包括文摘在内的详细信息。知识节点根据不同的文献类型略有区别，主要有基本信息、摘要、基金、关键词、DOI、分类号、导师、文内图片等；知识网络包括引文网络、关联作者、读者推荐、相似文献、相关基金文献等。

（2）全文下载浏览：文献全文以手机阅读、HTML 阅读、CAJ 下载、PDF 下载等形式输出。CAJ 格式是中国知网专用的数据格式，阅读时需要使用特定的阅读软件 CAJViewer，该软件可以在中国知网主页上直接下载，解压安装后便可使用。

4）批量下载

如果需要保存检索结果的题录信息，既可在选中的文献题名左边的复选框内打"√"；亦可选择"全选"保存页面上显示的所有题录，单击"批量下载"保存即可；也可利用相应编辑软件进行选择、复制和粘贴等操作。

5）打印

单击工具栏中的"打印机"图标，或单击菜单栏中的"文件"，选择"打印"命令。

5.1.3　CNKI 中国知网全球学术快报

中国知网服务平台（全球学术快报 2.0）于 2020 年 8 月正式发布，平台网址为 http://kns8.cnki.net。全球学术快报 2.0（Global Academic Focus，GAF）是中国知网整合 Web 端服务平台——知识网络系统（Knowledge Network System，KNS8.0）和移动端服务平台——移动全球学术快报（CNKI EXPRESS）的所有技术，基于世界知识大数据（World Knowledge Big Data）倾力打造的多终端全球学术文献传播、扩散和利用平台。该平台基于千万级中英文专业词典和百万级主题词表，依赖中国知网的智能标引技术和智能主题检索系统，拥有三个语言版本可供用户选择，可以同时保证检索结果的查全率、查准率和信息获取的及时性。

全球学术快报以智能主题检索为核心，形成了"八大"统一服务。

（1）全球学术文献统一获取与发布，读者可以"一键式"获取。

（2）统一的语言输入，一种语言输入获取全球知识。

（3）统一的检索系统，提供多字段的中英文统一检索服务。

（4）统一的发现机制，实现主题相关条件下所有检索结果按时间排序。

（5）统一的期刊推荐机制，全球期刊统一采用中国知网 CI 指数（综合影响力指数）进行评价，并实现统一排序。

（6）统一的知识网络，实现以单一文献为节点构建全球知识网络。

（7）统一的阅读方式，全部文献支持 HTML、CAJ、PDF、EPUB 四种格式。

（8）统一的个性化服务，构建用户需求模型，提供文献智能推荐服务，支持使用者构建自己的数字图书馆。

5.2　万方数据知识服务平台

万方数据知识服务平台（http://www.wanfangdata.com.cn）是在原万方数据资源系统基础上，经过不断改进、创新而成的。该服务平台集知识资源、发现技术、人性化设计等特色于一身，是国内优秀知识资源增值服务平台之一。

5.2.1　万方数据知识服务平台概述

万方数据成立于 1993 年。2000 年，在原万方数据（集团）公司的基础上，由中国科技信息研究所联合中国文化产业投资基金、中国科技出版传媒有限公司、北京知金科技投资有限公司、四川省科技信息研究所和科技文献出版社五家单位共同发起成立"北京万方数据库股份有限公司"。万方数据知识服务平台由北京万方数据库股份有限公司开发研制，集经济、金融、社会、人文等各行业领域信息于一体，以科技信息为主，为科研机构、机关企业、学校团体提供多层面、全方位信息服务。其代表产品《中国企业、公司及产品数据库》（CECDB）于 1995 年被全球著名的 DIALOG 系统收录。截至 2020 年 8 月，平台不仅收录了超过 4 亿条覆盖各学科、各行业的高品质学术资源，而且利用自有核心技术为学术创造和科研创新提供全方位的信息服务和解决方案。该平台提供万方智搜检索、万方检测、万方分析、万方学术圈、科慧、万方选题等多种信息揭示方式及多元化增值服务，全方位贴近用户使用习惯，体现了丰富的人性化设计理念。

5.2.2　万方数据知识服务平台主要数据库

万方数据知识服务平台拥有期刊、学位论文、会议论文、专利、科技报告、科技成果、标准、法律法规、地方志、视频等多种资源，主要数据库如下。

1．学术期刊

中国学术期刊数据库（China Online Journals，COJ）收录数据起始于 1998 年，包含 8000 余种期刊，其中包含北京大学、中国科学技术信息研究所、中国科学院文献情报中心、南京大学、中国社会科学院历年收录的核心期刊 3300 余种，每年约增加 300 万篇论文，涵盖自然科学、工程技术、医药卫生、农业科学、哲学政法、社会科学、科教文艺等各个学科，可提供文献全文，数据每周更新两次。

万方数据知识服务平台的期刊资源除国内期刊外，还包含 40000 余种世界各国出版的重要学术期刊，主要来源于 NSTL 外文文献数据库及数十家著名学术出版机构，以及 DOAJ、PubMed 等知名开放获取资源。

2．学位论文

中国学位论文全文数据库（China Dissertations Database）收录自 1980 年以来我国自然科学领域各高等院校及科研院所的硕士、博士及博士后论文全文；与国内 900 余所高校、科研院所合作，占研究生学位授予单位的 85% 以上，涵盖基础科学、理学、工业技术、人文科学、社会科学、医药卫生、农业科学、交通运输、航空航天和环境科学等各学科领域，每年增加约 30 万篇。

3．学术会议

中国学术会议文献数据库（China Conference Proceedings Database）包含中文会议和外文会议。中文会议收录始于 1983 年，每年收集约 3000 个重要学术会议，年增 20 万篇论文，数据每月更新。外文会议主要来源于 NSTL 外文文献数据库，收录了自 1985 年以来世界各主要学会、协会、出版机构出版的学术会议论文共 766 万篇全文（部分文献有少量回溯），每年增加论文约 20 余万篇，数据每月更新。

4．专利

中外专利数据库（Wan Fang Patent Database，WFPD）收录始于 1985 年，目前共收录中国专利 2200 万余条、国外专利 8000 万余条，年增 200 万条，收录范围涉及 11 国两组织，其中 11 国为中国、美国、澳大利亚、加拿大、瑞士、德国、法国、英国、日本、韩国、俄罗斯；两组织为世界专利组织、欧洲专利局。

5．科技报告

中外科技报告数据库包括中文科技报告和外文科技报告。中文科技报告收录始于 1966 年，源于中华人民共和国科学技术部，共 2.6 万余份。外文科技报告收录始于 1958 年，涵盖美国政府的四大科技报告（AD、DE、NASA、PB），共 110 万份。

6．科技成果

中国科技成果数据库（China Scientific & Technological Achievements Database）收录了自 1978 年以来国家和地方主要科技计划、科技奖励成果，以及企业、高等院校和科研院所等单位的科技成果信息，涵盖新技术、新产品、新工艺、新材料、新设计等众多学科领域，共计 91 余万项。数据每两月更新一次，年新增数据 1 万条以上。

7．标准

中外标准数据库（China Standards Database）收录了所有中国国家标准（GB）、中国行业标准（HB）及中外标准题录摘要数据，共计 200 万余条记录，综合了中国质检出版社、浙江省标准化研究院等单位提供的标准数据。国际标准来源于科睿唯安 Techstreet 国际标准数据库，涵盖国际及国外先进标准，包含超过 55 万件标准相关文档，涵盖各个行业。

8．法律法规

中国法律法规数据库（China Law & Regulations Database）收录始于 1949 年，涵盖国家法律法规、行政法规、地方法规、国际条约及惯例、司法解释、合同范本等，内容权威、专业，数据每月更新，年新增量不低于 8 万条。

9．地方志

地方志，简称"方志"，即按一定体例全面记载某一时期、某一地域的自然、社会、政治、经济、文化等方面的情况或特定事项的书籍文献。地方志按年代分为新方志、旧方志。新方志收录始于 1949 年，共计 4.7 万册；旧方志收录始于新中国成立之前，共计 8600 余种、10 多万卷。

10．视频

万方视频是以科技、教育、文化为主要内容的学术视频知识服务系统，现已推出高校课程、会议报告、考试辅导、医学实践、管理讲座、科普视频、高清海外纪录片等适合各类人群使用的精品视频，截至 2020 年已收录视频 3.3 万余部、近 100 万分钟。

5.2.3 万方数据知识服务平台检索

万方数据知识服务平台提供了万方智搜、高级检索、专业检索、作者发文检索 4 种方式。本书主要介绍"高级检索"。

1．万方智搜

万方智搜是系统默认的基本检索方式，该检索方式类似搜索引擎，可直接在查询框中键入检索词，实现文献的模糊查询，是简单快捷的检索方式。该检索提供全文、题名、作者、作者单位、关键词、摘要检索字段。查询框内多个检索词之间默认为逻辑"与"运算，每个词之间需要插入一个空格，检索结果可按相关度、出版时间、被引次数排序。

2. 高级检索

高级检索功能包括字段检索、布尔逻辑运算组配检索等，利用这些功能可以实现精确查找数据的目的。高级检索页面如图 5-3 所示。

图 5-3　万方数据知识服务平台高级检索页面

具体检索方法如下。

（1）选择文献类型数据库。该系统提供跨库检索，可选数据库有期刊论文、学位论文、会议论文、专利、中外标准、科技成果、法律法规、科技报告、地方志等。如果需要对某一类型文献进行检索，也可选择单一数据库检索方式。提供全文检索的数据库有期刊论文、学位论文、会议论文。

（2）选择检索字段。在组合式检索框中，通过下拉菜单选择检索字段，包括全文、主题、题名或关键词、题名、第一作者、作者单位、作者、关键词、摘要、中图分类号、DOI、基金等，常用的有题名、关键词、摘要、主题字段。通过限制字段和字段组合，可缩小或扩大检索范围，进行特定检索。

在组合式检索框中同一查询框内多个检索词默认为逻辑"与"运算，每个词之间需要插入一个空格；不同检索字段（纵向查询框）所有检索项按与、或、非三种逻辑关系进行组合检索。

（3）选择检索模式。确定检索词与标引词之间的匹配程度。检索模式有模糊检索、精确检索两种。

（4）确定检索时间范围。可选择"不限"时间范围，也可以选择"从某年到某年"的确切检索时间范围。

上述检索条件确定之后，单击"检索"按钮，所有命中文献篇名、题录及部分文摘信息默认按时间排序并显示命中文献篇数。

在题名列表中进行浏览、比较、筛选。单击选中的文献题名链接，进一步浏览包括文摘内容的详细信息，并可浏览、下载保存全文。

3．专业检索

在高级检索页面提供专业检索方式。专业检索比高级检索功能更强大，但需要检索人员根据系统的检索语法编制检索式进行检索，适用于熟练掌握检索技术的专业检索人员。

单击页面上的"专业检索"链接，即可直接进入跨库专业检索页面。

专业检索方法及步骤参见"5.1.2 CNKI 中国知网检索"中相关内容叙述。

4．检索结果显示与管理

在检索结果显示页面，可查阅感兴趣记录的文摘和全文，并对检索结果进行标记、保存、打印等操作。

（1）检索结果显示在检索页面下方，显示包括全部、仅全文两种方式。万方数据知识服务平台的检索结果可按相关度、发表时间、被引量方式排序显示，默认排序方式为按相关度排序。

在高级检索方式下，检索结果显示包括："⊞"（精简模式）仅显示部分题录信息；"☰"（详细模式）显示题录和部分文摘信息。

（2）标记。在检索结果列表页面，浏览文献题名，勾选"☑"文献，可进行文献"导出"操作。导出格式包括导出文献列表、参考文献格式、NoteExpress、RefWords、NoteFirst、EndNote、Bibtex、自定义格式、查新格式等。

（3）结果分析。可对检索结果的发表年份、作者、机构、学科、期刊名称、基金、资源类型及关键词进行数据分析，也包括可视化分析。

如有保存、打印需要，参见"5.1.2 CNKI 中国知网检索"中相关内容的叙述。

5.2.4 万方数据知识服务平台的特色服务

万方数据知识服务平台除提供信息检索以外，还提供具有特色的信息服务功能。

1．万方检测

万方数据文献相似性检索服务采用科学先进的检测技术，实现海量学术文献数据全文对比，为用户提供精准翔实的相似性检索结果，呈现多版本、多维度的检测报告，为科研管理、教育教学、出版发行、人事管理等各领域的学术个体或学术机构提供学术成果相似性检测服务。

万方数据文献相似性检测服务基于万方数据中国学术期刊数据库、中国学位论文全文数据库、中国学术会议论文数据库、中国学术网页数据库、中国专利全文数据库、中国优秀报纸数据库收录的海量学术资源实现全文比对相似性检测。提供的相似性检索服务包括万方检测—个人文献版、硕博论文版、大学生论文版、学术预审版、职称论文版、课程作业版、软件成果版多项服务。

2．万方分析

万方分析提供学术统计分析平台和学科发展评估平台。

学术统计分析平台提供了主题分析、学者分析、机构分析、期刊分析、地区分析等多种分析方式，从多维度、个性化、可视化角度探究主题领域知识脉络变化，用数据支撑主题研究；

追踪专家学者科研动态，把握研究前沿及未来方向；掌握高校、科研院所的科研发展现状，用数据助力机构科研管理；洞悉学科领域发展态势，用数据指引学科发展建设；了解期刊论文指标变化，揭示期刊影响力及发展趋势；把握省、市、地区学术发展状况，用数据赋能区域学术合作。

学科发展评估平台携手中信所打造学科发展建设的分析服务，通过大数据基准线反映学科建设水平，展示机构学科整体研究情况；通过权威算法模式评价机构学科创新发展能力；通过同类机构数据判断机构所处位置及对标差距；结合领域大数据最佳实践，给予用户有效的知识发现及普适性改善方案。

3．万方选题

通过海量的学术资源，包括 1.4 亿条国内外期刊论文、学位论文、科研项目数据及 2 亿条引文数据，创建数据挖掘算法模型，基于分布式在数据云计算及智能语义分析，用主题词表扩展检索，停用词、同义词深度数据加工处理，提高数据精度，并利用多种知识图谱可视化分析、图解详细说明等，图文结合、直观详尽地为用户进行专业的选题。通过文献精度、选题发现、定题评测等功能从多维度选题推荐，助力用户快速找到高价值的选题方向；通过多角度评估分析，帮助用户准确衡量选题价值。

除上述的信息服务以外，万方数据知识服务平台还提供了"万方学术圈"帮助学者进行学术交流与分享，"科慧"帮助用户追踪全球科研资助的动态。

5.3 超星资源

超星集团成立于 1993 年，总部设在北京，从事数字资源加工、采集、管理及应用平台开发，主要产品包括超星发现、超星图书、读秀学术搜索、百链、超星移动图书馆（App）、超星学习通等。创建的中文数字图书馆，面向国内外读者提供海量的电子图书及其他资源的网上阅读、下载服务。

5.3.1 超星发现系统概述

超星发现系统（http://www.chaoxing.com）以数十亿海量元数据为基础，利用数据仓储、资源整合、知识挖掘、数据分析、文献计量学模型等相关技术，较好地解决了复杂异构数据库群的集成集合，实现高效、精准、统一的资源搜索，进而通过分面聚类、引文分析、知识关联等实现高价值学术文献发现、纵横结合的深度知识挖掘、可视化的全方位知识关联。

1．超星发现系统总体资源

超星发现系统拥有国内众多类型图书、期刊等学术资源，以及最多的各种类型学术视频、教育视频，为渴求知识的网友提供有价值内容的互动学习平台，支持查询各种文件格式的资料。

（1）超星期刊：国内传统纸媒数字化、网络化进行了 20 多年，专业人员一直在寻求期刊最好的出版与传播模式。近年来，很多业界专家提出专题域的出版理念。超星发现系统联合学术界、期刊界、图书情报界等同人,共同探索并提出符合当代期刊出版传播特征的新型出版模式——域出版。域出版是指学术期刊从基于 PC 端的数据库与网络出版提升到基于智能手机的互动服务与移动网络出版,以各大期刊出版社社长和主编专业人士为主,针对众多的学术热点问题,通过汇聚论文、文章、视频多种形式进行阐述和深入剖析,是期刊出版业的新思维、新战略、新未来。

(2)超星图书:为读者提供超星电子图书在线阅读和下载服务,是全球最大的中文电子书网站。书库内含图书资源数百万种,涵盖中图法 22 个分类,年加工图书能力超过 30 万种,并拥有大量珍本善本、民国图书等稀缺文献资源。

(3)超星讲座:超星学术视频,为读者提供高校课堂实录、讲座、百家讲坛、名师讲座、教育视频及超星公司独立拍摄制作的学术视频,内容囊括哲学、宗教、社会学、政治、文化科学、文学、艺术、历史等系列。目前,超星学术视频已隆重推出超星公开课,涉及文学、历史、哲学、艺术、理工等学科,提供北京大学、清华大学、中国人民大学等诸多国内名校的教育视频。

(4)超星课程:学银在线,是一个教育联盟、学分互认、共建共享的平台,汇集了海量优质课程资源,并有老师答疑解惑。所有课程经专家权威认证,教学团队保证教学过程实施,课程标签使多方式、多途径获得的学习成果能得到某种程度的积累、合并,考核通过后可被众多联盟颁证机构认可、转换,减少重复学习,提高学习效率。

2. 超星发现系统核心功能

超星发现系统是一站式检索平台,除主要功能检索外,还有多维分面聚类、智能辅助检索、立体引文分析、考镜学术源流、展示知识关联、揭示学术趋势等学术研究功能。

1)多维分面聚类

超星发现系统依托高厚度的元数据资源,通过分面分析法,将搜索结果按各类文献的时间维度、文献类型维度、学科维度、作者维度、机构维度、权威工具收录维度及全文来源维度进行任意维度的聚类。用户可根据实际需要进行任意维度的组配检索、自由扩检和缩检,从而实现文献资源发现的精练聚类和精准化搜索,将资源按相关度、被引频次、时间、影响因子等方式展现给用户。

2)智能辅助检索

超星发现系统提供强大的智能辅助检索功能。借助内置规范知识库与用户历史上的检索行为习惯,自动切换到与用户近期行为最贴切的领域和关注热点,同步显示与用户检索主题相应的解释,帮助实时把握检索主题的内涵,优先按用户习惯显示检索结果,提高发现精准度。

3)立体引文分析

超星发现系统可实现图书与图书之间、期刊与期刊之间、图书与期刊之间,以及其他各类文献之间的相互参考、引证关系分析。借助超星发现系统的文献引用频率分析研究,可有效测定与评价某一文献、某一学科、某一作者乃至某一机构的学术影响力。借助超星发现系统的文献间相互引证逻辑关系,可分析获得某一学术思想的历史渊源、传承脉络及演变规律。立体引文分析如图 5-4 所示。

图 5-4 立体引文分析

4）考镜学术源流

考镜学术源流可以把文献资源的研究单位从单一的文献深化到文献中存在的知识关联中。通过学术源流能够按照知识概念形成知识相关链。这些相关链就是知识关联的基础。超星发现系统能够按照知识概念给出知识关联图谱，通过单向或双向线性知识关联构成链状、网关结构，形成主题、学科、作者、机构、地区等知识关联图，从而反映出学术思想之间的相互影响和源流，如图 5-5 所示。

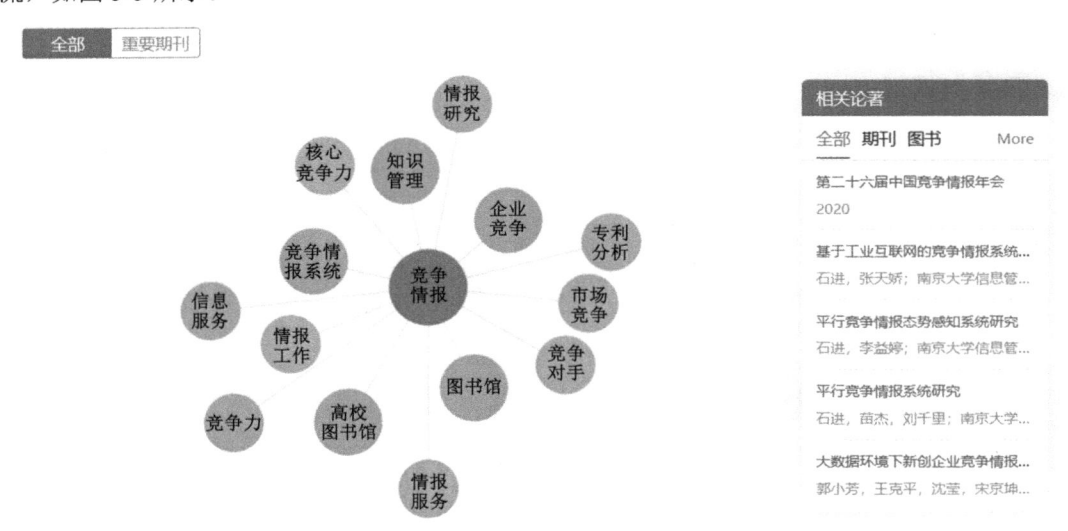

图 5-5 按主题考镜学术源流

5）展示知识关联

知识关联是我们从事知识活动和知识管理的基础，知识管理的目的是科学组织和有效利用知识，而知识关联是科学组织和有效利用知识的基本出发点和理论依据。超星发现系统集知识挖掘、知识关联分析与可视化技术于一体，能够将发现数据及分析结果以表格、图形等方式直观展示出来，为研究者直观把握海量数据之间的规律和整体面貌，展示人和机构及知识彼此之间的关联，从而反映出不同学者、不同机构对某一领域的研究强度与贡献，反映出某一领域关联知识的相互交叉支持强度，为进一步追踪、拓展和创新该领域的研究提供思路，如图 5-6 和图 5-7 所示。

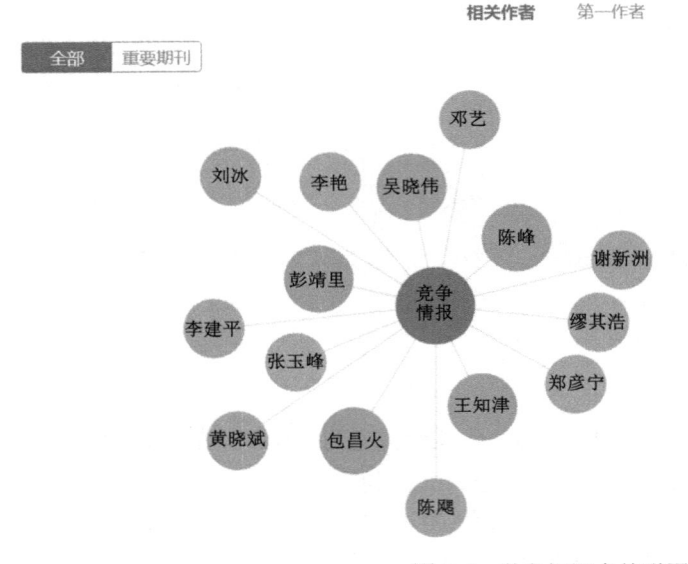

图 5-6　学者知识点关联图

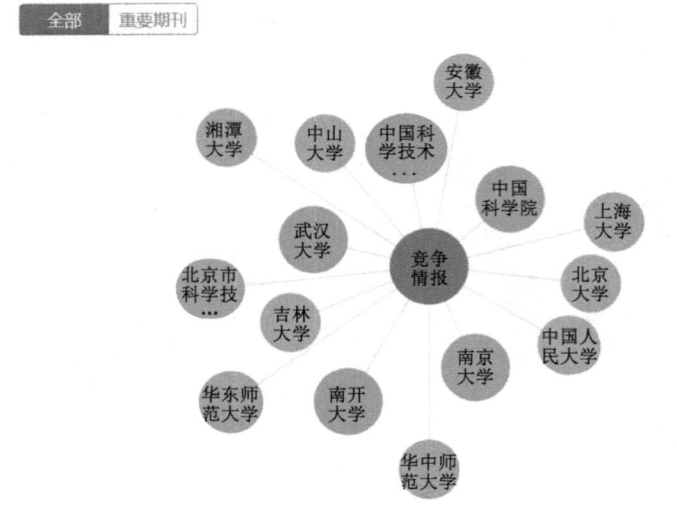

图 5-7　机构研究强度关联图

6）揭示学术趋势

超星发现系统具备对搜索结果进行年代分布规律分析的功能，揭示出任意主题学术研究的变化趋势，进而帮助研究者在大时间尺度和全面数据分析的高度上洞察该领域研究的起点、成长、起伏与兴衰，从整体上把握事物发展的完整过程和走向。学术发展趋势曲线如图 5-8 所示。

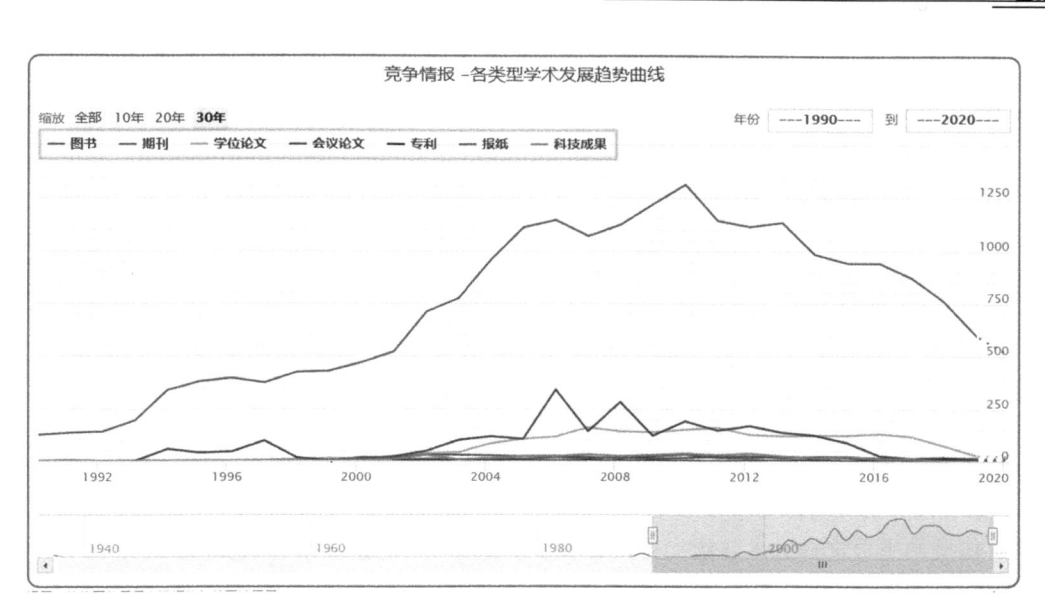

图 5-8　学术发展趋势曲线

5.3.2　超星数字图书馆

超星数字图书馆分为超星读书和汇雅书世界两个品牌，超星读书为全文本格式图书，汇雅书世界为图像格式图书。

1．超星读书

超星读书（http://book.chaoxing.com）全文资源为有偿服务，部分图书提供免费全文阅读。网站页面如图 5-9 所示。

图 5-9　超星读书主页面

该页面提供分类浏览和搜索两种方式查找图书。分类浏览按《中国图书馆图书分类法》分类进行浏览。搜索方式中图书搜索提供全部字段、书名和作者 3 个字段。

检索后所有结果按相关度或发表时间排序，显示图书书名、作者、出版时间、总页数及部分图书简介。单击某条记录的书名，可浏览包括内容提要在内的详细信息。可选择"网页阅读"或下载超星阅读器后选择"阅读器阅读"方式在线阅读，亦可以选择"下载本书"脱机阅读。

2．汇雅书世界

汇雅书世界是超星图书的机构版，超星图书针对机构用户提供了与免费网站不同的检索系统，具有强大的检索功能，拥有多种检索入口。检索总体上可分为图书分类（浏览）、检索、高级检索 3 种方式。

1）图书分类（浏览）

汇雅书世界的分类浏览，不需要用户输入任何检索条件，只需要按照《中国图书馆图书分类法》，由网站主页选择进入各级类目，最末级分类的下一层是图书信息页面，可单击书名超链接阅读图书。检索过程归纳为三个步骤。

（1）查询分类表，选择类目。选择单击主页上"图书分类"中的某一类目，进入图书馆分类目录，依次单击下级图书分类目录。分类目录前标记"+"，表示有下级分类目录；分类目录前标记"-"，表示无下级分类目录。

（2）浏览记录。单击被选中的图书分类目录，在其所显示的图书书目列表中选择需要阅读图书书名。

（3）选择阅读或下载方式。系统提供"网页阅读""阅读器阅读""PDF 阅读"或"下载本书"进行阅读和下载。

2）检索

检索是系统默认的基本检索方式，提供类似搜索引擎的检索方法，可直接在查询框中键入检索词，实现图书的模糊查询。系统提供的可选择检索字段有书名、作者、目录、全文检索 4 个字段，每个查询框内可输入多个检索词，各词之间需要插入一个空格默认为逻辑"与"运算。检索后可以查到相关的图书书名及书目信息。

3）高级检索

相对于基本检索而言，利用高级检索可以实现图书的多条件查询，对于目的性较强的读者建议使用该查询。高级检索功能包括字段检索、布尔逻辑运算组配检索等，利用这些功能实现精确查找数据的目的。高级检索页面如图 5-10 所示。

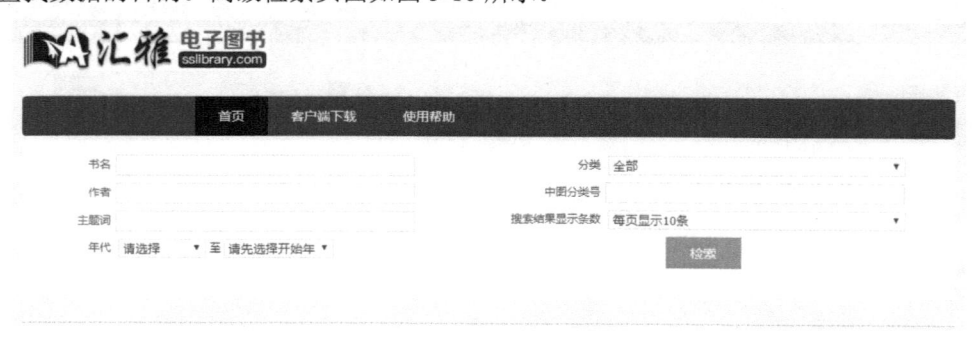

图 5-10　汇雅书世界高级检索页面

高级检索提供书名、作者、主题词、中图分类号 4 个可选择检索字段，组合检索字段仅默认"与"逻辑运算关系，同时提供图书出版时间范围选项，检索时可根据课题需要进行相应的选择，使检索结果更为精确。检索后所有命中图书书名及题录信息列表显示。单击某条记录的书名，可浏览该条记录包括图书简介和图书评论在内的详细信息。

4）检索结果排序

检索结果排序方式默认为相关度排序，还可按出版日期降序（最新出版日期的图书优先显示）、按出版日期升序（最早出版日期的图书优先显示）、按书名降序（按图书书名首字母汉语拼音音序 A～Z 顺序显示）、按书名升序（按图书书名首字母汉语拼音音序 Z～A 顺序显示）4 种排序方式排序。

5）全文阅读及下载

汇雅书世界使用专门的阅读器（SSReader），检索前应下载该阅读器软件并安装，方可阅读图书。

（1）阅读器下载及安装：在汇雅书世界主页，单击"客户端下载"，可选择扫描下载手机客户端或超星阅读器，下载结束后根据超星阅读器安装向导安装阅览器。

（2）图书全文阅读或下载：从显示的查询结果中选择您感兴趣的图书，选择"阅读器阅读""网页阅读"或"PDF 阅读"，可在线阅读图书全文；也可以单击"下载本书"，下载图书全文脱机阅读。

5.3.3 超星期刊

超星期刊涵盖中外文期刊 88000 余种，其中全文收录中文期刊 6500 余种（核心期刊超过 1300 种），实现与上亿条外文期刊元数据联合检索，内容涉及理学、工学、农学、社科、文化、教育、哲学、医学、经管等各学科领域。不仅提供传统 PDF 格式文件下载，更创新性地实现了流式媒体的全文直接阅读，构建全终端、全过程、多渠道的传播神经网络，最大限度地提高了读者精准获取文献的速率。超星期刊分为公共和订购两个平台。

1. 超星期刊（公共）

超星期刊（公共）（http://qikan.chaoxing.com）提供 4 种检索方式：检索、分类导航、期刊导航、高级检索。

1）检索

检索是超星期刊系统默认的检索方式，提供类似搜索引擎的检索方法，可直接在查询框中键入检索词，可选择全部、主题、标题、刊名、作者、机构、关键词、摘要、栏目、基金、正文 11 个检索字段，各检索词之间需要插入一个空格默认为逻辑"与"运算。检索后可以查到相关文章的题录及文摘内容。

2）分类导航

超星期刊的分类浏览按照《中国图书馆图书分类法》组织，由超星期刊主页面选择"分类导航"进入各级类目层层展开，选择某个类目单击超链接即可浏览文章。

3）期刊导航

期刊导航提供学科导航、重要期刊导航、主办单位导航、出版周期导航、出版地导航 5 种方式。学科导航按推荐、大众、教育、文化、艺术、理工、综合等聚类提供期刊浏览。重要期刊导航分为中文核心期刊（北大）、CSSCI 中文社科引文索引（南大）、CSCD 中国科学引文库（中国科学院）、SCI 科学引文索引、EI 工程索引、CA 化学文摘 6 个著名检索工具收录的期刊。主办单位导航聚集了 51 家出版社、多家科研院所、多所 211 高校、87 家学会出版的期刊。出版周期导航提供年刊、半年刊、季刊、双月刊、月刊、半月刊、旬刊、周刊等出版频率的期刊浏览。出版地导航提供华北、华东、华中、东北、西南、华南、西北、其他 8 个地域范围的期刊浏览。

4）高级检索

高级检索可以实现期刊文献的字段检索、布尔逻辑运算组配检索等，利用这些功能精确查找数据，适合目的性较强的读者。高级检索页面如图 5-11 所示。

图 5-11　超星期刊（公共）高级检索页面

高级检索提供全部字段、主题、标题、刊名、作者、机构、关键词、摘要、基金、DOI、栏目、正文 9 个可选择检索字段，组合检索字段提供"并且/并含""或者""不含" 3 种逻辑运算关系，默认运算关系是"并且/并含"。系统同时提供期刊来源类别、年份、语种选项。检索结果可按相关度、发表时间、被引量、阅读量排序，检索时可根据课题需要进行相应的选择，使检索结果更精确。检索后所有命中文献以题录信息列表显示。单击某条记录的篇名，可浏览该条记录包括摘要、网页版全文和超星知识图谱在内的详细信息，也可打开"PDF 下载"、全文链接，浏览、下载"PDF"格式全文。超星知识图谱呈现该文章影响因子趋势、相似文献和全国馆藏等信息。

2．超星期刊（机构用户）

超星期刊（机构用户）是为订购用户提供的专业检索系统，高级检索页面增加了订购单位馆藏资源选项，检索方法可参见"1．超星期刊（公共）"中相关内容叙述。

5.3.4 超星移动图书馆与超星 App

1. 超星移动图书馆

超星移动图书馆是以移动无线通信网络为支撑，以图书馆集成管理系统平台和基于元数据的信息资源整合为基础，以适应移动终端一站式信息搜索应用为核心，以云共享服务为保障，通过手机、iPad 等手持移动终端设备，以 WAP 和应用 App 为展现形式，实现自助个人查询、馆藏查询、图书馆最新咨讯浏览等，同时为用户提供搜索和阅读数字信息资源，实现传统资源和多媒体资源统一，帮助用户建立随时随地获得全面信息服务的现代图书馆移动服务平台。超星移动图书馆页面如图 5-12 所示。

图 5-12　超星移动图书馆与超星学习通 App 页面

超星移动图书馆依托集成的海量信息资源与云服务共享体系，为移动终端用户提供了资源搜索与获取、自助借阅管理和信息服务定制的一站式解决方案，具有十分突出的特点与技术优势：

1）基于元数据的一站式检索

系统应用元数据整合技术对馆内外的中外文图书、期刊、报纸、学位论文、标准、专利等各类文献进行了全面整合，在移动终端上实现了资源的一站式搜索、导航和全文获取服务。

2）适合手机的信息资源

充分考虑到手机阅读的特点，超星移动图书馆专门提供 3 万多本 e-Pub 电子图书及 7800 多万篇报纸全文供手机用户阅读使用。

3）云服务共享

超星移动图书馆接入功能强大的云共享服务体系，平台提供 24 小时图书馆文献传递服务，无论是电子图书还是期刊论文，都可以通过邮箱收到电子全文。系统接入文献云共享服务的区域和行业联盟已达到 78 个，加入的图书馆已有 723 家，24 小时内文献传递请求的满足率中文文献达到 96%以上，外文文献达到 85%以上。

4）个性化服务体验

通过设置超星个人空间与图书馆 OPAC 系统的对接，实现了馆藏查询、续借、预约、挂失、到期提醒、热门书排行榜、咨询等自助式移动服务，并可以自由选择咨询问答、新闻发布、公告（通知）、新书推荐、等信息交流功能。

2. 超星学习通 App

客户端即超星学习通是用于学术资源"域出版"的唯一移动出版平台，为移动终端用户提供集阅读、科研、学习、交流、管理为一体的现代化综合移动服务终端，包括文献、图片、音频、视频、论坛和授课等多媒体互动功能。

超星移动端构建了学术出版的物理空间和社会空间，依托集成的海量信息资源与云服务共享体系，为移动终端用户提供了资源搜索与获取、自助借阅管理和信息服务定制的一站式解决方案。依托先进的设计理念、移动出版技术和坚实的市场传播基础，帮助学术期刊在传统互联网出版前提下，实现全新的在线移动出版。

超星移动图书馆与超星学习通 App 页面如图 5-12 所示。

5.3.5 读秀学术搜索

读秀学术搜索（www.duxiu.com）由北京世纪读秀技术有限公司研发，是由海量全文数据及元数据组成的超大型数据库。以中文图书和全文资料为基础，集文献搜索、试读、文献传递、参考咨询等多种功能为一体，突破一般检索模式，为用户提供切入目录章节和全文的深度检索；还提供书名页、版权页、前言页、目录页及部分文献的试读，读者通过阅读文献的某个章节或通过文献传递来获取想要的馆藏纸质图书、电子图书、随书光盘等学术资源。期刊元数据打破空间限制的获取方式，为用户提供最全面的期刊文章。高效查找、获取各种类型学术文献资料的一站式检索，周到的参考咨询服务，使其成为真正意义上的学术搜索引擎及文献资料服务平台。

1. 读秀学术搜索概述

读秀学术搜索数据库包括 270 万种中文图书元数据（约占 1949 年以来全部出版中文图书的 95%以上）、240 万种图书全文、2700 万条中文期刊数据、10 亿页资料、2 亿条目次。通过读秀学术搜索，读者能一站式搜索馆藏纸质图书、电子图书、随书光盘等学术资源，几乎囊括了本单位文献服务机构的所有信息源。

2. 读秀学术搜索平台检索

读秀学术搜索平台检索提供了强大的检索功能，具有多个频道检索入口。检索总体上可分为知识、图书、期刊、报纸、学位论文、会议论文、音视频、文档、更多等十几个检索频道。本书主要介绍知识、图书、期刊三个频道的搜索方法。

1）知识频道

知识频道是页面默认的搜索频道，仅提供中文搜索和外文搜索两种方式，不提供按字段搜索。在查询框中输入关键词，然后单击"中文搜索"，能够在图书数据资源中围绕该关键词深入图书的每页资料中进行信息深度查找。由于知识搜索是在图书资料的章节、内容中搜索包含检索词内容的知识点,为读者提供了突破原有一本本图书翻找知识点的新的搜索体验,因此更有利于资料的收集和查找。为方便快速找到所需要的结果,建议使用多个关键词或较长的关键词进行搜索。如果单击"外文搜索",则自动进入外文期刊频道进行搜索。如图 5-13 所示,搜索"数字图书馆建设"的信息。

图 5-13　读秀学术搜索知识频道

在搜索结果页面,还可以通过查询框右侧的"在结果中搜索"或页面左侧的"筛选辅助",按"年代"或"专题聚类"来缩小检索范围。单击标题即可查阅文献详细信息。

2）图书频道

图书频道提供图书分类导航浏览,按照《中国图书馆图书分类法》设置的 22 个大类进行分类浏览;提供主题搜索,包括搜索、高级搜索、专业搜索 3 种方式。

主题搜索方式需在查询框输入关键词,然后单击"中文搜索",能够在海量的图书数据资源中进行查找。如果希望获得外文资源,可单击"外文搜索"。在查询框下方提供全部字段、书名、作者、主题词、丛书名、目次 6 个检索字段选项。通过右侧的高级搜索、专业搜索可以更精确地查找图书。读秀学术搜索图书频道的高级搜索页面如图 5-14 所示。

图 5-14　读秀学术搜索图书频道的高级搜索页面

在搜索结果页面中，还可以通过查询框右侧的"在结果中搜索"或通过页面左侧的"类型、年代、学科、作者"两种方式缩小搜索范围。

从搜索结果页面单击书名或封面进入到图书详细信息页面，本书的题名、作者、页数、封面、出版社、出版时间、主题词等详细信息将一一罗列。单击链接文字，可直接在图书频道中搜索该文字，以便查找相关图书。在图书详细信息页面可以通过"部分阅读""馆藏纸本"和"图书下载"等链接进行试读、阅读电子全文。"部分阅读"包括书名页、版权页、前言页、目录页、正文 15 页、封底页的试读。

如果想阅读图书内容，可通过页面右侧获取途径获取该书。如果该书有本馆馆藏，可单击"本馆馆藏纸书"链接到图书馆的 OPAC 系统，获得该的馆藏情况。如果没有馆藏可在图书详细信息页面单击"图书馆文献传递"，进入"图书馆参考咨询服务中心"页面。所需信息填写完整后，在 24 小时之内即可收到咨询结果，所有咨询内容链接有效期为 20 天，每本图书单次咨询不超过 50 页，同一图书每天的咨询量不超过全书的 20%。由于回复邮件可能会被当作未知邮件或垃圾邮件，若没有收到回信，请查看一下不明文件夹或垃圾邮件箱。

3）期刊频道

期刊频道提供快速搜索、高级搜索、专业搜索 3 种方式，系统提供全部字段、标题、作者、刊名、关键词、作者单位、ISSN 共 7 个检索字段。在搜索结果页面中，还可以通过查询框右侧的"在结果中搜索"或通过页面左侧的"类型""年代""学科""期刊种类"方式缩小搜索范围。从搜索结果页面单击文献篇名可进入期刊文献详细信息页面，可以查看该文献的题名、作者、刊名、出版日期、期号等详细信息。单击链接文字，可直接在期刊频道中搜索该文字，以便查找相关期刊。在期刊文献详细信息页面中可以通过超星期刊、电子全文、图书馆文献传递、文献互助等方式获取所需文献的全文。

除上面介绍的知识频道、图书频道、期刊频道之外，读秀学术搜索还提供报纸、学位论文、会议论文、音/视频、文档、更多等频道的搜索服务，搜索方法基本相同，这里不再赘述。

4）读秀学术搜索技巧

掌握读秀学术搜索使用技巧，可以使用户更灵活、准确地查询自己所需要的信息。搜索技巧包括除去特定词搜索和提示划词搜索。

（1）除去特定词搜索：以知识频道为例，如果想查找"数字图书馆"，但不希望关于"主要特征"的结果出现，可以输入关键词"数字图书馆-主要特征"，还可以同时除去多个关键词。注意：前一个关键词和减号之间必须有空格，否则减号会被当成连字符处理，而失去减号语法功能。

（2）提示划词搜索：以图书频道为例，当在搜索结果页面选中文字时，会自动显示"读秀搜索"按钮，单击后即可将该选中文字视作关键词，在全文检索频道进行检索。

5.4 维普中文期刊服务平台

重庆维普资讯有限公司的前身为中国科技情报研究所重庆分所数据库研究中心，是中国第一家进行中文期刊数据库研究的机构，开发并推出了中文科技期刊数据库、中国科技经济新闻数据库、中文科技期刊数据库（引文版）、外文科技期刊数据库、中国科学指标数据库

等系列产品,同时开发了智立方文献资源发现平台、维普期刊资源整合服务平台、中国基础教育信息服务平台、图书馆学科服务平台、维普机构知识服务管理系统、文献共享平台、维普论文检测系统等广受用户喜欢的信息平台。公司网站维普资讯网(www.cqvip.com)建立于2000年,是中国最大的综合性文献服务网站之一。

中文科技期刊数据库是维普资讯网主要产品,是我国最大的数字期刊数据库。该数据库收集期刊12000余种,其中核心期刊1957种,文献总量截至2020年8月达到3850余万篇;数据日更新,采用PDF全文数据格式;学科范围涵盖社会科学、自然科学、工程技术、农业科学、医药卫生、经济管理、教育科学和图书情报等学科。该数据库通过维普期刊资源整合服务平台和中文期刊服务平台提供信息服务。

5.4.1 维普资讯网

维普资讯网主页提供了期刊大全、文献分类、优先出版、论文检测、论文选题、在线分享、学者空间、学术机构等入口,还提供了搜索、高级检索的检索方式。本书简要介绍期刊大全、搜索、高级检索。

1. 期刊大全

期刊大全页面分别提供了如下的期刊浏览顺序:最新更新期刊、学科分类导航、按字母顺序查找期刊。通过这些浏览方式,用户可以方便、快速地找到目标期刊。其中,按学科分类导航查找期刊包括医药卫生、建筑科学、电气工程、天文地球、航空宇航科学技术、矿业工程等35个学科分类;按字母顺序查找期刊是按照刊名首字的汉语拼音字序A~Z将期刊进行列表。选择某一检索入口定位期刊后,可进一步按年、卷、期的内容浏览期刊文献。

2. 搜索

搜索是系统默认的检索方式。在维普资讯网首页,可以看到多个搜索对象,包括文献搜索、期刊搜索、学者搜索、机构搜索,可对不同对象选定不同的特征属性进行搜索。默认搜索对象为文献搜索。不同搜索对象提供的搜索字段不同,如表5-1所示。

表5-1 不同搜索对象提供的搜索字段

搜索对象	文献搜索	期刊搜索	学者搜索	机构搜索
搜索字段	标题/关键词、作者、机构、刊名	期刊名、作者、CN	学者名、学科、单位	机构名、地区、学科

搜索页面无逻辑组配关系选项,同一查询框内多个搜索词默认为逻辑"与"运算,每个词之间需要插入一个空格。

3. 高级检索

维普资讯网的高级检索页面即中文期刊服务平台的高级检索页面。

5.4.2 中文期刊服务平台

中文期刊服务平台提供了强大的检索功能,具有多种检索入口。检索总体上可分为期刊导航、基本检索、高级检索等方式。匹配方式包括精确匹配和模糊匹配，用以提高查全率或查准率，节省检索时间，提高检索效率。本书主要介绍"高级检索"。

1. 期刊导航

期刊导航是针对期刊文献的一种查询方法，可对某一期刊或某一学科的期刊进行浏览，多渠道快速定位期刊。期刊导航提供按刊名、ISSN、CN、主办单位等字段检索的期刊检索、（刊名）字顺浏览、期刊导航浏览等多种渠道快速定位期刊，并可进一步按年、卷、期的内容浏览文献。期刊导航除分类导航，还有核心期刊导航、国内外数据库收录导航、期刊地区分布导航、期刊主题导航等。进入某一导航链接后，可以直接浏览该导航内某一种期刊的全部文献。

2. 基本检索

基本检索是中文期刊服务平台默认的简单快捷的检索方式。该检索方式提供任意字段、题名或关键词、题名、关键词、文摘、作者、第一作者、机构、刊名、分类号、参考文献、作者简介、基金资助、栏目信息共 14 个可选检索字段。同一查询框内多个检索词默认为逻辑"与"运算，每个词之间需要插入一个空格。

3. 高级检索

高级检索提供多条件逻辑组配检索（高级检索）。高级检索功能包括多条件组合检索，包括字段检索、布尔逻辑运算组配检索等，可根据检索课题的需要对系统提供的多个检索项进行逻辑（与、或、非）运算。默认的检索查询框有 3 个，单击"+"或"−"图标，可增加或减少查询框数量，最多可增加到 5 个查询框。同时，高级检索提供按时间、期刊范围及学科等方式的更多限制条件对检索结果进行进一步的限定。时间限定可选择按年代及更新时间两种方式；期刊范围可选择全部期刊、核心期刊、EI 来源期刊、SCI 来源期刊、CAS 来源期刊、CSCD 来源期刊、CSSCI 来源期刊等期刊范围；学科限定可按系统所提供的学科进行勾选限定。高级检索页面如图 5-15 所示。

图 5-15 中文期刊服务平台高级检索页面

在高级检索页面还提供检索式检索，与专家检索功能相同，需要检索人员根据系统的检索语法编制检索式进行检索，适用于熟练掌握检索技术的专业检索人员。

4．检索结果显示与管理

检索结果默认按相关度排序，还可按被引量、时效性进行排序。可以根据需要导出题录并对检索结果进行引用分析和统计分析。

1）显示

检索结果最多显示 20 条页记录，记录多时分页显示。记录显示方式有文摘、详细格式、列表等。

2）标记

在检索结果页面，浏览文献题名，勾选"☑"文献，可进行文献"导出"操作。导出格式包括文本、查新格式、参考文献、XML、NoteExpress、RefWords、EndNote、Note First 自定义导出和 Excel 导出。

3）浏览全文

在显示文摘等详细信息的页面，单击"在线阅读"或"下载 PDF"链接；或单击某条记录的标题，进入文献详细记录格式，单击"在线阅读"或"下载 PDF"可浏览全文。

在文献详细记录页面还提供该文的相关文献、相关作者、相关机构等信息。

如有保存、打印需要，参见"5.1.2 CNKI 中国知网检索"中相关内容的叙述。

5.5 中国高等教育文献保障系统

中国高等教育文献保障系统（China Academic Library & Information System，CALIS）（http://www.calis.edu.cn），是经国务院批准的我国高等教育"九五"总体规划中三个公共服务体系之一。CALIS 的宗旨是在教育部的领导下，把国家的投资、现代图书馆理念、先进的技术手段、高校丰富的文献资源和人力资源整合起来，建设以中国高等教育数字图书馆为核心的教育文献联合保障体系，实现信息资源共建、共知、共享，以发挥最大的社会效益和经济效益，为中国的高等教育服务。CALIS 从 1998 年 11 月正式启动建设，目前注册成员馆逾 1800 家，覆盖除台湾地区外中国 31 个省（自治区、直辖市）和港澳地区，成为全球最大的高校图书馆联盟。

5.5.1 CALIS 概述

CALIS 管理中心设在北京大学，下设了文理、工程、农学、医学 4 个全国文献信息服务中心，华东北、华东南、华中、华南、西北、西南、东北 7 个地区文献信息服务中心和 1 个东北地区国防文献信息服务中心，构成 CALIS 资源保障体系的第一层，主要起到文献信息保障基地的作用。CALIS 的文理、工程两个全国文献信息服务中心分别设在北京大学和清华大学，以两校图书馆和学校各方面条件为基础，拥有相对最丰富的文献数据库资源，以及最强大的网上检索服务和文献传递的手段，从而作为"211 工程"重点学科建设的最终文献保障基地；农学和医学两个全国文献信息服务中心则分别设在中国农业大学和北京大学医学部，作为CALIS与全国农业信息网和全国医学信息网的连接点，扩大文献资源共享的范围，开展相应的资源共享活动。

从1998年开始建设以来，CALIS管理中心引进和共建了一系列国内外文献数据库，既有二次文献库，也有全文数据库；采用自主独立开发与引用消化相结合，开发了CALIS联机合作编目系统、馆际互借与文献传递、资源发现与获取体系、CALIS协同服务体系和CALIS应用软件云服务（SaaS）平台、查收查引系统、采编一体化平台、统一检索平台、资源注册与调度系统，形成了较为完整的CALIS文献信息服务网络，为高等院校的教学、科研和重点学科建设提供高效率、全方位的文献信息保障与服务。数据库资源按语种、学科、类型导航如表5-2所示。

表5-2　CALIS数据库导航

语　　种	学　　科			类　　型	
中文（257）	理学（101）	管理学（65）	哲学（59）	期刊（76）	技术报告（1）
英文（229）	工学（265）	经济学（39）	历史学（17）	图书（10）	多媒体（2）
	农学（30）	法学（103）	文学（33）	会议论文（2）	古籍（4）
	医学（78）	教育学（108）		报纸（4）	综合（37）

5.5.2　CALIS检索——e读学术搜索

e读学术搜索（http://www.yidu.edu.cn）也称"开元知海e读"，旨在针对CALIS中心、各个图书馆和数据库商中的各种异构数字资源进行整合，与CALIS文献获取（e得）统一认证、资源调度等系统集成，为用户提供一种更好的整合检索服务，打通从"发现"到"获取"的"一站式服务"链路，从而提高资源的利用率。

e读学术搜索整合全国高校纸本资源和电子资源，揭示资源收藏与服务情况，一站式检索全国高校图书馆的几百万种图书、几千万篇外文期刊论文、百万篇中外文学位论文，以及古籍、拓片等特色资源，从海量资源中快速发现与获取有用信息。在尊重知识产权的基础上，为读者提供全文学术资源和全新的用户体验。e读资源有联合目录、外文期刊网、学位论文、古籍等数据库等，可以通过集成本馆OPAC（Online Public Access Catalogue）、电子资源全文阅读、章节试读、无缝链接CALIS互借体系获取原文，具有软件即服务（Software-as-a-Sservice，SaaS）定制、API定制（应用编程接口）、分面浏览、个性化、键入提示、聚类检索、WIKI多种功能，并通过云服务模式帮助各高校零投入建立电子图书馆，各成员馆不需要开发软件，不需要硬件设备，也不需要维护系统。

e读学术搜索采用了新型的基于元数据的检索技术，能够对分布在本地和异地的各种异构资源提供统一的检索页面和检索语言。系统可检索的资源类型包括图书、期刊、学位论文等；文章类型包括原文、图片、引文、文摘、馆藏、相关文献等。

简单检索是系统默认的检索方式，适合大部分用户使用，如图5-16所示。简单检索页面仅支持一个查询框键入检索词的检索。

检索后所有命中文献篇名、题录及部分文摘信息列表显示，页面左侧提供限定显示范围有检索纸本资源、检索电子资源、不显示报纸文章，还可以根据出版年、语种、资源类型、学科、收录数据库、收录馆6种方式缩小检索结果范围。

图 5-16　e 读学术搜索检索页面

单击选中的文献题名链接，可进一步浏览包括文摘内容的详细信息。提供"借外馆纸书""文献传递""借书"3 种方式。CALIS 成员馆可享受全文传递服务。

e 读学术搜索的用户分高校读者和直通车用户读者，为用户提供"我的学科""我的资源""我的收藏夹""我的检索历史"等个性化检索服务。e 读学术搜索还实现了 CALIS 其他各种应用系统（如资源调度、统一用户管理、馆际互借等）的无缝集成，可以使读者更方便地访问国内外文献资源，目前已完成了近 100 个国内外电子资源数据库的配置工作。

5.5.3　CALIS 联合目录公共检索系统

联合目录（Union Catalogue）是指多个文献收藏单位所藏文献的目录。其通常由若干个文献信息资源比较丰富的单位合作编制，事先制定统一的著录项目和标准，注明收藏单位，明确收录范围，最后编辑汇总。使用者可以从单一窗口网站来检索多个图书馆的馆藏，并知晓哪个图书馆收藏所需要的文献。尤其是对于只提供二次信息的检索工具和数据库，根据二次信息提供的出版物线索，配合联合目录的使用，就能获取原始/一次文献收藏单位的信息，检索并索取原始文献。

CALIS 联合目录公共检索系统（Online Public Access Catalogue，OPAC）（http://opac.calis.edu.cn）于 2000 年 3 月正式启动服务。它的主要任务是建立多语种图书、期刊联合目录数据库和联机合作编目、资源共享系统，为全国高校的教学科研提供书、期刊文献资源网络公共查询，为成员馆之间实现馆藏资源共享、馆际互借和文献传递奠定基础。该数据库信息日积月累，收藏约 1266 家成员单位近 600 万种书目的馆藏信息，已成为国内外颇具影响力的联合目录数据库。数据资源涵盖印刷型图书、连续出版物、古籍、部分电子资源及其他非书资料等多种文献类型，覆盖中、英、日、俄、法、德、意、西、拉丁、韩、阿拉伯文等 40 多个语种。

OPAC 提供简单检索、高级检索、古籍四部类目浏览 3 种检索方式。本书主要介绍"高级检索"。

1．简单检索

简单检索是系统默认的检索方式，可直接在查询框中键入检索词，实现文献的模糊查询。检索字段包括全面检索、题名、责任者、主题、分类号、所有标准号码、ISSN（国际标准刊号）、ISBN（国际标准书号）。在查询框内键入检索词，检索数据范围包括中文、西文、日文等所有数据。

2. 高级检索

高级检索的查询页面包括 3 个查询框，可以进行最多 3 个检索字段的复合检索。另外，在简单检索的基础上增加了检索词匹配模式、检索词、检索字段之间逻辑运算及限制性检索。高级检索页面如图 5-17 所示。

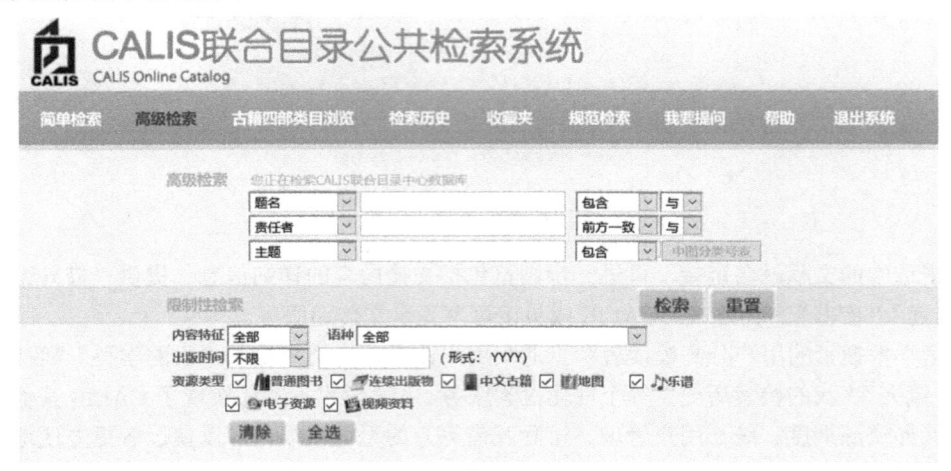

图 5-17　CALIS 联合目录公共检索系统高级检索页面

如果查询期刊文献馆藏信息，可选择"期刊题名"或"ISSN"字段，在查询框内键入期刊名称（中、英文均可）或 ISSN（国际标准刊号）；如果查询会议文献馆藏信息，可选择"会议名称"字段；如果查询图书文献馆藏信息，可选择"题名"在查询框内键入书名（中、英文均可）。

系统提供包含、前方一致、精确匹配 3 种匹配方式。在实际操作中，英文期刊通常选择"包含"，中文期刊通常选择"精确匹配"。

系统提供逻辑"与""或""非"3 种逻辑运算组配关系，通常选择"与"。如果只有一个检索条件，此项可不设置。检索词与所有限制性检索项之间为逻辑"与"的关系。

限制性检索包括内容特征、语种、时间范围及资源类型 4 种限定。内容特征分为全部、统计资料、字典词典、百科全书 4 种选项；语种包括数十种语言的选择；时间范围选择有不限、<、>、<=、>=、=、介于之间；资源类型有普通图书、连续出版物、中文古籍、地图、乐谱、电子资源、视频资料等。

检索后显示所有命中信息的题名、责任者、出版信息、资源类型、馆藏内容，系统优先默认按照题名排序，也可以选择按相关度排序。

可直接单击题名页面中"馆藏"下面的"Y"链接，查看该出版物的馆藏信息；也可以单击某条记录的"题名"查看该出版物的详细信息，单击 "馆藏信息" 链接，可得到该出版物的具体收藏单位，以便获取全文。

如果检索结果为多条记录，可在出版物题名相同的情况下，参考浏览出版单位等项内容，帮助确定某一种出版物。

3. 古籍四部类目浏览

古籍四部类目浏览按经部、史部、子部和集部类目进行浏览。逐级单击某个部类展开图标"⊞"，显示各级子部类，直到出现图标"⊟"展示下级部类，单击"☑"后的部类名称，可得到该部类下的所有古籍。单击所选古籍书名，即可看到该书的相关信息。

5.5.4 CALIS 其他服务

1. 外文期刊网服务

CALIS 外文期刊网（简称 CCC，http://ccc.calis.edu.cn）是国内高校外文期刊综合服务平台，是获取外文期刊论文的最佳途径，同时也是图书馆员开展文献传递服务的强大基础数据源和进行期刊管理的免费服务平台。系统收录的所有外文期刊均标注了 CALIS 高校成员馆的纸本馆藏和电子资源馆藏信息，资源信息每周更新，目前 1200 多家成员馆开通了 CCC 服务。

截至 2018 年 9 月，CALIS 外文期刊网中 CCC 西文期刊篇名目次数据库综合服务系统包含了 10 万多种高校收藏的纸本期刊和电子期刊信息，其中有 4 万多条期刊的文章篇名信息，目前期刊文章的篇名目次信息量达 1 亿多条，拥有 160 多个全文数据库和 OA 链接、30 多个文摘数据库链接，300 个图书馆提供纸本期刊馆藏信息，530 多个图书馆提供电子期刊信息。该数据库不仅给出二次文献收录情况、国内馆藏情况，以及提供各种分类统计数据，还链接了馆际互借和文献传递系统，可为用户提供一站式期刊和文章检索及全文传递服务。服务内容（仅限成员馆）包括期刊导航、期刊论文检索、电子期刊链接、文献全文链接、纸本期刊的文献传递服务、个性化期刊服务定制、期刊分析和管理服务、图书馆本地化服务等。数据为每周更新。

外文期刊网免费使用。通过外文期刊网的文献传递服务获取全文时，需要开通 CALIS 馆际互借与文献传递系统，该系统免费使用，因文献传递服务产生的费用由文献申请方承担。

2. CALIS 馆际互借与文献传递服务

CALIS 馆际互借与文献传递网（以下简称文献传递网）为 CALIS 面向读者或文献服务机构提供馆际互借与文献传递服务。该文献传递网由众多成员馆组成，包括利用 CALIS 馆际互借与文献传递应用软件提供馆际互借与文献传递的图书馆（简称服务馆）和从服务馆获取馆际互借与文献传递服务的图书馆（简称用户馆）。读者以馆际互借或文献传递的方式通过所在成员馆可获取 CALIS 文献传递网众多成员馆丰富的文献收藏。

1）CALIS 与 NSTL 的文献传递服务

国家科技图书文献中心（National Science and Technology library，NSTL，在下一节详细介绍）与 CALIS 合作，于 2012 年 3 月正式开通"NSTL 文献传递服务（高校版）"。高校读者可通过本校 CALIS 馆际互借系统，利用本校图书馆的用户账号，享受 NSTL 拥有的文献资源及 CALIS 项目经费提供的补贴。

检索时，可通过登录 e 得门户（http://www.yide.calis.edu.cn），单击"NSTL 文献传递服务（高校版）"检索 NSTL 文献资源，用在本校图书馆开设的 CALIS 馆际互借系统账号（通常就是本校图书馆读者账号）完成提交文献传递申请等操作，即可获得文献传递服务，所查得的文献按文献传递服务相关收费标准收费。通过 CALIS 获得的文献传递服务可享受一定的费用补贴，如表 5-3 所示。

表 5-3　CALIS 文献传递服务的费用补贴比例

地　　区	东部地区	西部（除新疆、西藏）	新疆、西藏
补贴比例	50%	75%	100%

2）CALIS 与上海图书馆的馆际借书服务

为了方便高校读者，上海图书馆与 CALIS 合作，于 2011 年 11 月正式开通全国范围的馆际借书服务。高校读者可通过部署在本校的 CALIS 馆际互借系统，利用本校的图书馆用户账号享受上海图书馆的丰富资源，并获得 CALIS 项目经费提供的费用补贴。

上海图书馆拥有图书、报刊和科技资料近 5200 万册（件），其中，外文期刊近 6000 种，外文图书 160 万册左右。检索时，可通过登录 e 得门户，单击"上海图书馆馆藏"检索上海图书馆文献资源，用在本校图书馆开设的 CALIS 馆际互借系统账号（通常就是本校图书馆读者账号）完成提交文献传递申请等操作，即可获得馆际互借服务。

3）CALIS 电子图书在线阅读和租借式借阅服务

CALIS 成员馆的读者用户均可获得电子图书在线阅读服务。服务资源包括 36 万册中文电子图书、3293 册外文电子图书，可免费在线阅读，若需要下载到本地阅读，只需要支付 1 元钱即可"租借" 30 天。

检索时，可通过登录 e 得门户，单击"CALIS 全文资源"检索所需的电子图书，单击"在线全文"即可在线阅读。若需要下载到个人计算机本地阅读，只需要单击"借电子书"，用本校图书馆读者账号登录 CALIS 统一认证系统后，即可完成"租借式"电子书借阅下载服务。

4）CALIS 中文期刊论文单篇订购服务

为了便于高校读者查找和获取中文期刊论文，CALIS 与维普资讯公司合作推出"CALIS 中文期刊论文单篇订购服务"。服务资源包括国内公开出版的 12000 余种期刊，期刊收录年限回溯自 1989 年起，数据库包括全文和引文信息。

检索时，可通过登录 e 得门户，单击"中文科技期刊（维普）"，用本校图书馆读者账号登录 CALIS 统一认证系统后，即可检索所需要的中文期刊论文。没有购买维普资讯中文期刊服务的高校读者找到所需论文后，单击"在线支付"，通过维普资讯公司的在线支付平台支付论文费用后，即可下载全文。在 CALIS 项目建设期间，将给予部分补贴降低读者费用。已购买维普资讯中文期刊服务的高校读者直接单击"下载"即可获得论文全文。

3. 学苑汲古

"学苑汲古"高校文献资源库（http://rbsc.calis.edu.cn:8086）是一个汇集高校古文献资源的数字图书馆。它是高校古文献资源的公共检索与服务平台，并面向全国高校用户提供古文献资源的检索与获取服务。"高校古文献资源库"由北京大学联合国内外高校图书馆合力建设，汇集了内地 23 家与港澳地区 2 家高校图书馆、海外 3 家著名高校东亚图书馆的古文献资源。资源库中的古文献类型目前为各馆所藏古籍和舆图，今后将增加金石拓片等古文献类型。资源库内容不仅包括各参建馆所藏古文献资源的书目记录，而且配有相应的书影或图像式电子图书。截至 2018 年 9 月，高校古文献资源库已包含元数据 68 万余条、书影 28 万余幅、电子书 8.35 万册。

学苑汲古免费访问。通过学苑汲古数据库的文献传递服务获取全文时，需要开通 CALIS 馆际互借与文献传递系统，该系统免费使用，因文献传递服务产生的费用由文献申请方承担。

5.6 国家科技图书文献中心

国家科技图书文献中心（National Science and Technology Library，NSTL，http://www.nstl.gov.cn）是科技部联合财政部等六部门，经国务院批准于2000年6月12日成立的一个基于网络环境、公益性、虚拟的科技文献信息资源服务机构。

5.6.1 NSTL总体资源

NSTL成员单位包括中国科学院文献情报中心、中国科学技术信息研究所、机械工业信息研究院、冶金工业信息标准研究院、中国化工信息中心、中国农业科学农业信息研究所、中国医学科学院医学信息研究所，网上共建单位包括中国标准化研究院标准馆和中国计量科学研究院文献馆。

NSTL于2000年12月26日开通的网络服务系统（http://nstl.gov.cn）是国家科技文献中心对外服务的一个重要窗口。系统通过丰富的资源和方便快捷的服务满足广大用户的科技文献信息需求。NSTL在全国各地建成了8个镜像站和33个服务站，全面、高效发挥国家科技文献信息战略保障的整体功效。

NSTL订购的外文文献资源覆盖自然科学、工程技术、农业科技、医药卫生四大领域100多个学科或专业，资源类型包括期刊论文、会议文献、学位论文、科技报告、文集汇编、图书、学位论文、专利、标准、计量规程等。资源类别如表5-4所示。

表5-4 NSTL文献检索与全文提供

西 文 库	中 文 库	俄文、日文库	专利文献	标准、计量检定规程
西文期刊	中文期刊	俄文期刊	美国专利	国外标准
		日文期刊	英国专利	中国标准
外文会议	中文会议		法国专利	计量检定规程
外文学位论文	中文学位论文		德国专利	
国外科技报告			瑞士专利	
文集汇编			日本专利	
科技丛书			欧洲专利	
			中国专利	
			世界知识产权组织专利	

5.6.2 NSTL文献检索

该系统的文献检索实行免费服务，如果需要获取原文，需要先到本单位的文献服务机构提出申请方可使用。

在NSTL首页提供快速检索入口。首先在检索输入框上选择文献类型，包括期刊、会议、学位论文、报告、专利、文集、图书、标准及计量规程9个选项。这是一个必选项目，既可以单选，也可以多选或全选。快速检索具有跨库检索功能，可同时在多个数据库中查寻文献。此外，在 NSTL 首页设置了文献浏览、物色资源、物色服务、专题服务等栏目。本书主要介绍"文献检索"。

NSTL 文献检索系统提供的检索方式有普通检索、高级检索、词表导航等。本书主要介绍"普通检索"方式。

1. 普通检索

普通检索是文献检索的基本检索方法，直接在查询框中键入检索词，检索词之间默认逻辑"与"检索，可实现文献的模糊查询，适合大部分用户使用。

2. 高级检索

1）检索流程

在 NSTL 首页单击"高级检索"，即可进入高级检索页面，如图 5-18 所示。检索页面默认 2 个查询框，单击"➕"图标，最多可以增加到 5 个检索项的复合检索。支持逻辑运算，并可选择文献类型、设置查询条件。

图 5-18　NSTL 文献检索的高级检索页面

高级检索中提供的检索字段包括题名、作者、机构、关键词、主题词、摘要 6 个选项。可供选择的字段是随所选数据库的不同而变化的，多库查询时所列出的字段是所选数据库共有的字段。同一查询框内各检索词之间可直接键入"and""or""not"进行逻辑运算。例如，"（Computer or PC）and design"。不同查询框之间提供逻辑"与""或""非"3 种逻辑运算。检索词与所有限制性检索项之间为逻辑"与"的关系。

选择数据库包括期刊、会议、学位论文、报告、专利、文集、图书、标准、计量规程等数据库，可单选、多选或全选，支持跨库检索。

2）查询条件设置

检索时可根据需要设置查询条件。在此限制选项中，可对检索的语种、馆藏范围、查询范围、时间范围、获取方式等进行具体选择和限定，还可选择精确匹配使检索结果更为精确。

检索后可按相关度、时间、标题3种方式排序显示所有命中文献的题名和题录信息。如果查询到的文献过多，可在"文献查询结果"页面进行二次查询，提高查询准确率。用户只需要在二次查询框内选择限制字段并键入新的查询词，单击"二次检索"，系统将在前一次查询的结果中进行查找；也可以单击"重新检索"放弃前一次查询结果。

单击某条记录的标题，可直接浏览该文章包括文摘在内的详细信息。

高级检索可以使用字段限定符、布尔逻辑运算符和截词算符，与"普通检索"的不同之处就是键入检索词的查询部分。高级检索可以在检索查询框中组合词间关系或直接键入包括字段在内的检索表达式一次性完成检索。"选择数据库"和"查询条件设置"与"普通检索"相同。

高级检索的关键在于构造检索表达式。检索表达式的编制可以利用系统提供的数据库、字段对照表和逻辑运算符对照表，再通过检索词和小括号"（）"（半角符号）的限定，在查询框中便可组织出用户定制的检索表达式，若不用"字段对照表"选择字段而直接键入查询内容，则表示在全部字段中查询。

3．文献浏览

文献浏览可按不同的文献类型对非中文语种的文献进行浏览。如期刊浏览可按语种浏览西文期刊、日文期刊、俄文期刊，对于中文期刊，目前不提供此种检索方法。除语种不同，还可按相应语种的期刊名称字顺、学科分类进行浏览。期刊浏览无"选择数据库"和"查询条件设置"限制性选项。

5.6.3　NSTL个性化服务

个人用户注册并登录后，可以进行"文献传递""代查代借""我的图书馆"等个性化服务操作。NSTL对个人用户的文献提供服务不收取版权费。其中，"我的图书馆"栏目提供的服务如下。

（1）我的数据库：设定个人常用的文献数据库集，在定制的数据库范围内进行检索和订购。用户通过该页面下的"添加新数据库集"，对"文献检索"栏目下的所有数据库进行选择和定制。

（2）我的期刊：设定个人关注的期刊，在定制的期刊范围内进行文献检索和浏览。用户可在NSTL订购的近2万多种期刊中，选择常用期刊进行定制。

（3）我的检索策略：存放检索过程中保存的检索策略，供再次调用检索或进行定制推送。

（4）我的定制推送：定制检索策略，定期接收系统自动推送的文摘信息，推送周期可由用户自行确定。

（5）我的收藏：存放在检索过程中保存的检索结果，供再次查阅或订购全文。

（6）我的通知：接收查看系统通知和用户通知。

第 6 章
外文网络信息资源检索

随着科学技术和经济全球化的发展，信息资源的数量呈指数级增长，如何获取国外先进的科技信息并且有效利用国外高质量的学术资源成为科研工作者必须面对的一个问题。本章主要介绍部分国外影响较大、学术质量较高的数据库，包括 Elsevier、EBSCO、Springer、Web of Science、ProQuest、ACS 等。

6.1 ScienceDirect 数据库

在现代科研环境中，研究人员正经历着信息超载的痛苦。因此，他们迫切需要创造一种新的知识生态系统来排除这个科研障碍，这样的一个系统要兼具整合性、智能性、可信赖性并具备能够向第三方创新性研究工具和应用程序开放等特性。简而言之，就是需要一个具有信息洞察力并能加速科学研究的信息平台，由 Elsevier（爱思唯尔）公司（http://www.elsevier.com）推出的 ScienceDirect 就是这样一个平台。

6.1.1 Elsevier 概述

Elsevier 的取名源自最初的 House of Elzevir，即于 1580 年创立的荷兰家族出版社。自 1880 年，它从一个致力于古典学术著作出版的小型出版社发展到一家国际性多媒体出版公司，Elsevier 成了历史悠久、世界领先、享有盛誉的科学技术和医学信息产品的商业性学术出版商和信息供应商，公司总部设在荷兰首都阿姆斯特丹。从 2010 年 8 月 28 日起，Elsevier 公司将原 ScienceDirect、Scopus 及 Scirus 的内容整合到 SciVerse 平台中。SciVerse 平台是一个研究知识生态系统的核心，它构建了符合研究人员的特定研究领域和工作流程的一系列应用程序，并通过将备受信赖的内容和更多可以提高检索和查阅速度的工具整合在一起的方法来提升用户检索内容的价值。通过 Elsevier 网站主页，研究人员可以及时访问两个核心数据库：ScienceDirect 全文数据库和 Scopus 索引及摘要数据库。除此之外，Elsevier 还拥有 Evolve、Knovel、Reaxys、Clinicalkey 等多种产品。本书主要介绍 ScienceDirect 全文数据库。

1. ScienceDirect 全文数据库

ScienceDirect 全文数据库是 Elsevier 公司的核心产品，也是全球著名的、最大的、多学科的全文数据库之一。通过 ScienceDirect 数据库，检索人员可以检索到 Elsevier 出版社丰富的电子资源，包括期刊文献全文、单行本电子书、参考工具书、手册及系列图书等。

2. Scopus 索引及摘要数据库

由于科学研究模式越来越全球化，Scopus 索引及摘要数据库于 2004 年 11 月正式推出，它主要收集世界范围内的关键技术研究信息。它涵盖科技、医学、社会科学和艺术与人文方面同行评审期刊 25300 种，其中 3643 种期刊为开放获取期刊，超过 5000 种为优先出版期刊，是目前全球规模最大的同行评审期刊索引及摘要数据库；它拥有 562 种丛书、34000 种个人图书和 139 万条图书条目。每年约有 145000 本非序列书籍，年增加量 20000 册；近 800 万篇会议论文。通过 Scopus 索引及摘要数据库，用户可检索到 1823 年以来的近 6700 万条摘要和题录信息，以及 1996 年以来所引用的参考文献，并可通过参考文献快速准确地定位全文；还可查找来自全球五个主要专利组织的 2800 万件专利信息。Scopus 索引及摘要数据库提供了追踪、分析和可视化研究的智能工具，为世界范围内 3000 多个学术机构、政府机构和公司提供科研数据。其中的数据每日更新。

6.1.2 ScienceDirect 全文数据库简介

ScienceDirect 全文数据库是 Elsevier 公司完全基于网络版的电子全文数据库检索系统（http://www.sciencedirect.com）。该数据库规模增长迅速，每年平均增加 15%，其主要数据可追溯到 1995 年，回溯文档最早至 1823 年。2002 年 5 月 Elsevier 成功收购 IDEAL，将包括 Academic Press 等出版商在内的 335 种全文期刊纳入其系统。到目前为止，ScienceDirect 全文数据库收录的期刊总数已增至近 3800 种（均为同行评审期刊），这些期刊中很多是 SCI、EI 等国际权威检索数据库收录的核心期刊。除此之外，该数据库还收录图书 35000 多种。该数据库侧重于自然科学和工程技术学科，学科分类详细，包括自然科学与工程、生命（生物）科学、社会科学与人文、卫生科学 4 个一级主题类目和 24 个二级主题类目。通过 CrossRef 链接 300 多个出版平台的全文，用户可在线访问 24 个学科的全文文献，网上提供免费文摘及少部分期刊文章全文的检索、浏览、下载服务。大部分全文服务需要付费购买，其中的数据每周更新。

该数据库提供先进的搜索和检索功能，方便用户提高其知识发现过程的效率，其具体特点如下：

（1）检索系统用户页面友好，检索过程中自由选择的余地较大，方便易用，检索功能强大，检索效率高。

（2）数据库中期刊的出版时间提前于印刷版的期刊，充分体现了网络数据库的优越性，有利于用户及时了解最新的相关信息。

（3）具有高效的浏览、灵活的快速检索、深层次的高级检索和专业检索多种检索方式，具有灵活多样的检索结果显示与输出。

（4）个性化文献报道服务直接面向网络终端用户，帮助用户方便、及时地了解、追踪、获取自己真正需要的最新信息，适应网络数据库的发展趋势。

6.1.3 ScienceDirect 检索技术

ScienceDirect 全文数据库提供了浏览、快速检索、高级检索三种检索方式，本书主要介绍高级检索。

1. 浏览（Browse）

浏览是针对文献的特性提供的一种查询方法。用户可在某一学科范围内或者按出版物名称首字母字顺（Browse by Publication Title）选中期刊。ScienceDirect 数据库的一级学科分别有 Physical Sciences and Engineering、Life Science、Health Sciences、Social Sciences and Humanities，可按每个一级学科下的二级学科进行浏览。单击二级学科名称，就会得到该学科下的出版物列表；单击出版物名称链接，进入该出版物浏览所有文章。浏览不需要检索人员键入检索条件，只需要按页面提供的链接操作即可。

2. 快速检索（Search）

快速检索是系统提供的默认检索方式。这种方式可在 Keywords（关键词）、Author Name（著者）、Journal/Book Title（期刊刊名/书名）、Volume（卷号）、Issue（期号）、Pages（页码）六个选项中的任意一个字段进行检索，也可以将几个选项进行组配检索，默认的布尔逻辑运算为"and"。用户只需要在相应的查询框中键入检索词即可得到检索结果。其中，Keywords 可对数据库中各记录的题名、文摘、关键词字段进行检索。由于快速检索方式的检索字段范围相对宽泛，因此检索结果准确性较差，适合初学者使用。

3. 高级检索（Advanced Search）

单击主页页面上方"Search"旁的"Advanced Search"，即可进入高级检索页面。高级检索是一种更加详细、精确的检索方式，单击"Show more fields"可以显示完整的高级检索页面，如图 6-1 所示。

图 6-1　ScienceDirect 全文数据库高级检索页面

1）选择检索字段

高级检索页面提供的检索字段有 Find articles with these terms（全文检索）、In this journal or book title（期刊名称/书名检索）、Year(s)（出版年份）、Author(s)（著者姓名）、Author affiliation（机构名称）、Title, abstract or keywords（篇名、摘要或关键词）等字段。

2）输入检索词

在每个检索字段内，可直接键入检索词/词组（复数自动包含）甚至短语，默认检索词之间的布尔逻辑运算为"and"。

3）确定布尔逻辑运算和其他组配关系

高级检索方式可进行相同字段和不同字段逻辑运算组配检索，同一检索字段的各检索词与不检索字段的检索词默认的布尔逻辑运算为"and"。可以同时进行截词运算、通配符运算、优先运算、精确短语、位置算符等，可以使用户将多个主题检索项连接起来或者排除，也可检索拼写上有变化的词，使检索更加简单、灵活。

4）检索结果限定

ScienceDirect 全文数据库可对检索结果的 Article types（文献类型），包括文章、简报、书评、综述文章等 24 种类型，做限定。

5）检索

完成上述操作后，单击"Search"按钮开始检索，检索结果按题名列表方式显示。

6）检索结果过滤

如果对检索结果有进一步筛选需求，可按 Year(s)（出版年份）、Article types（文献类型）、Publication title（出版物名称）过滤检索结果。

6.1.4 ScienceDirect 检索结果

1. 检索结果显示

检索结果排序方式有按相关度排序（Relevance）或按出版时间排序（Date）两种；检索结果显示方式有显示题录和浏览文摘两种。

系统默认的显示方式是显示题录，这种显示方式显示所有相关记录的文献题名、文献出处、著者姓名等项。另外，页面还设置了 All access types（所有访问类型）、Open Access articles（开放获取文献）、Open Archive articles（开放回溯文献）选项。用户可根据自己的需要进行选择。

浏览文摘是在题名列表中进行浏览、比较、筛选。单击某条记录选中文献题名链接，可进一步浏览包括文摘内容在内的详细信息。详细信息包含该记录的文献题名、文献出处、著者、著者所在单位及地址等项目，内容部分还显示该记录 Highlights（重点）、Abstacts（摘要）、Graphical abstract（图形摘要）、Introduction（引言）、Purpose（目的）、Materials and methods（材料与方法）、Design and testing（设计与实验）、Results（结果）、Discussion（讨论）、Conclusion（结论）、Acknowledgements（致谢）、References（参考文献）等内容。每条记录还设置了 Abstract（摘要）、Graphical abstract（图形摘要）、Research highlights（研究重点）单项内容链接，提供专项内容浏览。

用户在检索结果显示页面，可查阅自己感兴趣记录的文摘和全文，并对检索结果进行标记、保存、打印等操作。

2. 检索结果管理

1）标记并导出

在检索结果列表页面，浏览文献题名，勾选（☑）文献，可以直接导出检索结果（Direct export）到文件管理工具（Save to Mendelay、Save to Rexworks），导出的文档（Export file）可以使用不同文件格式（RIS、BibTeX、Text），参考文献内容（Content）导出可选择仅参考文献题录（Citations Only）或参考文献题录和文摘（Citations and Abstracts）。

2）文档查看

ScienceDirect 全文数据库中期刊文献的记录格式如图 6-2 所示。

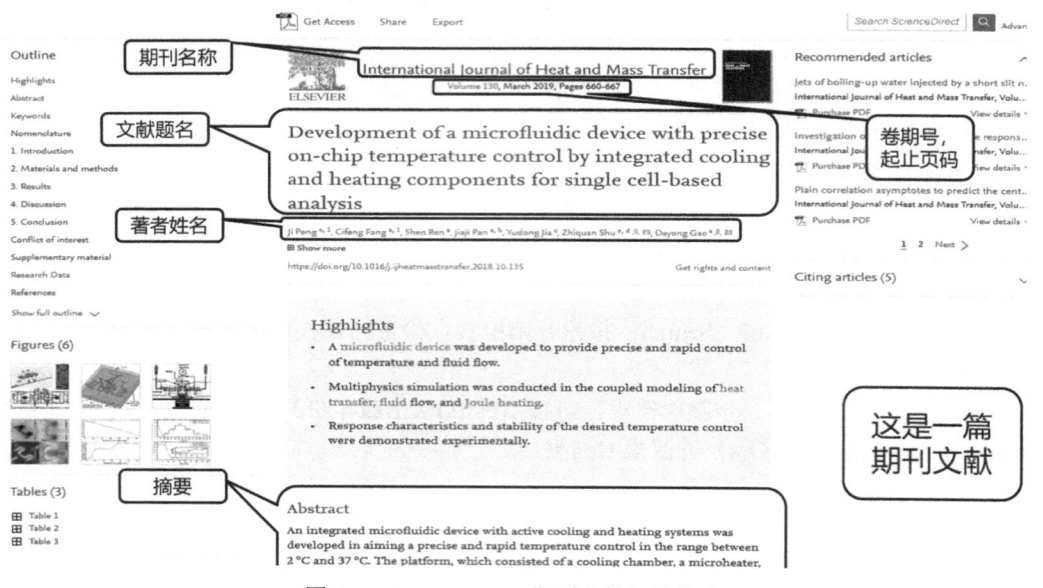

图 6-2　ScienceDirect 期刊文献记录格式

3）原文下载

每条全文记录提供两种显示格式：①单击文章标题（题名），除显示该条记录的文献题名、文献出处、著者姓名、著者所在单位及地址、文摘外，如购买可在线显示全文内容，这种方式全文下载速度快；②单击"PDF"图标浏览、下载免费全文，或单击"Purchase"图标购买全文，这种格式完全按期刊论文的原貌显示。

3. 个性化服务

ScienceDirect 全书数据库对于不使用机构 IP 地址进行访问的单个用户，可以利用唯一的用户名进行注册。注册后用户可以创建配置文件，包括填写用户信息、设置检索偏好、设定检索次数及检索方式等。这种个性化文献报道服务直接面向网络终端用户，可以帮助用户方便、及时地了解、追踪、获取自己需要的最新信息。

个性化服务包括以下具体内容：

（1）创建个人账号（Register）。注册个人账户，系统将自动保存用户使用的检索式（检索历史），以备再次检索时使用。

（2）定制个性化服务（My Settings）。注册后完成个人设置，系统可以按照用户设置的检索默认值，永久保存某个检索策略，执行自动检索。系统最多为用户保留 20 个检索策略。这样，数据库在更新数据后，如果出现与用户保存的检索策略相匹配的记录，系统将其目录内容自动发送至用户设定的邮箱，并提供快速链接浏览。

（3）定制期刊通知（My Alerts）。用户可对自己喜欢或感兴趣的出版物进行提醒选择。当用户定制期刊的新一期出版时，系统会将其目录内容自动发送至用户设定的邮箱，并提供快速链接浏览。

6.2 EBSCO 网络数据库

EBSCO 公司创建于 1943 年，是美国的一家私人集团公司，其名称是由其创始人 Elton B. Stephens 名字首字母加上公司（Company）前两个字母缩写组成的。EBSCO 公司总部在美国，并在全球 19 个国家设有分部，专门经营纸本期刊、电子期刊、全文期刊数据库、文摘型数据库的出版发行业务。

6.2.1 EBSCO 网络数据库概述

EBSCO 公司于 1986 年开始发展电子信息产品，1994 年率先推出网上全文数据库平台——EBSCOhost（http://search.ebscohost.com）提供在线服务。该平台通过国际专线为用户提供文献检索一体化服务，数据每日更新。

EBSCO 网络数据库使用方法简捷、高效，给用户提供了良好的检索界面。其检索功能强大，并有丰富的用户可定制选项，其特点如下：

（1）EBSCO 网络数据库融一次文献和二次文献于一体，能根据文献线索直接迅速地获取一次文献资料。

（2）EBSCO 网络数据库扩展了用户查询的自由度，其检索点多、使用方便，允许对文献全文中的任何信息进行检索，打破了主题词对检索的限制。

（3）EBSCO 网络数据库标引深度高，采用自然语言进行标引，可以找到许多可贵的边缘信息。一般的数据库只标引主要的概念，因而边缘性信息往往被遗漏。

（4）EBSCO 网络数据库支持多文档检索，用户进入后可以一次选择多个数据库，提供多种检索方式。

（5）EBSCO 网络数据库提供工商企业名录、图片和华尔街金融词典等特色检索。

（6）EBSCO 网络数据库提供检索期刊快报（Journal Alter），自动将用户选定的主题内容通过 E-mail 方式通知用户，为用户提供个性化服务。

（7）凡订购 EBSCO 公司网络数据库的用户，都可得到 EBSCO 公司免费提供的数据库光盘作为备份，所送的光盘全部为网络版。

6.2.2 EBSCO 网络数据库资源

EBSCO 公司是一个具有 70 年历史的大型文献服务专业公司，该公司开发了 100 多个在线文献数据库，包括 8000 多种著名期刊的摘要和 6000 余种期刊的全文，其中 1000 余种期刊可提供图片,数据库涉及自然科学、社会科学、人文与艺术等领域。

EBSCOhost 是 EBSCO 公司自主开发的检索平台,它可为全球的用户提供在线服务。目前,在 EBSCOhost 主页上有 8 个全文数据库,其中我国许多高校引进的学术文献集成数据库、商业资源集成全文数据库是其主要数据库。

1. 学术文献集成数据库

学术文献集成数据库(Academic Search Ultimate,ASU)是当今全世界最大的多学科学术期刊全文数据库之一,提供丰富的学术类全文期刊资源。该数据库的信息覆盖社会科学和自然科学,内容涉及几乎所有学术研究领域,主要有生物科学、医学、政治、工程、教育、社会学、物理、艺术、文学等学科。ASU 提供了超过 10600 种期刊的全文,其中包括 6800 多种为同行评审(Peer Reviewed)期刊。此外,ASU 还收录有 900 多种非刊类全文文献,如 360 多种全文图书专著及百余种会议论文、百科和专题报告全文等。另外,ASU 还收录数千种来自亚洲、大洋洲、欧洲及拉丁美洲等当地语言的全文期刊,涉及 80 多个国家。该数据库的超过 2700 种全文期刊同时收录于 Web of Science 数据库,有 5000 多种全文期刊同时收录于 Scopus 索引及摘要数据库。

2. 商业资源集成全文数据库

商业资源集成全文数据库(Business Source Complete,BSC)是世界上最大的全文商业数据库,主要侧重经济、管理和金融领域的专业性文献全文该数据库,收录文献有主题有营销、管理、管理信息系统(MIS)、生产与作业管理(POM)、会计、金融、经济等。该数据库提供 6200 多种学术性商业期刊索引及摘要,其中近 3800 种为全文期刊(包括 1960 多种同行评审期刊)。另外 BSC 还提供了近千种图书专著,超过 110 万份的企业背景介绍,1200 多种国家经济报告,8200 多种行业报告,10500 多份对全球知名企业高层管理人员及财经分析家的访谈录,2600 多份市场研究报告,4200 多份 SWOT 分析等。另外,BSC 还特别收录了独家财经文献,包括伯恩斯坦金融数据(Bernstein Financial Data)、晨星基金股票分析出版品、美国会计师协会出版品、Richard K. Miller & Associates 市场研究报告、非英语系国家的商学文献资源、900 多篇案例分析(其中 680 多篇全文)、哈佛大学知名教授的 57 个研讨会视频等;以及独特的期刊,如 Harvard Business Review(自 1992 年 10 月 1 日第一卷第一期至今,没有时滞)、Administrative Science Quarterly、Academy of Management Journal、Academy of Management Review、Journal of Marketing、Journal of Marketing Research(JMR)等 1400 种各知名出版社的国家/地区报告(全文)。

上述两种数据库通过 EBSCOhost 平台每日进行更新。

3. 教育资源信息中心

教育资源信息中心(Education Resource Information Center,ERIC)是美国教育部的教育资源信息中心数据库,收录自 1966 年以来 2800 多种教育及与教育相关期刊文献的题录和文摘,提供 1800 多种教育期刊的全文,550 余种书籍和专著全文,众多与教育相关的会议论文全文。

4. 医学文献

医学文献(MEDLINE)由美国国家医学图书馆(National Library of Medicine)创建,提供权威的医学、护理、牙科、兽医、医疗保健制度、临床科学及其他方面的医学信息。MEDLINE

采用包含树、树层次结构、副标题及激增功能的 MeSH（医学主题词表）索引方法，用户可检索到 5600 余种最新医学、生物医学方面的期刊文摘或引文。

5．报纸资源

报纸资源（Newspaper Source，NS）收录 47 种美国和国际报纸，以及精选的美国 390 个地区的宗教报纸全文，包括《基督教科学箴言报》《今日美国报》《华盛顿邮报》《华盛顿时报》《时报（伦敦）》《多伦多之星》等。此外，还提供电视和广播新闻脚本，内容来自 CBS 新闻、CNN、CNN 国际、福克斯新闻、NPR 等。

6．地区商业信息

地区商业信息（Regional Business News）提供 240 多个地区性商业出版物信息，包括美国境内所有城市和农村地区的商务报告，该数据库包括《亚利桑那州商业》、《商务北卡罗来纳州》、《克雷恩纽约商业》（及其他克雷恩通信版）、《得梅因业务记录》《企业盐湖城》及沃思堡商务出版社、奥兰治县商业杂志、威彻斯特县商业杂志等。其数据每日更新。

7．电子图书数据库

电子图书数据库［eBook Collection（EBSCOhost）］是原 NetLibrary 数据库（http://www.netlibrary.com）。NetLibrary 是 OCLC 的一个部门，是 eBook 的主要提供商之一，是世界著名电子图书数据库系统。它提供来自 700 多个出版商的 50000 多种高质量电子图书，其中 90%是 1990 年以后出版的，每月均增加几千种。NetLibrary 电子图书覆盖了全部学术领域及普通阅读和通俗阅读领域，其中 80%的电子图书面向大学与研究型读者层。2009 年 12 月，EBSCO 正式收购了 NetLibrary，转为 EBSCOhost 平台上的 eBook Collection 数据库，能够访问的图书达 10000 多种，是来自 EBSCO 顶级出版商提供的电子图书学术文集。这个数据库仅被限定非商业用途的教育、学术研究使用。其数据每月更新一次。

8．经典图书数据库

经典图书数据库，即 EBSCO eClassics Collection（EBSCOhost）包含 25 本由知名作家撰写的世界级经典电子图书，如《富兰克林自传》《理想国》《呼啸山庄》等，适合青年人阅读。

6.2.3 EBSCO 免费网络数据库检索

网上免费数据库检索平台——EBSCOhost 平台（http://www.libraryresearch.com）提供少部分数据库资源的免费检索，本节主要介绍 LISTA 数据库和 ADD 数据库。

进入 EBSCOhost 平台，选择所要使用的数据库，可单选或多选，然后单击"确定"按钮。如果在一个数据库中进行检索，可直接单击某数据库名称。本节选择 LISTA 数据库和 ADD 数据库。

EBSCO 数据库在使用时，虽然可进行跨库检索，但同时对多个数据库进行检索可能会影响某些检索功能或数据库的使用。例如，如果所选的数据库使用了不同的主题词表，就无法使用主题检索功能；又如，单独检索 Business Source Premier 数据库时可以使用 Company Profiles 数据库，而同时对 Business Source Premier 和其他数据库进行检索时则无法使用该数据库。

进入 EBSCOhost 平台后，可将页面设置成用户熟悉的语言，可选语言有 30 种，本节选择"简体中文"。

EBSCO 数据库通过 EBSCOhost 平台提供检索服务。检索功能包括新检索（New Search）、出版物（Publications）、辞典（Thesaurus）、图像（Image）（跨库检索）/作者简介（Author Profiles）（单库检索）、更多（More），检索方式有基本检索（Basic Search）、高级检索（Advanced Search），本节主要介绍"高级检索"。

1．新检索（New Search）

新检索是系统页面切换功能按钮，返回初始页面。

2．出版物（Publications）

出版物检索方式是针对期刊文献的特性所提供的一种查询方法。提供对单一期刊或多种期刊的文献进行检索的方式，同时也提供所选期刊的详细出版信息。出版物分为"Academic Source Premier-Publications"和"Business Source Premier-Publications"。

3．辞典（Thesaurus）

辞典检索方式是利用 EBSCO 数据库自建的叙词表进行检索。检索时可在词汇的查询框中键入检索词的部分字符或全称，然后单击"浏览"（Browse）按钮，浏览系统提供的词汇列表。选中需要的检索叙词后，单击"添加"（Add）按钮，系统将选中的叙词自动粘贴至检索查询框中，再单击"Search"按钮，即可得到检索结果的目次信息。如果是多个检索词检索，亦可使用"and""or""not"布尔逻辑运算进行组配检索。

如果用户所选检索词是非规范叙词，叙词表会用"Use"指向 EBSCO 叙词表使用的正式叙词。例如，computer communication systems Use computer networks。

4．图像（Image）/作者简介（Author Profiles）

图像（Image）：在对话框中输入需要检索的图片主题内容词汇，单击"搜索"按钮即可得到带有图像的检索记录。

作者简介（Author Profiles）：此检索页面可以按字顺浏览著者姓名或在对话框中输入著者姓名进行检索，从而了解某个著者发表文章的全部情况。

5．更多（More）

更多（More）：提供其他的检索入口，如参考文献（Cited References）、图像（Image）、索引（Indexes）。在索引检索中，提供著者、著者提供的关键词、ISSN/ISBN、主题词等 14 个字段，满足用户针对某一特征进行特定检索的需求。

6．基本检索（Basic Search）

基本检索是系统默认的检索方式。在查询框内键入词组进行检索，允许使用逻辑运算符、通配符、截词符、优先算符、字段限定代码、位置算符等检索技术，检索词间空格相当于逻辑"and"。基本检索方式的检索结果准确性相对较差，适用于初学者。

字段限定代码被用来限定检索字段，默认的是所有字段。在基本检索中可以使用以下字段代码对检索词进行字段限定检索。

字段代码：TI（题名，Title）；KW（关键词，Keyword）；SU（主题词，Subject）；AU（著者姓名，Author）；AB（文摘，Abstract）；SO（期刊名称，Journal Name）；TX（全文，All Text）；GE（地域，Geographic Terms）；IS（国际标准刊号，ISSN）；AN（入藏号，Access Number）、IL（插图，Illustrations）。

7. 高级检索（Advanced Search）

高级检索在基本检索的基础上增加了更多的检索条件选项，可以在单一字段、多个字段进行布尔逻辑运算检索，也可以对检索模式、限制结果、不同数据库特殊限制条件等进行更加详细的选择和限定，使检索结果更加精确。EBSCO 数据库高级检索页面如图 6-3 所示。

图 6-3 EBSCO 数据库高级检索页面

1）键入检索词

系统使用自然语言、关键词和主题词检索。有 3 个检索词键入框，可根据检索需要同时键入 3 组检索词。如果查询框不够，还可单击"添加行"按钮，增加查询框数量，最多可添加至 12 个。

2）选择检索模式

在检索选项（Search Options）中，提供检索模式和扩展（Search Modes and Expanders）选

项，其中检索模式（Search modes）有 4 种选择，即布尔逻辑运算符/词组、查找全部检索词语、查找任何检索词语、智能文本检索。此外，还有 3 种扩充选择：应用相关词语、同时在文章全文范围内搜索、应用对等科目。

（1）布尔逻辑运算符/词组（Boolean/Phrase）：使用逻辑运算符（and、or、not）确定各检索词之间的逻辑组配关系。

（2）查找全部检索词语（Find All My Search Terms）：全部检索词均为逻辑"and"关系。

（3）查找任何检索词语（Find Any of My Search Terms）：全部检索词均为逻辑"or"关系。

（4）智能文本检索（SmartText Searching）：键入尽可能多的检索文本，如词组、句子、篇章或全部页面。该模式仅检索 EBSCO 数据库。

（5）应用相关字词（Apply Related Words）：相关词检索。相关词指同义词，如在检索框中键入"bike"，结果中不但有"bike"的文献，同时也有含"bicycle"的文献。这是一个很好的防止漏检的选项。

（6）同时，在文章全文范围内搜索（Also Search Within the Full Text of the Articles）：在文章的全文范围内检索。

（7）应用对等科目（Apply Equivalent Subjects）：同义词检索。

3）确定布尔逻辑运算或组配关系

系统支持相同字段内检索项布尔逻辑运算和不同字段间检索项逻辑运算组配检索，亦支持截词运算、通配符运算、优先运算、精确短语、位置算符等检索，连接或者排除多个主题的检索项，也可检索拼写上有变化的词，使检索更加简单、灵活。

4）选择检索字段

在"位于"后面的下拉菜单选项内选择要检索的字段[Select Field (Optional)]。LISTA 单库检索提供 14 个检索字段，ADD 单库检索提供 7 个检索字段，跨库检索提供 8 个检索字段。共有字段包括：题名（Title，TI）、主题词（Subject Terms，SU）、文摘（Abstract，AB）、全文（All Text，TX）、著者（Author，AU）。

5）限制结果

为了使检索结果更加精确，该系统在检索页面的下半部设置限制结果（Limit Your Results）检索和特殊限制条件作用于某个数据库（Special Limiters for…）。该区域有多个条件，可选一个、多个或不选。

（1）全文（All Text）：限定有全文的记录范围内检索。

（2）有参考（References Available）：检出的结果可看到参考文献。

（3）出版物（Publication）：限定在某种或几种出版物中检索。

（4）出版日期（Publication Date）：限定在某段时间内出版的文献中检索。

（5）学术（同行评审）期刊［Scholarly（Peer Reviewed）Journals］：限定在经同行（专家）评审过的期刊中检索。

（6）图像快速查看（Image Quick View）：限定在有图片的文章中检索，可选择 PDF 格式的图片、HTML 格式内嵌的图片或不做选择。

（7）图像快速查看类型（Image Quick View Types）：限定所要查看图像的类型。可选类型有：Black and White Photograph（黑白照片）、Chart（图表）、Color Photograph（彩色照片）、Diagram（图表）、Graph（图形）、Illustration（插图）、Map（地图）。

(8) 出版物类型（Publication Type）：限定在图书、期刊、报纸等出版物类型中检索。

(9) 文献类型（Document Type）：限定在文献类型（摘要、论文、书目、书评等）中检索。

(10) 语言（Language）：限定在某种语言文章范围内检索。

(11) 页数（Number of Pages）：限定在文章长度为几页的范围内检索。

6) 检索

上述检索条件确定之后，单击"检索"按钮开始检索。检索结果按题录列表方式显示。

6.2.4　EBSCO 免费数据库检索结果

检索结果列表对检出文献进行编号，并给出文献的题名和来源。每篇文献都注明了是否有全文、简介或文摘。单击实用工具条中的"首选项（Preferences）"，根据引导说明用户可以按需要设定文献说明的详简程度。

1．检索结果排序

检索结果按出版时间、来源、作者、相关度排序，系统默认按时间排序。

2．检索结果过滤

如果对检索结果有进一步筛选的需求，可在"Lime To"下设置"全文""有参考""学术（同行评审）期刊""图像快速查看""出版日期"对检索结果进行再次过滤限定；也可设置来源类型（Source Types）在书籍/专著（Books/Monograph）、杂志（Magazines）、评论（综述）、出版日期（Publication Date）对检索结果进行再次过滤限定。

更多的过滤选项还有：来源类型（Source Types）、主题（Subject）、出版物（Publication）、出版者（Publisher）、语言（Language）、大学（University）、数据库（Database）。

EBSCO 免费数据库只提供文献题名、文摘及其他信息，不提供全文。

6.3　SpringerLink 平台

Springer（斯普林格）出版社于 1842 年在德国柏林成立，目前已成为全球第一大科技图书出版公司，第二大科技期刊出版公司。截至目前，该出版社已出版报道 150 多个诺贝尔奖获得者的学术研究信息。

6.3.1　Springer 概述

Springer 出版有 2900 种电子期刊（Journals，全部为同行评审）、30 多万种电子图书（Books，包括新书 5500 余种/年）、6000 多种电子丛书（Books Serial）、1448 种在线参考工具书（Reference Work）和 60375 条实验室指南（Protocols），其出版的学科范围包括所有自然科学、工程和技术、医学及建筑。同时，斯普林格也是网络出版方面的领先者，早在 1996 年斯普林格就开发推出 SpringerLink 平台（http://link.springer.com）。2010 年 SpringerLink 升级进入第三代界面，成为全球第一个跨产品的电子出版服务平台，实现了在一个平台上集成提供电子期刊、电子图书、电子丛书和大型电子工具书等在线资源。该平台是全球科技出版市场最受欢迎的电子出版物平台之一，也是全球第一个电子期刊全文数据库。

SpringerLink 平台提供的学术期刊 SCI 影响因子均较高。现在大部分期刊优先以电子方式出版，大大提高了文献网上出版的速度和效率。该平台的数据每周更新。

6.3.2　SpringerLink 检索技术

SpringerLink 数据库提供浏览、快速检索、高级检索 3 种检索方式，本书主要介绍"高级检索"。

1．浏览（Browse by discipline）

SpringerLink 提供按学科浏览（Browse by Discipline）方式，还提供每日特色图书（Featured Books）和特色期刊（Featured Journals）可在线阅读。

2．快速检索（Search）

快速检索是系统提供的默认检索方式。用户只需要在查询框中键入检索词即可得到检索结果。快速检索字段范围相对较为宽泛，但检索结果准确性较差，适合初学者使用。

3．高级检索（Advanced Search）

高级检索页面在快速检索的基础上增加了更多的检索条件选项，可以在多个字段进行布尔逻辑运算检索，也可以限定检索的时间范围，使检索结果更加精确。高级检索页面如图 6-4 所示。

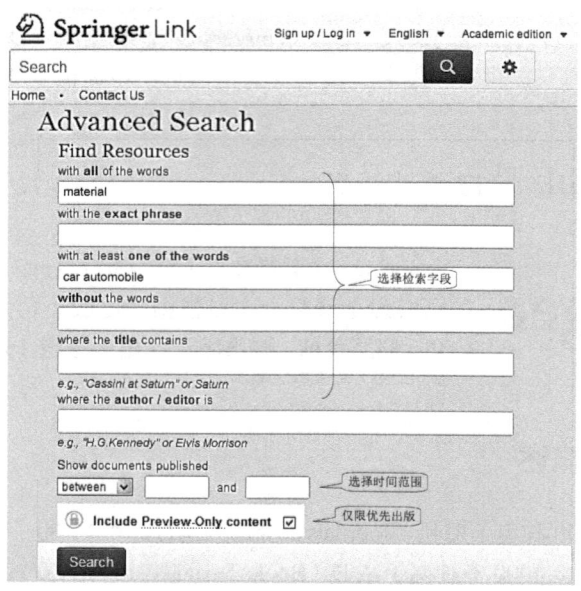

图 6-4　SpringerLink 平台高级检索页面

1）键入检索词

在不同布尔逻辑运算关系及字段的查询框内键入检索词或词组。本系统不需要使用截词符号，同词根的词自动检索。

2）选择检索字段

系统提供题名（where the title contains）、作者/编辑（where the author/editor is）2个检索字段。

3）确定布尔逻辑运算或组配关系

系统支持同字段检索词布尔逻辑运算和不同字段检索项逻辑运算组配检索，支持多个主题的检索项连接或者排除，使检索更加简单、灵活。

同一查询框的检索词可进行布尔逻辑"and""or""not"运算检索，多个检索词之间的空格，执行默认的逻辑运算关系。各查询框内检索词默认布尔逻辑运算关系如下：

"with all of the words"：所有键入词默认为逻辑运算"and"；

"with at least one of the words"：所有键入词默认为逻辑运算"or"；

"without the words"：所有键入词默认为逻辑运算"not"；

"with the exact phrase"：精确词组或短语，所有键入词视为一个词运算检索。

不同查询框之间默认为逻辑"and"。如果同一查询框中检索词有多种逻辑运算关系，优先顺序为 not>or>and。

如检索策略表达式为：塑料瓶 or 水污染（plastic bottles or water pollution），则系统执行的检索顺序为：plastic and (bottles or water) and pollution，即塑料 and（瓶 or 水）and 污染，不符合用户的检索需求。该检索策略表达式应写成"plastic bottles"or"water pollution"，才能满足用户的检索需求。

4）检索

完成上述操作后，单击"Search"按钮开始检索。检索结果全部按题录方式列表显示。用户可继续选择其子学科、出版物类型、某种出版物、语种等限制，进一步缩小检索结果范围，使检索结果更加专业、精确。

6.3.3 SpringerLink 检索结果

检索结果排序（Sort By）包括：Relevance（相关度）、Newest First（最新出版日期优先）、Oldest First（最早出版日期优先）。

1. 浏览文摘和全文预览

在题名列表中进行浏览、比较、筛选。单击选中的文献题名链接，或单击"Get Access"，进一步浏览包括文摘内容的详细信息；单击"Look Inside"图标，可以预览全文的前两页。

SpringerLink 数据库中图书文献的记录格式如图 6-5 所示。

2. 检索结果全文下载

在检索结果显示页面，可查阅感兴趣记录的文摘和全文。带有"Download PDF"（PDF 格式）、"View Article"（HTML 格式）或"Open Access"图标的，表示是免费提供全文，可在线阅读或下载。其他下载全文则需要付费。

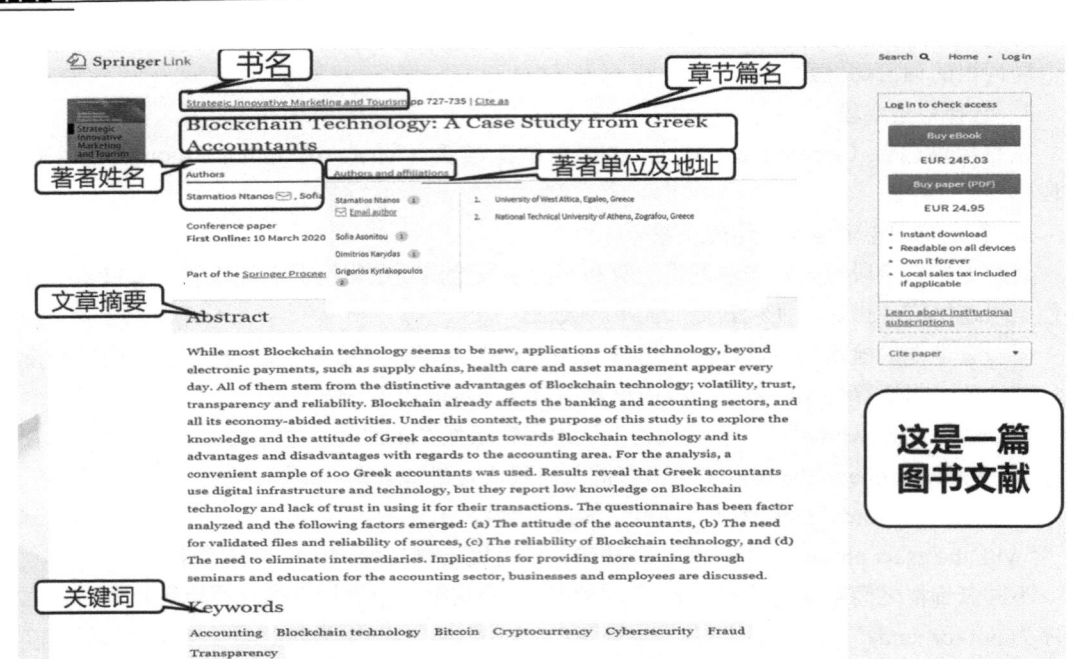

图 6-5　SpringerLink 数据库中图书文献的记录格式

6.4　Web of Science 资源

6.4.1　ISI Web of Science 概述

ISI Web of Science（简称 WOS）是全球最大、覆盖学科最多的综合性学术资源，收录了自然科学、工程技术、生物医学等各研究领域中最具影响力的超过 1.59 亿条记录中引用的约 17 亿条参考文献。WOS 引文索引是在 20 世纪六七十年代由美国科学情报研究所（Institute for Science Information，ISI）创建的。从 1964 年出版的印刷版科学引文索引（Science Citation Index）开始，经历了 1996 年的磁带存储数据，1988 年的光盘存储数据，1997 年的网络版（Web of Science），在 2001 年整合其他数据资源形成 Web of Knowledge 平台，2014 年该平台更新并正式更名为现在的 Web of Science Core Collection 核心集。尤金·加菲尔德（E.Garfield）创立的 ISI 也几经变革，1992 年，Thomson 公司收购 ISI；2008 年，Thomson 公司与 Reuter 公司合并组成 Thomson-Reuters 公司，成为汤森路透集团；2016 年成为独立的公司科睿唯安（Clarivate Analytics），目前 WOS 平台由其负责运营。

6.4.2　ISI Web of Science 总体资源

Web of Science Core Collection 核心集是世界领先的引文数据库，它拥有来自全球的自然科学、社会科学、艺术和人文研究领域中超过 256 个学科的 34200 种期刊（包括开放获取期刊）的文献，其中 21100 多种期刊是经同行评审的高质量、高影响力学术期刊，另外还包括 18 万多种会议论文及 8 万多种学术书籍的多学科研究数据，总计包含近 7480 万条数据及 15 亿份参考文献，可追溯到 1900 年。WOS 可帮助研究者快速检索文献，发现和联系更多与所研究调查领域相关的内容，并可了解最新信息，同时亦可准确及时地了解研究者的引文影响。

1. WOS 核心集（Web of Science Core Collection）

（1）SCIE（Science Citation Index Expanded）。SCIE 是科学引文索引，目前收录了 1900 年至今的 9200 多种世界著名的高影响力学术期刊，包含自然科学、工程技术、临床医学等方面共 178 个学科的约 5300 万条文献及 11.8 亿条参考文献。

科学引文索引分为核心版（又称光盘版，即 SCI）和扩展版（又称网络版，即 SCIE）。就起源来说，早期 ISI 每年向客户（主要是全世界的图书馆）寄光盘，内容是所有被 ISI 收录的期刊发表文章的摘要。随着互联网的发展，ISI 在 1997 年左右建立了网络检索系统，原先需要寄光盘的数据也都导入了网站系统，此后每年新增的期刊只在网络上检索，不刻入光盘。能通过网站检索到的期刊都称为 SCIE。但建立网站检索后，ISI 并没有停止向客户寄光盘，这就导致了光盘版和网络版的区别。2000 年起，我国经科技部等部门研究决定，科学引文索引的论文统计采用 SCIE 数据，但很多人仍习惯将科学引文索引称为 SCI 索引。

SCI 索引已成为目前国际上最具权威性的、用于基础研究和应用基础研究成果的重要评价体系。它是评价一个国家、一个科研机构、一所高等学校、一本期刊，乃至一个研究人员学术水平的重要指标之一。

（2）SSCI（Social Science Citation Index）。SSCI 是社会科学引文索引，包含超过 3400 种期刊，涵盖 58 个社会科学学科，以及 3500 种世界领先学术期刊（可回溯至 1900 年）的超过 937 万条记录和 1.22 亿条参考文献。

（3）A&HCI（Arts & Humanities Citation Index）。A&HCI 是人文艺术引文索引，包含超过 1800 种具有国际性、高影响力的艺术与人文学科期刊（可回溯至 1975 年）的超过 490 万条记录和 3340 万条参考文献，涵盖哲学、语言学、文学、建筑、艺术、亚洲研究、电影/广播/电视等 28 个艺术与人文学科。因为与临床科学、自然科学和社会科学相比，艺术与人文学科在学术的重要性、审查内容的规范及引文标准等方面可能存在显著差异，因此在对这些学科的期刊进行引文索引时，会适当考虑这些差异。

（4）ESCI（Emerging Sources Citation Index）。ESCI 是新兴资源引文索引，是 2015 年推出的新的引文索引，涵盖所有学科，包括国际的和综合性出版物、提供更深入的地区或专业领域覆盖的期刊，至今已有超过 300 万条记录和 7440 万条参考文献。

（5）BkCI（Book Citation Index）。BkCI 是图书引文索引，它是多学科的，涵盖科学、社会科学和艺术与人文学科，包括超过 104500 本编辑精选书籍，每年新增 10000 本新书，包含超过 5320 万条被引用的参考文献，覆盖范围可回溯到 2005 年。

（6）CPCI（Conference Proceedings Citation Index）。CPCI 是会议引文索引，包含超过 205900 个会议录，从 1990 年至今，有 7000 万条被引用参考文献。

（7）Current Chemical Reactions and Index Chemicus。它是新化学反应及化合物索引，其中新化学反应收录 1986 年至今来自期刊和专利文献的一步或多步新合成方法。其中包括 Institut National de la Propriete Industrielle 化学结构数据，可回溯至 1840 年；化合物索引收录 1993 年至今世界上有影响力的期刊报道的新颖有机化合物。

2. 学术分析与评价工具

（1）InCites。InCites 数据库中集合了近 30 年来 Web of Science Core Collection 核心集七大索引数据库的数据，拥有多元化的指标和丰富的可视化效果，可以辅助科研管理人员更高效地制定战略决策。该数据库可以提供涵盖全球 5000 多所名称规范的机构信息，囊括 30 多年所有文献的题录和指标信息，具有更丰富、更成熟的引文指标。该数据库有 6 个模块和 1 个系统报告，其中人员模块可分析各机构所属科研人员和科研团体的产出和影响力等；机构模块可分析全球各机构的科研绩效并进行同行对比；区域模块可分析各机构国际合作区域的分布；研究方向模块可分析机构在不同学科体系中的学科布局；期刊、图书、会议录文献模块可分析文献所发表的期刊、图书和会议录分布；基金资助机构模块可分析不同基金资助机构的论文资助情况；系统报告可以通过机构名称进一步分析其期刊的利用率、研究绩效、合作论文的教学情况等。这些内容可帮助机构定位重点学科/优势学科，发展潜力学科，优化学科布局，跟踪和评估机构的科研绩效，与同行机构开展对标分析，明确机构的全球定位，分析本机构的科研合作开展情况，识别高效的合作伙伴，挖掘机构内高影响力和高潜力的研究人员，吸引外部优秀人才。

（2）JCR（Journal Citation Reports）。JRC 是期刊引用报告，是一个独特的多学科期刊评价工具。JCR 是唯一提供基于引文数据的统计信息的期刊评价资源。它可以通过对参考文献的标引和统计，JCR 在期刊层面衡量某项研究的影响力，显示出引用和被引期刊之间的相互关系。JCR 包括自然科学（Science Edition）和社会科学（Social Sciences Edition）两个版本。其中，JCR-Science 涵盖来自 83 个国家或地区，约 2000 家出版机构的 8500 多种期刊，覆盖 176 个学科领域。JCR-Social Sciences 涵盖来自 52 个国家或地区 713 家出版机构的 3000 多种期刊，覆盖 56 个学科领域。依据 SCIE 和 SSCI 的引文数据，JCR 可以提供可靠的统计分析方法，对全球学术期刊进行客观、系统的评估，帮助用户以定量的方式了解全球的学术期刊，并通过这些分析数据了解某本学术期刊在相应的领域中的影响力。JCR 可以帮助图书馆员和信息专家管理和规划期刊馆藏，协助其对馆藏中期刊进行保留或剔除；帮助出版商和编辑评价期刊的市场影响力，明确自身定位，提升期刊竞争力；帮助作者识别合适的期刊进行投稿，确认刊登作者文章的期刊的学术地位；帮助教授和学生发现与他们各自领域相关的文献；帮助信息分析人员跟踪各学科期刊的发展趋势，深入研究各期刊之间的引证关系。

（3）ESI（Essential Science Indicators）。ESI 是一个基于 Web of Science 核心合集数据库的深度分析型研究工具，信息来源于超过 12600 种 Web of Science 核心集（SCI/SSCI）收录的期刊，文献类型为 Article 和 Review，提供国家、机构、论文和期刊排名及全球超过 5800 个规范化的机构名称，为研究人员和科研管理人员提供研究绩效的量化分析，分析机构、国家和期刊的论文产出和影响力，按研究领域对国家、期刊、论文和机构进行排名，了解在各研究领域中最领先的国家、期刊、科学家、论文和研究机构；发现自然科学和社会科学中的重大发展趋势、研究方向和研究前沿；确定具体研究领域内的研究成果和学术影响力，评估潜在的合作机构，对比同行机构等。

3. DII（Derwent Innovation Index）德温特创新索引

DII 将 Derwent World Patents Index 和 Patents Citation Index 有机地整合在一起，用户通过它不仅可以检索专利信息，还可以检索到专利的引用情况。用户还可以利用 Derwent Chemistry Resource 展开化学结构检索。同时，通过专利间引用与被引用这条线索可以帮助用户迅速跟踪技术的最新进展；更可以利用其与 Web of Science 的连接，深入理解基础研究与应用技术的互动与发展，进一步推动研究向应用的转化。它收录了来自世界各地超过 52 家专利授予机构提供的增值专利信息，涵盖 3900 多万项发明（Basic Records/patent families）和 8000 多万条同族专利（截至 2019 年 1 月）每周更新并回溯至 1963 年，为研究人员提供世界范围内的化学、电子与电气及工程技术领域内综合全面的发明信息，是检索全球专利最权威的数据库。

4. 其他重要的信息资源

（1）INSPEC。INSPEC 是由英国电气工程师协会提供的综合文献索引，它涉及的主要学科领域包括物理学、电子与电子工程、计算机与控制工程及信息科技方面的综合索引。数据库涵盖 700 多万篇科技论文，它为物理学家、工程师、信息专家、研究人员提供了不可或缺的信息服务。INSPEC 每周进行更新，涵盖来自期刊、图书、科技报告及会议录的数据。

（2）MEDLINE。MEDLINE 是由美国国家医学图书馆及合作机构编制的关于生命科学（包括生物医学、生命科学、生物工程、公共健康、临床护理、植物科学和动物科学）的文献数据库。记录来源于 1950 年以来的 4900 多种以 30 多种语言出版的期刊，每年新增记录约 50 万条。

（3）BIOSIS Citation Index（简称 BCI）。BCI 是生命科学综合学术信息与引文索引的完美结合，涵盖传统生物学和生物医学领域的原始研究报告和综述，还包含有关重大生物学研究、医学研究发现和新生物体发现的主要期刊文献的参考文献。

（4）BIOSIS Previews（简称 BP）。BP 提供了当今最新的生命科学和生物医学研究领域的综合资源，包括期刊、会议、专利、书籍等。

（5）Biological Abstracts（简称 BA）。BA 收录了生命科学领域的期刊，期刊主题涵盖从植物学到微生物学再到药理学的内容，还包括 BIOSIS 索引和 MeSH 词表，它还提供全文链接。

（6）Zoological Record（简称 ZR）。ZR 是世界上历史最悠久的动物生物学数据库，它被视为全球领先的分类学参考文献，其收录内容可追溯到 1864 年。ZR 收录了生物多样性、分类学、兽医科学及野生动物管理的所有方面的资源。

（7）CAB Abstracts。它是由 CABI 出版社提供的包含农业和所有相关应用生命科学国际研究信息的权威科研信息。它可以通过专业索引和词汇表查阅来自全球的期刊、书籍、摘要、论文、会议录、公告、专论及技术报告。

（8）CABI Global Health。它是真正意义的国际公共卫生数据库。它通过收录其他数据库中未涵盖的重要文献，完整呈现了国际医疗与健康研究的全貌。

（9）Food Science Technology Abstract（简称 FSTA）。FSTA 是权威的食品科学研发数据库，包含 730000 条记录，数据可回溯到 1969 年。这一涉及食品科学、食品工艺及食品相关人类营养学领域的纯粹及应用研究的数据库，可提供从初始市场调查到最终包装在内的完整食品生产周期的支持。

（10）中国科学引文数据库（Chinese Science Citation Database，简称 CSCD）。科睿唯安与中国科学院合作，将 CSCD 嵌入 Web of Science 平台中，让全世界更多的科研人员了解中国的科研发展及动态。作为 Web of Science 平台中首个非英文产品，该数据库收录了约 1200 种中国出版的科学与工程核心期刊，共有近 400 万条论文记录，1700 万条引文记录。

（11）俄罗斯科学引文索引（Russian Science Citation Index）。科睿唯安与俄罗斯科学电子图书馆（Russia's Scientific Electronic Library）合作，俄罗斯科学引文索引涵盖俄罗斯顶级期刊文献。

（12）KCI 韩国期刊数据库（KCI Korean Journal Database）。基于 Web of Science 平台的 KCI 韩国期刊数据库，使世界各地的研究人员能够从韩国的研究成果中发掘新的视角，从而获得全球相关领域更完整的研究发展全貌。

（13）SciELO 引文索引（SciELO Citation Index）。通过 SciELO 引文索引可以获得更广阔的研究视野，在拉丁美洲、西班牙、葡萄牙、加勒比海地区和南非的研究中获得新的发现，从而获取相关领域更完整的全球发展全貌。

6.4.3 Web of Science 检索技术

Web of Science 平台是一个基于 Web 构建整合的数字研究环境，它通过强大的检索技术和基于内容的连接能力，将高质量的信息资源、独特的信息分析工具和专业的信息管理软件无缝地整合在一起，兼具知识的检索、提取、分析、评价、管理与发表等多项功能，从而大大扩展和加深了信息检索的广度与深度，加速了科学发现与创新的进程。

在功能上，WOS 平台提供了强大的知识发现与管理工具，包括跨库跨平台的 CrossSearch、独特的引文检索、主题检索、化学结构检索、基于内容与引文的跨库交叉浏览、检索结果的信息分析、定题跟踪 Alerting 服务、检索结果的信息管理（EndNote、Reference Manger、ProCite、WriteNote）等，帮助研究人员迅速深入地发现自己所需要的信息，把握研究发展的趋势与方向。

1. 基本检索

用户从 WOS 平台的首页上，选择"Web of Science 核心集"数据库，即可以进入基本检索界面，如图 6-6 所示。

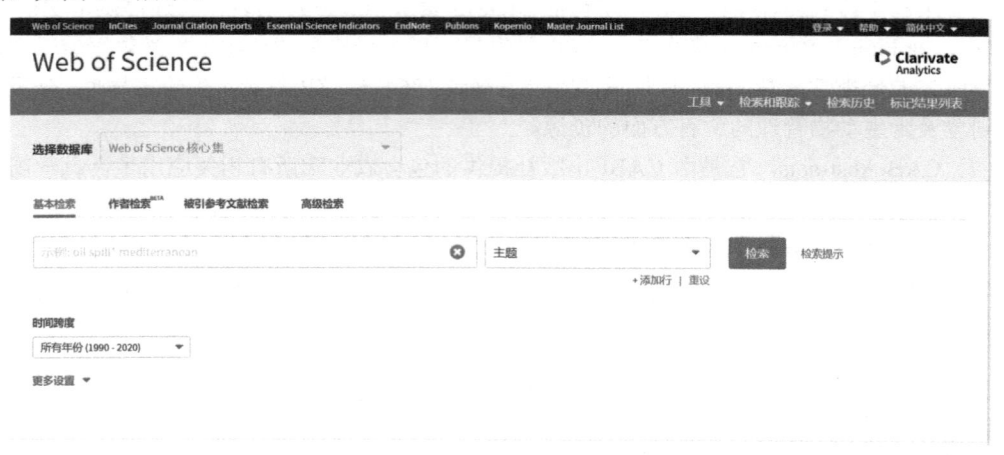

图 6-6 Web of Science 基本检索页面

基本检索默认在 WOS 核心集中进行检索，可检索特定的研究主题，检索某个作者发表的论文，检索某个机构发表的文献，检索特定期刊特定年代发表的文献等。用户如果只想查询某一类索引，可以通过"更多设置"选择所需的引文索引，所列出的引文索引为本馆所购买的数据库，每个引文索引的后面都标注了所购买的索引信息的起始时间。没有购买的引文索引不会显示。

在基本检索中，可根据需要增加检索框，既可以执行单字段检索，也可以结合主题、作者、地址等进行多字段组合检索。

Web of Science 的检索字段包括：Topic（主题）、Title（标题）、Author（著者）、Author Identifiers（著者识别号）、Group Author（团体著者）、Editor（编者）、Publication Name（出版物名称）、DOI（数字对象标识符）、Year Published（出版年）、Address（地址）、Organization-Enhanced（机构扩展）、Conference（会议）、Language（语种）、Document Type（文献类型）、Funding Agency（基金资助机构）、Grant Number（授权号）、Accession Number（入藏号）、PubMed ID（给每条 MEDLINE 记录的一个唯一标识符）等。

2. 被引参考文献检索

Web of Science 的引文索引提供了被引作者、被引著作和被引年份 3 个检索字段，每个字段均可使用截词符"*"、逻辑运算符"or"进行组合。检索页面如图 6-7 所示。

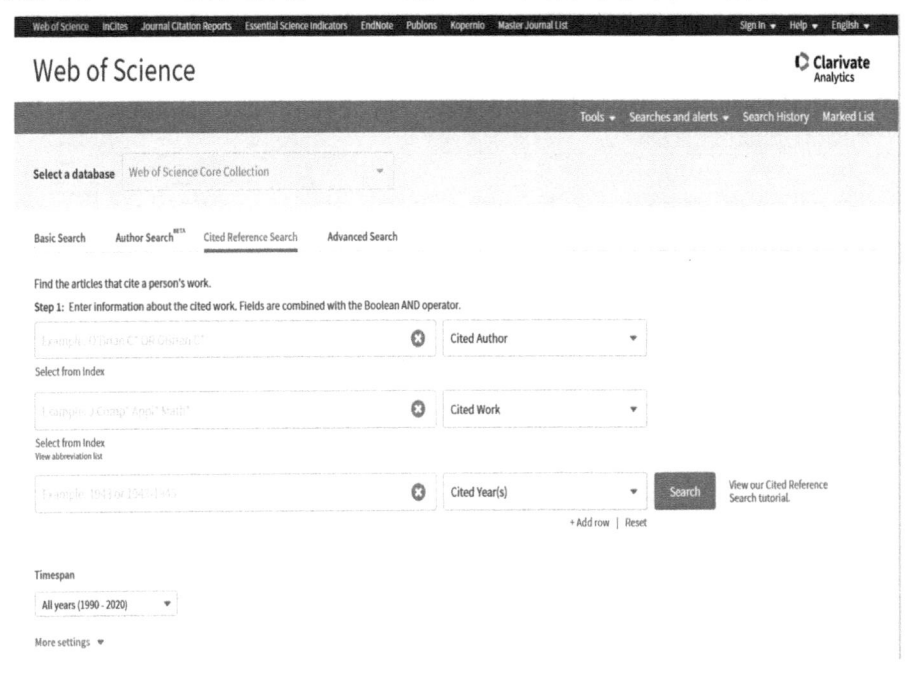

图 6-7　Web of Science 引文索引页面

通过引文检索得到的检索结果页面显示的是所有引用了该研究论文的文章列表。通过单击"被引频次"（默认降序）来查看某个领域中被引用次数最多的重要文献，可以选择感兴趣的记录输出，保存到 EndNoteTM 单机版或 EndNote Online 个人图书馆中；单击"创建引文报告"，可以看到关于该领域文章的引文报告；单击"分析"选项，使用"结果分析工具"，即可通过分析结果获得隐含的研究模式；如果文章属于本人论文，可单击"ResearcherID"将该文添加至 ResearcherID 中，以便集中管理自己的文献（免费注册后使用）；选择"ESI 高水平论文"，可以快速筛选出该领域 Highly Cited Papers（高被引论文）与 Hot Papers（热点论文）；选择"开放获取"对检索结果进行过滤，您将可以得到开放获取文献的全文资源。

根据检索结果中每篇文章的引用次数可以展现未来，了解该研究的最新进展，发现该文章对当今研究的影响；通过参考文献追溯过去，了解该论文的研究依据和课题起源；相关记录帮您扩展视野找到更多相关的文献（具有共被引参考文献的文章），将结果越查越深；创建引文跟踪服务，从而了解今后该论文的被引用情况；通过附加的链接选项直接下载全文（需要相关期刊的访问权限）；获得该论文在本机构或其他图书馆的收藏情况；查看期刊影响力。

3．高级检索

高级检索的检索页面只有一个检索框，可以根据检索需要，创建一个检索式进行检索。检索页面右侧显示了 Web of Science 支持的字段代码和布尔逻辑运算符，正文可以限定语言和文献类型。高级检索页面如图 6-8 所示。

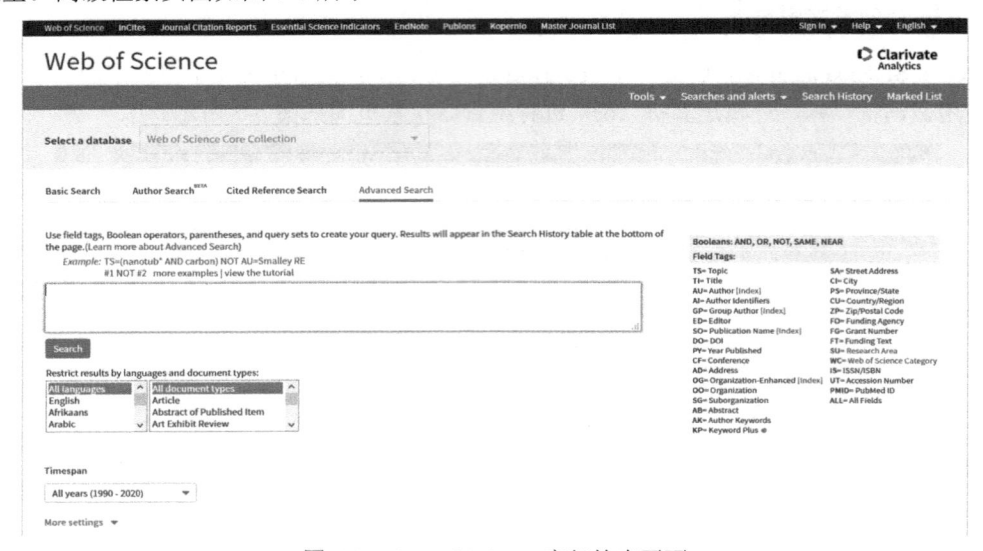

图 6-8　Web of Science 高级检索页面

6.4.4　Web of Science 检索结果

检索结果页面显示所用检索式、检索结果的数量、每条记录的概要信息（题名、作者、刊名、卷期、页码、出版年、摘要、被引频次）、来源数据库、出版商的全文链接等内容。

1．检索结果排序

检索结果的排序方式有：出版日期（降序、升序）、最近添加、被引频次（降序、升序）、相关性、第一著者、来源出版物名称、会议标题等。

2．检索结果全记录格式

单击找到的文献篇名，可以看到该篇文献的全记录页面。该页面显示文献的题名、作者、摘要、关键词、作者信息、出版商、基金资助、文献被引频次、引用的参考文献、使用次数、全部被引频次计数及在 Web of Science 数据库中各子库中的引用情况等。

（1）单击"被引频次"可发查看该文献的被引文献，数值是指在 WOS 核心集中的被引频次；单击"引用的参考文献"，可以查看该文献的参考文献。

（2）"创建引文跟踪"需要用户事先在 WOS 平台上注册，然后登录，之后每次该篇论文被引用时，用户注册的邮箱都能自动收到通知邮件。

（3）"附加关键词"是编辑从文章的参考文献标题中提取的关键词，它们并未出现在作者自己给出的关键词列表中，标注每篇文献的 Keyword Plus，可帮助以不同的词条查询用户找到的该文献。

（4）"查看期刊影响"可以查看该期刊在当年以前和前 5 年的影响因子、所属 JCR 类别，在该类别所有期刊的排序情况，以及 JCR 分区情况，同时还可以知道该期刊的出版商和 ISSN。

如果一篇文献未被 WOS 核心集收录，则可在 WOS 检索首页，选择"被引参考文献检索"。用户可以通过"被引作者""被引著作""被引年份""被引卷""被引期号""被引页码""被引标题号"等检索字段，查找某一特定文献的被引情况。

3．检索结果分析

利用分析功能可以帮助研究者进行分析，如按照"Web of Science 类别"或"研究方向"进行分析，可以了解某个课题的学科交叉情况或者所涉及的学科范围；按照"来源出版物"进行分析，可以关注该领域的研究论文都发表在了哪些期刊上，以便将来找到合适的发表途径；按照"作者"进行分析，可以了解某个研究领域的主要研究人员；按照"机构扩展"进行分析，可以了解从事同一研究的其他机构；按照"出版年"进行分析，可以了解某个研究领域的进展情况等。

6.5 ProQuest 博硕士论文数据库

6.5.1 ProQuest 概述

ProQuest Information and Learning 公司通过 ProQuest 平台（http://search.proquest.com）提供 160 多个数据库，包含文摘题录信息和部分全文。自 2012 年起，原剑桥科学文摘（Cambridge Scientific Abstract，CSA）平台的数据库全部合并到 ProQuest 平台。这些数据库涉及商业经济、人文社会、医药学、生命科学、水科学与海洋学、环境科学、土木工程、计算机科学、材料科学等领域，包含学位论文、期刊、报纸等多种文献类型。尤其值得一提的是著名商业经济数据库 ABI 和全球最大的学位论文数据库 PQDT，还有原 CSA 平台丰富的特色专业数据库。

1．国外博硕士论文数据库（ProQuest Dissertations & Global，PQDT）

PQDT 是目前世界上规模最大、使用最广泛的博硕士论文数据库。截至目前，它收录了 1743 年至今的全球 3000 余所高校、科研机构逾 448 万篇博硕士论文信息。其中，博硕士学位论文全文逾 218 万篇，涵盖从 1861 年获得通过的全世界第一篇博士论文（美国），回溯至 17 世纪欧洲培养单位的博士论文，至本年度本学期获得通过的博硕士论文信息，近几年少量学位论文免费提供全文。美国国会图书馆指定该数据库为其博硕士论文数字收藏单位。多数论文可以看到前 24 页的扫描图像。如需完整论文原文，可先查询 ProQuest 学位论文数据库，若没有再通过馆际互借或文献传递获取。

2. ARL（ProQuest Academic Research Library）

ARL 是一个综合性的数据库，它收录了来自 1400 家商业出版社、学协会和大学出版社的 6000 多种综合性期刊和报纸，其中大部分是全文期刊。这个数据库中的优势资源包含 15 个重要的主题领域，分别是经济、人文、法律、教育、心理学、科技、社科、儿童、妇女、国际问题等。40%以上的全文期刊可以获取 10 年以上的回溯信息。

3. ABI/INFORM Collection

ABI/INFORM Collection 世界著名的商业、经济管理学科全文文献数据库，包含 ABI/INFORM Global、ABI/INFORM Trade & Industry 及 ABI/INFORM Dateline 3 个子库的内容。

6.5.2 ProQuest 检索技术

PQDT 全文库提供基本检索、高级检索和学科导航 3 种检索方式。

1. 基本检索

PQDT 数据库主页上默认的检索方式即基本检索方式，支持布尔运算符、位置符、特定字段检索，输入检索词，默认词逻辑关系为逻辑"AND"（与），选择检索年份，检索框下方提供 Full text（全文）、Peer reviewed（同行评审）、Scholarly journals（学术期刊）3 个限制选项，默认的是在"全部"论文中进行检索。

如果选择限制全文，则仅对 ProQuest 平台上的全文文献进行检索；同行评审表示文献在出版前经过该领域的专家（同行）的评审，学术期刊是以学术研究为目的出版的期刊。

2. 高级检索

高级检索可提供 7 个不同检索字段的逻辑组配，检索字段共 9 个，包括标题、摘要、学科、作者、学校、导师、来源、ISBN、出版号等。对检索结果可以从出版年、学位级别、语种和有无全文方面进行限定。检索结果可进行二次检索。高级检索页面如图 6-9 所示。

高级检索提供了更多检索框，通过下拉菜单可以选择检索字段及更多的限制选项。

1）高级检索框

高级检索支持布尔逻辑运算控制、位置控制、字段控制等控制技术，可选字段包括所有字段、篇名、摘要、作者、出版物名称等。输入检索词后，默认词间的关系为逻辑 AND，如果需要检索词组，需要使用双引号。

2）限制条件

限制条件包括全文、同行评审、学术期刊 3 种。

3）出版日期

出版日期范围默认是所有日期，其他选项包括：最近 7 天、最近 30 天、最近 3 个月、最近 12 个月、最近 3 年、在此日期、在此日期之后、在此日期之前、特定日期范围等。

4）数据库特定限制

Source Type 可限定出版物的类型，默认选项是全部未勾选，可根据需要勾选出版类型，Document type（文档类型）可限定文献的类型，包括文章、博客、书、公司档案、行业报告、市场研究及其他。Language（语言）可限定文档使用的语种。

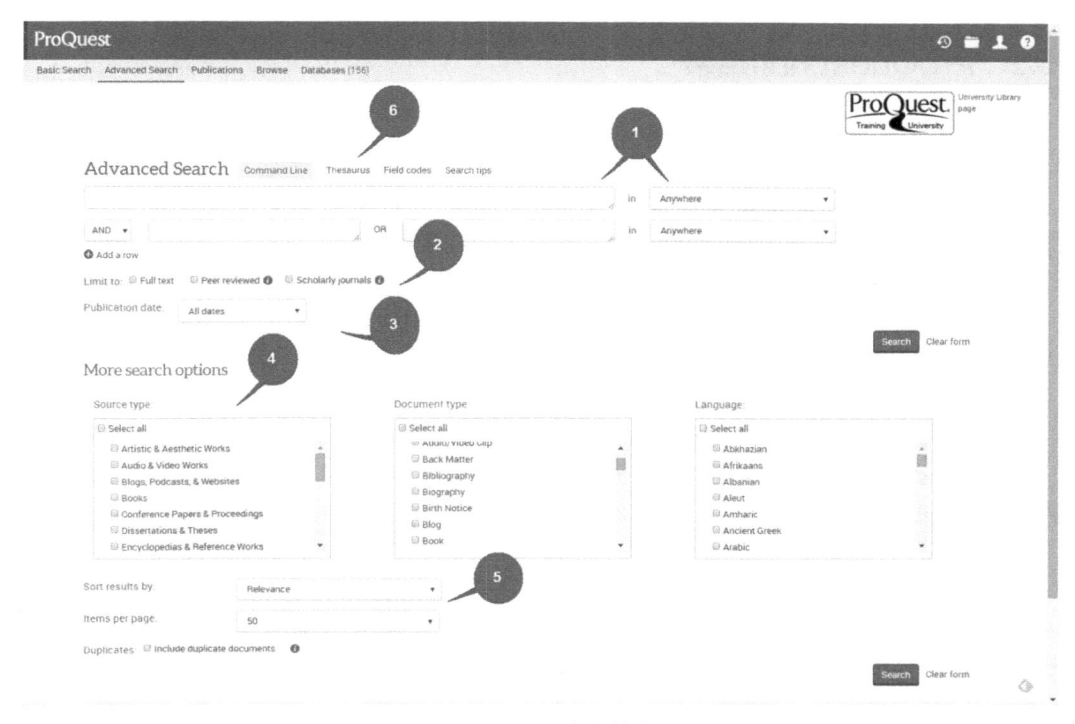

图 6-9 ProQuest 高级检索页面

5）检索结果显示选项

Sort results by（检索结果排序方式）可以控制结果呈现的顺序，包括相关性排序、时间排序；Items per page 是确定检索结果每页显示记录的条数，可选择 10 条、20 条、50 条或 100 条；Duplicates（重复）可显示出收录在不同数据库或包库中的相同文献记录，默认设定是去重后的检索结果。

6）词库

该数据库采用了多种词库与分类术语表进行标引，另外部分文献提供了关键词/标识符、地点的标引信息，借助这些信息，可以帮助用户定位准确的信息。

控词可以通过 A～Z 浏览，或通过检索框查询。另外部分控词表不显示词间的等级关系，便于用户利用适合的主题词检索。

3. 学科导航

根据数据库首页的学科导航，PQDT 按学科分成 Applied Sciences（应用科学）、Biological Sciences（生物科学）、Communication and Arts（通信与艺术）、Earth and Environmental Sciences（地球与环境科学）、Education（教育）、Health Sciences（健康与卫生）、Language, Literature and Linguistics（语言、文学与语言学）、Philosophy Religion and Theology（哲学、宗教与神学）、Psychology（心理学）、Pure Sciences（纯粹科学）、Social Sciences（社会科学）11 个一级类目。每个一级类目之后的括号中显示的是该类目下的论文总数，可以按学科进行浏览。

6.5.3 ProQuest 检索结果

1. 检索结果显示

检索结果可按相关度或出版时间排序列表显示。在该列表显示的右侧可以按学科、发表年度和学位选择排序顺序。单击 Modify search 可修改近期的检索策略，或修改检索框中的检索式；单击 Recent searches 可查看检索历史；单击 Save search/alert 可保存检索策略。

利用 Search within（二次检索）可以在当前检索结果中检索。

2. 检索结果管理

勾选检索到的文献，就可以利用工具栏实现对应的操作，可以单独勾选或按项勾选。

单击 Selected item（已选结果）可以查看已经标记的文献记录；已选择的文献可以保存到个人账户、E-mail 或打印；单击文献篇名，可进入该文献的包括文摘在内的详细书目信息页面。

3. 文档查看

在查看文献记录时，可以选择用 HTML 或 PDF 格式查看全文，也有可能通过获取原文的链接得到全文。

6.6 ACS 电子期刊

美国化学学会（American Chemical Society，ACS）成立于 1876 年，总部位于华盛顿。ACS 是美国国会特许的独立的会员制组织，会员由涉及化学学科各领域的人员组成，每年组织两次全美会议，会员近 16 万人，是世界上最大的科技学会之一。

ACS 出版多种纸本和电子版的化学教育期刊、新闻杂志和参考手册等。ACS Symposium Series 是美国化学学会从 1950 年开始出版的一套系列丛书，内容涉及化学教育、有机化学、高分子化学、材料学、农业和食品科学、纤维素和可再生材料等领域。Symposium 系列中的所有图书均经过同行评审，每个章节的作者都是来自相应领域的知名专家，每本书的编者均是该领域国际知名的学者。

ACS 旗下拥有美国化学文摘服务社（Chemical Abstracts Services，CAS），该社致力于发现、收集、整合所有已知关于化学物质、化学反应的信息，包括专利和期刊数据库等，并随时更新。ACS 的数据库被全世界的化学制品和制药公司、大学、政府机构和专利局公认为最权威和全面的数据库。

6.6.1 ACS 概述

ACS 全面收集并提供最多的经同行评审的化学和相关学科期刊。ACS 电子期刊平台（http://pubs.acs.org）出版了 55 种纸本和电子版的化学教育期刊、近 1400 种图书、化学与工程新闻杂志、参考工具书、ACS 回溯档案和专题论文集等，每年新出版电子书近 30 种。其内容涵盖有机化学、分析化学、应用化学、材料学、分子生物化学、环境科学、药物化学、农业学、材料学、食品科学等 27 个化学相关领域。ACS 的期刊被 Thomson Reuter 出版的 Journal Citation Report（JCR）评为化学领域中被引用次数最多的化学期刊。ACS 期刊在 7 个化学类及 9 个其他类别的引文获影响因子排名第一。

6.6.2 ACS 电子期刊检索平台

ACS Web 版资源内容丰富，其中 ACS 电子期刊平台除具有一般的检索、浏览功能外，还可在第一时间查阅到被作者授权发布、尚未正式出版的最新文章（Articles ASAPsm）。ACS 的 Articles References 可直接链接到 CAS 的资料数据库，也可与 PubMed、Medline、GenBbnk、Protein Data Bank 等数据库链接。该平台还具有增强图形功能，含 3D 彩色分子结构图、动画、图表等，可提供 HTML 和 PDF 格式全文。

6.6.3 ACS 电子期刊检索技术

ACS 电子期刊平台数据库提供的检索方式主要有浏览、快速检索、引文检索、主题分类检索、高级检索等，本书重点介绍"高级检索"。

1. 浏览（View All Publications）

用户从首页通过"Publication A-Z""CAS Sections""Cover Gallery"链接，按期刊名称字顺、学科主题、封面图 3 种方式进行选择。通过单击所选出版物标签进行浏览，浏览方式细分为：按 ASAP 文章（Articles ASAP，尚未正式出版的最新文章）、最新一期（Current Issues）、阅读次数最多文章（Most Read Articles，前一个月/一年下载次数排名前 20 位的文章）、样品期次（Sample Issue）、作者索引（Author Index）、封面（Cover Art Gallery）、专题期刊（Thematic Issues）。

2. 快速检索（Search）

快速检索是系统提供的默认检索方式，设有 4 个检索字段：Anywhere（任何位置）、Title（题名）、Author（作者）、Abstract（文摘）。键入检索词或 DOI（Digital Object Unique Identifier，数字目标识别符），即可得到检索结果。DOI 用于数字媒介，是为了提供持久而可靠的数字目标标示。在 ACS 电子期刊平台中，每篇文章的 DOI 显示在 HTML 版本的上部和 PDF 版本的下部，通过 DOI 可快速定位该篇文章。

3. 引文检索（Ciation）

引文检索可选择或键入文章所在期刊名称、卷号、页码，系统列出这本期刊该卷的所有期次及页码链接，单击某一期次链接，即可快速定位某篇文章。

4. 主题分类检索（Subject Search）

主题分类检索也可以视为主题分类浏览，所有文章按照 CAS 的主题目录进行分类。用户在首页单击"Subject"可选择某最高一级主题类目（共 5 个）展开，二级主题类目会在同一页面显示，检索相应类目下包含的所有文章。

5. 高级检索（Advanced Search）

高级检索页面在快速检索的基础上增加了更多的检索条件选项，可以在单一字段、多个字段、图/表进行布尔逻辑运算检索，也可以限定检索的文献类型范围、学科范围、时间范围等，使检索结果更加精确。高级检索页面如图6-10所示。

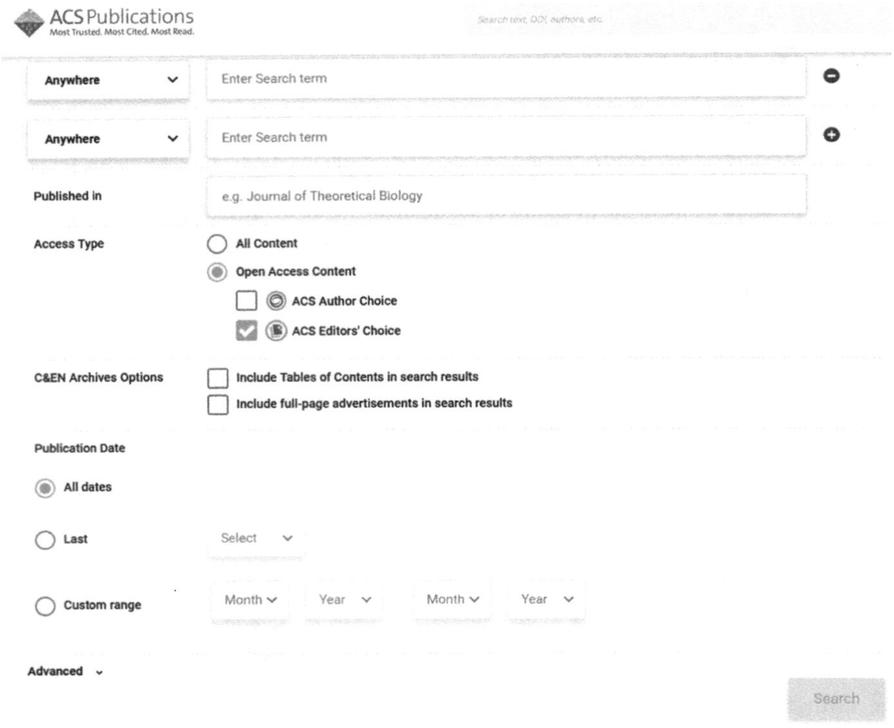

图6-10　ACS电子期刊平台数据库高级检索页面

高级检索提供可扩展的2个输入框，可选择的检索字段有：Anywhere（任何位置）、Title（题名）、Author（作者）、Abstract（文摘）、Figure/Table Captions（图表标题）。各字段间默认逻辑关系为"and"。每个检索字段可按需要键入检索词/词组，甚至短语，系统自动完成词尾时态及单复数检索。

该系统支持逻辑算符（and、or、not）、截词符、通配符和位置算符检索，所有被包含的检索词自动进行逻辑"or"运算。

ACS电子期刊平台对检索结果有非常全面和科学的限制设置。包括：

（1）限定出版物名称"Published in"：可在出版物名称中进行检索。

（2）访问类型"Access Type"：单击选择"All Content"，在所有内容中检索；单击选择"Open Access Content"，在开放获取文章中检索。其中，开放获取资源还可以选择"ACS Author Choice"（ACS作者所选）及"ACS Editor's Choice"（ACS编者所选）两种形式，系统默认后者。

（3）"C&EN Archives Options"：C&EN（Chemical & Engineering News，化学与工程新闻）是ACS出版的新闻周刊，创办于1923年。致力于关注化学化工界的最新事件，报道与化学相关的科研、工业、教育等各方面的最新动态，是化学研究领域的指南针和风向标，内容权威，在化学生物及相关领域具有不可撼动的学术地位。在"C&EN Archives Options"（C&EN 回溯文档选项）中可选择"Include Tables of Contents in search results"及"Include full-page advertisements in search results"勾选检索结果是否包含表格或广告的文章。

（4）限定检索时间范围"Pulication Date"：可设定检索的时间年限，包括"All dates"（全部）、"Last"（最新日期）、"Custom range"（自定义范围）3 种选项。

（5）优先检索"Include Articles in Ahead of Print"：勾选仅限在优先出版文章中检索。

6. 检索结果排序

检索结果排序（Sort By）方式有 2 种：相关度（Relevance）、出版时间（Date）。用户可根据自己的需要选择排序方式。

7. 二次检索

在"Refine Search"选项下，可进一步对内容类型（Content Type）、访问类型（Access Type）、出版日期（Publication Date）、优先出版（Ahead of Issue）、C&EN 回溯文档选项（C&EN Archives Options）进行定义，优化检索结果。

8. 浏览文摘和全文首页预览

在题名列表中进行浏览、比较、筛选。单击文献题名或"Abstract"，进一步浏览包括文摘内容的详细信息；单击"First Page"，可以预览全文的首页。

9. 检索结果全文下载

每条全文记录提供 3 种格式下载："Full Text HTML""PDF""PDF w/Links"。单击文献标题（题名），除显示该条记录的文献题名、文献出处、著者、著者所在单位及地址、文摘，还显示全文下载链接。

第 7 章 专利信息资源检索

对于从事科技创新活动的人来说,知识产权(Intellectual Property,IP)信息的利用与分析是非常重要的。知识产权作为科技信息源,具有技术性和法律性,其内容从日常生活到高精尖技术无所不含。近年来,随着互联网的蓬勃发展,专利发布、传播和检索发生了较大变化,许多国家或地区的政府和组织纷纷开设专门网站,供广大用户免费检索知识产权信息资源。世界知识产权组织也将各国专利汇集于网上提供专利检索服务,以便更好地开发和利用专利信息资源。

7.1 知识产权基本知识

知识产权不但可以解决技术问题,而且是重要的信息资源。据欧洲专利局统计,世界上所有技术知识的 80%都能够在专利文献中找到。世界知识产权组织有关部门统计,世界 90%~95%的发明成果以专利文献的形式问世,其中约有 70%的发明成果从未在其他非专利文献上发表过。网上有许多专利数据库,有收费的也有免费的,人们关注的核心问题是如何利用这些数据库查找相关的专利。

7.1.1 知识产权概念

什么是知识产权?人类的历史是一部在现有知识的基础上,运用想象、创新和创造来解决问题或表达思想的历史。从中国的算盘、叙利亚的星盘、印度的古观象台,到内燃机、盘尼西林、晶体管、半导体、纳米技术、重组 DNA 药物,以及无数其他的发明和创新,正是人们这些富有创造力的想象才使技术进步到了今天的水平。

知识产权(Intellectual Property)泛指人类的智力创造成果,包括发明、文学和艺术作品,以及商业中使用的符号、名称、图像和外观设计。知识产权通过规定创造者对其创造享有财产权,而使他们的利益受到保护。知识产权是一种无形财产权,它与房屋、汽车等有形财产一样,都受到国家法律的保护,都具有使用价值。有些重大专利、驰名商标或作品的价值甚至要远远高于房屋、汽车等有形财产。知识产权包括工业产权和著作权/版权。

1. 工业产权

工业产权(Industrial Property)包括专利(发明专利、实用新型专利、工业品外观设计专利)、商标、厂商名称、地理标志（包括原产地名称）、集成电路布图设计专有权、植物新品种、反不正当竞争保护等智慧成果。

2．著作权/版权

著作权（Author's Rights）亦称版权（Copyright），它是指作者对其创作的文学、艺术和科学技术作品所享有的专有权利。著作权是公民、法人依法享有的一种民事权利，属于无形财产权。著作权无须登记。作品一旦完成，无论出版与否，作者都享有著作权。作品登记采取自愿原则，著作权人可以自主决定是否办理著作权登记手续。

1）受法律保护的作品

受法律保护的作品包括文字作品；口述作品；音乐、戏剧、曲艺、舞蹈、杂技艺术作品；美术、建筑作品；摄影作品；电影作品和以类似摄制电影的方法创作的作品；工程设计图、产品设计图、地图、示意图等图形作品和模型作品；计算机软件；法律、行政法规规定的其他作品。

2）不受法律保护的作品

不受法律保护的作品包括依法禁止出版、传播的作品；法律、法规，国家机关的决议、决定、命令和其他具有立法、行政、司法性质的文件，及其官方正式译文；时事新闻；历法、通用数表、通用表格和公式。

3）计算机程序

计算机程序也受版权保护。中国版权保护中心（http://www.ccopyright.com.cn）是国家版权局认定的唯一的软件登记机构。

（1）软件开发完成后，无论是否登记，著作权均自动产生。软件开发者开发的软件，由于可供选用的表达方式有限，所以与已经存在的软件相似的，不构成对已经存在的软件的著作权的侵犯。

（2）一个游戏作品可以分为游戏引擎和游戏资源两大部分。游戏资源包括图像、声音、动画等部分。游戏引擎是程序代码，可以申请软件著作权登记；而游戏中的图像、声音、动画等属于其他作品，不能进行软件著作权登记。

（3）算法是数学方法，在软件开发中，使用计算机程序设计语言实现的算法，其表达形式受版权保护，可以进行登记。

4）数字作品版权

为了维护版权及相关权利人的合法权益，中国版权保护中心在多年版权工作实践的基础上创造性地提出了"数字版权唯一标识符"（Digital Copyright Identifier，DCI）。DCI体系采用数字作品在线版权登记模式，为互联网上的数字作品分配永久DCI码和DCI标、颁发数字版权登记证书，使互联网上所有经过版权登记的数字作品都具有一个唯一的身份标识，并利用电子签名和数字证书建立可信赖、可查验的安全认证体系，为版权相关方在数字网络环境下的版权确权、授权和维权等提供支撑。

7.1.2 知识产权的起源与发展

知识产权的前身是专利。专利的英文名称是"Patent"，源于拉丁文Royal letters patent（皇家特许证书），系指由皇帝或皇室颁发的一种公开证书，通报授予某一特权。随着人类社会工业化进程的发展，逐渐产生了由国家立法保护技术发明的各种条文、法规，即专利法。此后，需要法律保护的对象范围越来越广泛，相应的法律条文种类也越来越多，综合起来即知识产权。

1. 垄断权

在英国和意大利最先出现了由封建君主政府以特许的方式，授予一些商人或工匠的某项技术以独家经营的垄断权。例如，1331 年，英王爱德华三世曾授予约翰·卡姆比（John Kempe）在缝纫与染织技术方面"独专其利"，目的在于避免外国制造作坊将在英国使用的先进技术带走。又如，1421 年，在意大利佛罗伦萨，建筑师布鲁内来西（Brunelleschi）为运输大理石而发明的"带吊机的驳船"（A Barge with Hoisting Gear）被授予三年的垄断权。由于垄断权是源于君主或国家授予的特权，因此具有很强的地域性特点。

1474 年，意大利的著名城市威尼斯制定了世界上第一部最接近现代专利制度的法律，目的是吸引和鼓励发明创造。该法律规定，权利人对其发明享有十年的垄断权，任何人未经同意不得仿造与受保护的发明相同的设施，否则将赔偿百枚金币，并销毁全部仿造设施。但是它并不是真正现代意义上的专利法。因为它的出发点是把工艺师的技艺当作准技术秘密加以保护，只在当地同领域工艺师之间传授，对外国工艺师严格保密，只有接受这一出发点才可能获得专利并得到保护。而现代专利制度的一项突出特征却是"公开"。威尼斯的这一制度其实是以法律的形态将科学技术置于国家的控制之下，在本国内传播并避免流传到其他国家或地区，并非现代意义上的专利制度。

2. 专利法

现代专利制度是商品经济发展到一定阶段的产物，与科技和经济的发展水平相适应。到 17 世纪资本主义经济发展和资本主义生产方式确立后，现代专利制度才逐步形成、发展和完善起来。

16 世纪以后，英国早期资产阶级为了追求财富和保持国家经济的繁荣，鼓励发明创造。1624 年英国颁布的《垄断法》（*The Statute of Monoplies*）成为现代专利法鼻祖。它以立法取代了由君主赐予特权的传统，规定了许多一直沿用至今的原则和定义。例如，发明专利权的主体、客体、可以取得专利的发明主题、取得专利的条件、专利有效期及在什么情况下专利权将被判为无效等。18 世纪初，英国改善了专利制度，加入了"专利说明书"，具有现代特点的专利制度最终形成。为了换取公众在一定时期内承认对创新成果的专有权，专利法中要求发明人必须充分地陈述其发明内容并予以公布，专利的内容必须包括专利说明书，这对打破封建社会长期的技术封锁、交流和传播科学技术，具有革命性意义。继英国之后，美国于 1790 年、法国于 1791 年、荷兰于 1817 年、德国于 1877 年、日本于 1885 年先后颁布了自己的专利法。迄今已有约 190 个国家和地区建立了专利制度。

3. 专利制度国际化

为了满足国际间经济技术贸易发展的需要，19 世纪末，各国颁布的专利法都既是国内法，又是涉外法——一个国家的企业或个人为了其技术在另一个国家能得到保护，就必须向那个国家申请并取得专利权，这就使技术交流和技术贸易的成本上升。而且由于专利的实质内容审查需要一定的时间，在时机稍纵即逝的国际商场上，各国自成一体的专利审批程序已经无法满足实际需要，专利制度国际化、实质审查和申请审批程序简化及统一的要求日趋迫切。

1883 年，第一个有关工业产权（专利、商标等）保护的国际公约——《保护工业权巴黎公约》缔结,其中规定了"国民待遇"原则和"国际优先权"原则,为一个国家的国民在其他国家取得专利权提供了方便。专利制度在一定程度上突破了地域的限制,让外国与本国的发明创造能享受同等的法律保护。这对尊重知识成果是一大进步,也是专利制度国际化的萌芽。此后,一系列的多边保护专利或工业产权的国际或地区性条约先后签订,如1971年的《国际专利分类斯特拉斯堡协定》、1979年的《欧洲专利公约》和《专利合作条约》,以及1991年达成的《与贸易有关的知识产权(包括假冒商品贸易)协议》等,解决了很多在专利保护上的理论和操作方面的问题。专利制度的国际一体化进入了新的发展阶段。2011年,全世界专利申请总数第一次突破200万件大关。

4.著作权法

在专利制度确立的同时,著作权制度也产生了。随着人类造纸和印刷技术的发明和传播,书籍成为科技知识和文学艺术的载体。1709年,英国颁布了《安娜女王法》,率先实行对作者权利的保护。《安娜女王法》为现代著作权制度奠定了基石,被誉为著作权法的鼻祖。1790年,依照《安娜女王法》的模式,美国制定了《联邦著作权法》。在英国、美国强调版权的普通法系确立的同时,以法国和德国为代表的强调人格权的大陆法系也诞生了。1793年,法国颁布《著作权法》,不仅规定了著作财产权,而且还注意强调著作权中的人格权内容。该法成为许多大陆法系国家著作权法的典范。

5.商标法

对商标和商号的保护制度也在19世纪初建立起来,这一制度最早起源于法国。1803年,法国在《关于工厂、制造场和作坊的法律》中将假冒商标按私造文书处罚,确立了对商标权的法律保护。1857年,法国又颁布了《关于以使用原则和不审查原则为内容的制造标记和商标的法律》,这是最早的一部商标法。随后,欧美等国家或地区相继制定了商标法,商标保护制度逐步发展起来。

7.1.3 中国知识产权的发展

我国是印刷术的发源地,并且在很早的时候就出现了对作者、编者和出版者进行保护的萌芽。"专利"一词可以追溯到两千多年前的《国语》,在商标方面,据记载,早在北宋年间,山东的"济南刘家功夫针铺"就使用了"白兔儿商标",上面既有白兔图形,又有"济南刘家功夫针铺"字样。

鸦片战争结束后,外国列强蜂拥而至,给中国人民带来了深重的灾难,但在客观上也促进了我国近代民族工业的形成和发展。在学习国外先进工业技术的同时,建立与之相匹配的法律制度,特别是有关知识产权的保护制度也逐渐成为一种需要。在专利方面,"戊戌变法"中,光绪皇帝颁发的《振兴工艺给奖章程》可以算是我国第一部《专利法》的雏形。1911年12月12日,工商部颁布《奖励工艺品暂行章程》,该章程提出了"先申请原则""权利转让""法律责任"等重要理念。1932年颁布的《奖励工业技术暂行条例》及其实施细则、《奖励工业技术审查委员会规则》等构成了比较完整的体系,也成为中华民国时期专利法框架的基础。

中华人民共和国成立后,政务院于1950年颁布了《有关保护发明创造的条例》。改革开放后,经济发展和对外交往都对发明创造的保护提出了更高要求,中华人民共和国专利局(现名国家知识产权局）于 1980 年 1 月宣告成立并负责起草专利法；1983 年 3 月，中国加入世界知识产权组织；1984 年 3 月 12 日，颁布《中华人民共和国专利法》；自《中华人民共和国专利法》实施以来，历经四次修订。

近年来，我国有关知识产权方面的发展非常迅速，发明专利申请受理量屡创新高。自 2011 年起，我国发明专利申请量连续 7 年位居世界第一。2017 年成为继美国、日本之后第 3 个国内有效发明专利拥有量突破 100 万件的国家，在世界知识产权组织发布的《2018 年全球创新指数报告》中，中国位列第 17 位，成为首个跻身全球前 20 位的中等收入经济体，2019 年中国排名升到第 14 位，在 2020 年 9 月发布的创新指数报告中，中国仍然排名第 14 位。2019 年中国通过 PCT（Patent Cooperation Treaty，专利合作条约）。国际专利申请量排名世界第一，通过马德里商标体系提交的国际商标申请量居全球第 3 位。今天，中国已是令国际社会瞩目的名副其实的专利大国。目前，世界五大知识产权局包括欧洲专利局（EPO）、日本特许厅（JPO）、韩国特许厅（KIPO）、中国国家知识产权局（CNIPA）和美国专利商标局（USPTO）。2012 年 4 月中国国家知识产权局成为五局统计工作组成员。

7.2 专利的基本知识

7.2.1 专利的定义及类型

专利（Patent）是专利权的简称，是国家按专利法授予申请人在一定时期内对其发明创造成果享有独占、使用和处理的权利。它是一种财产权，是运用法律保护手段"跑马圈地"，独占现有市场，抢占潜在市场的有力武器。专利的概念包含 3 层意思：一是指专利权（从法律角度理解）；二是指获得专利权的发明创造（从技术角度理解），某人说他有专利，即指他拥有获得专利局认可，并受法律保护的发明；三是指专利文献（从文献角度理解），"查专利"，即检索、查找专利文献。

专利的种类在不同的国家有不同规定。在我国专利法中规定有发明专利、实用新型专利和工业品外观设计专利 3 种类型。

1．发明专利

发明专利也称大发明，是指对产品、方法或者其改进所提出的新的技术方案。其特点是：首先，发明是一项新的技术方案，是利用自然规律解决生产、科研、实验中各种问题的技术方案，一般由若干技术特征组成，其次，发明分为产品发明和方法发明两大类，产品发明包括所有由人创造出来的物品，方法发明包括所有利用自然规律通过发明创造产生的方法。方法发明又可以分成制造方法和操作使用方法两种类型。另外，专利法保护的发明也可以是对现有产品或方法的改进。授予专利权的发明，应当具备创造性、实用性和新颖性。

2．实用新型专利

实用新型专利也称小发明，主要体现在对产品的形状、构造、组合/结合提出设计，有一些改进就可以申请实用新型专利。实用新型专利与发明专利的不同之处主要在于以下几点：

（1）获得实用新型专利的要求不如获得发明专利的要求严格，其实用性较强。虽然新颖性要求在任何情况下都必须满足，但实用新型专利对"创造性"或"非显而易见性"的要求则宽松很多，甚至根本不需要。实践中，申请实用新型专利保护的常常是那些可能达不到发明专利标准，却具有某种增量性质的发明。实用新型只限于具有一定形状的产品，不能是一种方法，也不能是没有固定形状的产品。

（2）实用新型专利的保护期为 10 年，短于发明专利的保护期（20 年）。

（3）专利局对实用新型专利申请不进行实质审查，而对发明专利申请要进行实质审查。相对于获得发明专利的审查程序而言，通常时间更短，更为简单。

（4）获取和维持实用新型专利所需的费用一般要低于获取和维持发明专利所需的费用。

3．工业品外观设计专利

工业品外观设计专利在日本称为"意匠"专利，是对产品的色彩、形状、图案，或者对产品的色彩、形状、图案的结合提出的设计，富有美感，并适用于工业上应用的新设计。外观设计必须能从视觉上引起人们的注意，并能有效地发挥其意想的功能。此外，还必须能通过工业方法进行再生产，这正是外观设计的根本用意，也是其为何被加上"工业"二字的原因。

7.2.2 专利的性质

专利权是无形财产权的一种，与有形财产相比，专利具有独占性、时间性、地域性等特点。

（1）独占性：亦称垄断性或专有性，包括市场独占、技术垄断。没有专利权人的允许，任何人不得使用该项技术或侵占已获得专利权的技术的利益。

（2）时间性：指专利权具有一定的时间限制，也就是法律规定的保护期限。各国专利法对于专利权的有效保护期均有各自的规定，而且计算保护期限的起始时间也各不相同。《中华人民共和国专利法》第四十二条规定："发明专利权的期限为二十年，实用新型专利权和外观设计专利权的期限为十年，均自申请日起计算。"发明成果只在专利保护期限内受到法律保护，期限届满或专利权中途丧失后，任何人都可无偿使用。

（3）地域性：是指对专利权的空间限制。它是指一个国家或一个地区所授予和保护的专利权仅在该国家或地区的范围内有效，对其他国家和地区不发生法律效力，其专利权是不被确认与保护的。如果专利权人希望在其他国家享有专利权，那么必须依照其他国家的法律另行提出专利申请。除非加入国际条约（如提交 PCT 申请）或双边协定另有规定之外，任何国家都不承认其他国家或者国际性知识产权机构所授予的专利权。

7.2.3 专利的申请

申请专利既可以保护自己的发明成果，防止科研成果流失，也有利于科技进步和经济发展。人们可以通过申请专利的方式占据新技术及其产品的市场空间，获得相应的经济利益。例如，通过生产销售专利产品、转让专利技术、专利入股等方式获得利益。

1．获得专利的条件

并不是所有的发明都可以被授予专利。法律一般要求发明必须满足以下 3 个实质性条件才能被授予专利，即创造性、实用性和新颖性。

1）创造性

创造性亦称非显而易见性。它是指发明时付出了创造性劳动，发明专利与现有技术相比，具有突出的实质性特点和显著的改进，优于同类传统技术，具有创造性。

2）实用性

实用性是指该发明比原有的技术效果好，且可以用工业方法制造、生产或使用，并且能够产生积极效果，具有实用性。

3）新颖性

新颖性是指在申请日以前没有见过的，也没有同样的发明或者实用新型技术方案在国内外出版物上公开发表过，也未被他人申请过专利，未在国内公开使用或以其他方式公知公用该项技术，具有新颖性。

根据《中华人民共和国专利法》第二十四条的规定：申请专利的发明创造在申请日（享有优先权的指优先权日）之前六个月内有下列情况之一的，不丧失新颖性。

（1）在中国政府主办或者承认的国际展览会上首次展出的。

（2）在规定的学术会议或者技术会议上首次发表的。

（3）他人未经申请人同意而泄露其内容的。

2．申请专利的途径

申请专利的途径包括直接申请和委托代理申请。

1）直接申请

申请人（一般规定为自然人）直接到国家知识产权局申请专利或通过挂号邮寄申请文件的方式申请专利（专利申请文件有请求书、权利要求书、说明书、说明书附图、说明书摘要、摘要附图）。

2）委托代理申请

委托专利代理人代办专利申请。采用这种方式，专利申请质量较高，可以避免因申请文件的撰写质量问题而延误审查和授权。

3．申请范围

各国可授予专利的范围不尽相同。但是，许多国家将诸如科学理论、数学方法、植物或动物品种、自然物质的发现、医疗方法（而不是医疗产品），以及为保护公共秩序、良好道德或公共卫生而必须防止其被进行商业性利用的任何发明排除在可授予专利的范围之外。

可申请专利的范围必须属于国家法律规定可以授予专利的范围。大体归纳为机器、设备、装置、制品。

不可以申请专利的范围如下：

（1）科学发现、发现新星，自然科学定理、定律等。例如，牛顿万有引力定律。

（2）智力活动的规则和方法。例如，新棋种的玩法（工具、设备可以）。

（3）疾病的诊断和治疗方法。例如，手术方案等（仪器可以）。

（4）动物和植物品种。我国有专门的动植物品种保护条例（培育和生产方法可以授予专利权）。

(5) 用原子核变换方法获得的物质。例如，用加速器、反应堆及其他核反应装置生产、制造的各种放射性同位素。

(6) 对平面印刷品的图案、色彩或者二者的结合作出的主要起标识作用的设计。

另外，违反国家法律、社会公德或妨害公共利益的发明创造。例如，带有人民币图案的床单的外观设计、赌具、刑具、作案工具、吸毒用具等也不能申请专利。

4．专利先申请原则

在我国，审批专利采用先申请原则，即两个以上的申请人向专利局提出同样的专利申请，专利权授予最先申请专利的个人或单位。因此，申请人应及时将其发明申请专利，以防他人抢先申请。另外，由于申请专利的技术须具有新颖性，发明人有了技术成果之后，应首先申请专利，再发表论文，以免因过早公开技术而丧失申请专利的机会。

5．优先权与同族专利

由于专利申请的国际化，为了能够给一个国家的国民在其他国家取得专利权提供方便，让专利申请突破地域限制，使外国的发明创造与本国的发明创造享受同等法律保护，《保护工业产权巴黎公约》规定：成员国之间承认原申请国专利申请的优先权，规定了"国民待遇"原则和"国际优先权"原则，由此同族专利概念出现。

1）优先权

优先权制度源于《保护工业产权巴黎公约》。按照该公约第四条的规定，就同一项发明已经在该联盟（缔约国）的一个国家正式提出申请发明专利、实用新型专利、工业品外观设计专利或商标注册的专利申请人，或其权利继承人，在规定的期限内又向其他国家就相关内容再次提出申请时享有优先权。申请人有权要求以第一次申请日期作为后来提出申请的日期，这一申请日期就是优先权日。优先权分为外国优先权和本国优先权。

（1）外国优先权：专利先在外国申请，然后在本国申请。发明/实用新型专利的优先期限为12个月，外观设计的优先期限为6个月。

（2）本国优先权：专利在先和在后申请均是本国申请（不包括工业品外观设计专利）。发明/实用新型专利的优先期限为6个月。

2）同族专利

专利族（Patent Family）：由至少有一个优先权相同的、在不同国家或国际专利组织多次申请、多次公布或批准的内容相同或基本相同的一组专利文献构成，同一专利族中的每件专利文献均为该专利族成员（Patent Family Members）。因此，同一专利族中每件专利文献互为同族专利。

尽管对同族专利有明确的定义，但在专利文献检索系统中，同族专利的概念外延很广，有以下几种类型。

（1）简单同族专利（Simple Patent Family）：指一组同族专利中所有专利都以共同的一个或几个专利申请为优先权。

（2）复杂同族专利（Complex Patent Family）：指一组同族专利中所有专利仅以一个共同的专利申请为优先权。

（3）扩展同族专利（Extended Patent Family）：指一组同族专利中每个专利至少与另一个专利以一个共同的专利申请为优先权。

（4）国内同族专利（National Patent Family）：指由于增补、继续、部分继续、分案申请等原因产生的由一个国家出版的一组专利文献。

（5）仿同族专利（Artificial Patent Family）：也称智能同族专利、技术性同族专利或非传统型同族专利。即并非出自同一专利申请，但内容基本相同的一组由不同国家出版的专利文献。在同族专利检索服务中，仿同族专利常作为"其他类型的同族专利"出现。

7.2.4 专利的审查与审批

依据我国专利法，发明专利采用初步审查和实质审查（早期公开，延迟审查）制度，申请的审批程序包括受理、初步审查、公布、实质审查和授权 5 个阶段；对实用新型和工业品外观设计专利采用初步审查制度，不进行早期公布和实质审查，其申请的审批程序只有受理、初步审查和授权 3 个阶段。

1．受理

专利申请：申请人应先向国家知识产权局专利局递交规范性申请文件。发明专利和实用新型专利申请文件包括请求书、权利要求书、说明书、说明书附图（有些发明可省略）、说明书摘要、摘要附图（有些发明可省略）6 个文件；工业品外观设计专利申请文件包括请求书、外观设计图片或照片、外观设计简要说明 3 个文件。

受理：由国家知识产权局专利局受理。

申请费：申请人交纳申请费。

IPC 分类：专利局对提交的专利申请根据《国际专利分类表》（IPC）进行分类。

2．初步审查

初步审查对发明专利、实用新型专利、工业品外观设计专利的申请文件和交纳费用情况进行审查。除发明专利外，无驳回理由的，应授予专利权，办理登记和交费手续，授予申请人专利证书。

3．公布

专利申请过程中，在尚未取得专利授权之前，由国家专利局公布其申请，表示该专利已经在受理过程中。

4．实质审查

实质审查只审查发明专利。初步审查合格之后，申请人可自申请日起 3 年内书面提出实质审查请求并交费，由国家专利局进行三性——创造性、实用性、新颖性的实质审查。自申请日起 3 年内未书面提出实质审查请求的申请视为撤回。

5．授权

发明专利经实质性审查无驳回理由的，应授予专利权，办理登记和交费手续，授予申请人专利证书。

6. 进入国家阶段的国际申请的审查

按照专利合作条约（PCT）提出的国际申请，如果希望获得中国的发明专利或者实用新型专利保护，在完成国际阶段的程序后，应当根据专利法实施细则的有关规定，向专利局办理进入中国国家阶段（以下简称"国家阶段"）的手续，从而启动国家阶段程序。国家阶段程序包括在 PCT 允许的限度内进行初步审查、国家公布，参考国际检索和国际初步审查结果进行的实质审查、授权或驳回，以及可能发生的其他程序。

PCT 于 1970 年签订，1978 年生效。其基本内容是：规定要求一个发明在几个国家取得保护的"国际"申请。在申请人自愿选择的基础上，通过一次国际申请即可获得部分缔约国的专利权，并且与分别向每个国家提出和保护申请具有同等效力。我国于 1994 年 1 月 1 日加入该组织。2017 年 3 月，PCT 成员国增加至 152 个。

7. 复审与无效请求的审查

复审程序是因申请人对专利申请被驳回决定不服而启动的救济程序，同时也是专利审批程序的延续。专利申请被驳回后，申请人对专利局的驳回决定不服的，可以在收到驳回通知之日起 3 个月内向专利复审委员会提出复审请求。申请人对专利复审委员会做出的维持专利局驳回决定的复审决定不服时可在收到通知之日起 3 个月之内，向人民法院起诉。无效宣告程序是专利公告授权后依当事人请求而启动的、通常为双方当事人参加的程序。任何单位和个人认为专利权的授予不符合专利法的有关规定，都可以在专利授权决定公告后的任何时候向专利复审委员会提出无效宣告请求。被宣告无效的专利权即不存在。

7.3 国际专利分类体系

专利制度实施后，各国相继制定了自己的专利分类体系，按照技术内容对专利进行分类并赋予分类号，对专利信息进行更有效的管理和检索。由于各国分类法采用的分类原则、体系结构、标记规则等都有较大差异，给专利文献的国际应用造成了不便。

为了促进欧洲各国在科学技术上的密切合作和协调，1951 年，欧洲理事会专利专家委员会决定成立专利分类法的专门工作组，并开始进行国际专利分类表的编制。经过 3 年的研究，1954 年 12 月，欧洲理事会 16 个成员国在巴黎签订了《关于发明专利的国际分类法欧洲协定》（*European Convention on the International Classification of Patents Invention*）。根据此协定，1968 年 2 月诞生了第一版《国际专利分类表》（*International Patents Classification*，IPC）。早期为每 5 年修订一次；近年来，每年修订一次，世界上有 70 多个国家和组织采用了这种分类法。

2010 年之前，专利分类体系除国际专利分类（IPC）之外，主要国家专利局还有自己的专利分类体系。例如，欧洲专利分类（ECLA）、美国专利分类（USPC）和日本专利分类（FI/F-term）。这些分类体系在分类原则上的差异及各自存在的局限性，给利用其他国家专利文献者造成了一定困难。鉴于此，2010 年 10 月 25 日，主管知识产权事务的美国商务部副部长兼美国专利商标局主任 David Kappos 和欧洲专利局局长 Benoît Battistelli 签署联合声明：为了协同国际并行的分类体系和增强检索效率，美欧宣布合作开发联合专利分类（Cooperative Patent Classification，CPC）。CPC 按照 IPC 分类标准和结构进行开发，以 ECLA 为基础，并融入 USPC 的成功实践，由欧洲专利局和美国专利商标局共同管理和维护，并于 2012 年开通了 CPC 官网（http://www.cooperativepatentclassification.org/index.html）。CPC 是新实施的分类法，目前仍然在不断完善和修订中。

7.3.1 IPC 分类法

IPC 分类法采用按行业和功能分类的原则，分类体系使用 5 级结构。

1. IPC 分类体系

IPC 分类体系将全部技术领域按部、大类、小类、主组（大组）、分组（小组）进行分类，组成完整的分类系统。具体组成包括：8 个部（Sections）、21 个分部（Subsections）、118 个大类（Classes）、617 个小类（Subclasses）、55000 个主组/分组（Groups/Subgroups）。其中：A 为生活需要；B 为作业；运输；C 为化学；冶金；D 为纺织；造纸；E 为固定建筑物；F 为机械工程；照明；加热；爆破；G 为物理；H 为电学。

2. IPC 分类号结构

IPC 分类号由字母和数字组合而成。例如，F01b-03/05。其中，F 为部，01 为大类号，b 为小类号，03 为主组号，05 为分组号。分部无标记符号。

3. 《IPC 关键词索引》

《IPC 关键词索引》按关键词的英文字母顺序排列，并用大写黑体字母表示，在关键词下又进一步分为若干下属关键词，关键词和副关键词后都有类号。一般给出小类或主组类号，有的给出分组类号。中译本为《国际专利分类号关键词索引》，书中的关键词按汉语拼音的字顺排列，其后列出 IPC 分类号。

《IPC 关键词索引》不包括 IPC 中的所有类目，所以它不是一个独立的分类工具和检索工具，必须与 IPC 详表结合使用。《IPC 关键词索引》只给出前三级类号，因此在《IPC 关键词索引》中查到类号后，必须与相应的分类表分册相核对，从与该类号上下前后的类目关系中，判断该类号所代表类目的真正含义是什么，并需要查看与该类目的有关注释、参照等，弄清是否有特殊的分类规则，然后才能对专利文献进行分类或检索。

从《IPC 关键词索引》中查到的分类号往往比较粗，还需要利用 IPC 详表进行细分，以找出符合分类或检索文献的细分类号。

7.3.2 CPC 分类法

CPC 分类表于 2013 年 1 月 1 日正式施行，欧洲专利局（EPO）的审查员自该日起只使用 CPC 对专利及部分非专利文献进行分类，同时停止 ECLA 更新和维护；美国专利商标局（USPTO）的审查员自 2013 年 1 月 1 日开始使用 CPC 分类与 USPC 并行分类，经过两年过渡期后，所有 USPTO 审查员于 2015 年放弃了近 200 年历史的 USPC，改为使用 CPC 分类。韩国特许厅（KIPO）与 USPTO 于 2013 年 6 月 5 日共同宣布，KIPO 将实施 CPC 分类试点项目，自此 KIPO 成为首个 EPO-USPTO 之外使用 CPC 对特定技术领域专利文献进行分类的国家局。中国国家知识产权局（CNIPA）也在 2013 年 6 月 4 日与 EPO 签署了谅解备忘录：自 2014 年 1 月起，经 EPO 培训后，CNIPA 将使用 CPC 对某些技术领域的专利文献进行分类；自 2016 年 1 月起 CNIPA 将对所有技术领域的专利文献使用 CPC 分类，这意味着，2016 年以后五大知识产权局（IP5）中的 4 个专利局（除日本特许厅）都将对本国/区域的专利文献使用统一分类体系分类，此举无疑将极大地促进各国审查员之间的检索、交流与借鉴，提高检索在国际上的同一性。

目前有如下 3 个网站提供 CPC 信息、更新和介绍：

（1）http://worldwide.espacenet.com/classification?locale=en_EP。
（2）http://www.uspto.gov/patents/resources/classification/index.jsp。
（3）http://www.cpcinfo.org。

1. CPC 分类体系

CPC 分类体系设 9 个部。A~H 部对应 IPC 的 8 个部，Y 部是比较特殊的部分，由 ICO（Indexing Codes，引得码）的 Y 部直接移植过来，是 A~H 部中出现的交叉技术和新技术开发总分类。例如，Y02 为改善气候变化的技术或应用；Y04 为信息或通信技术对其他技术领域的影响。Y02 和 Y04 仅用于标引已经在其他地方分类或索引的文档，目的是监控新的技术发展；IPC 分类表中跨部/类技术领域的总分类，来自原 USPC 分类号中交叉文献参考类号（XRACs）、别类类号（Digests）的技术科目。

2. CPC 分类号结构

CPC 分类号由两大部分组成：主分类号（Main Trunk）、附加信息（Additional Information）。由于 ECLA 分类号是对 IPC 分类号的进一步细分，所以 CPC 主分类号由 ECLA 类号和镜像 ICO 转换而成，区别仅在于 ICO 首字母和 ECLA 首字母不同。对于附加部分，也可以进一步分为两个部分：对主分类号的进一步细分的附加信息；"正交"的附加信息（Orthogonal），一般是跨领域的附加信息。CPC 主分类号部分比 ECLA 更加细分，提供更多下位、多维度、多视角的分类位置。主分类号既可标引发明信息，也可标引附加信息。ICO 只能用于标引附加信息。

3. CPC 分类表的版本

CPC 分类表以英文呈现，目前还没有提供其他语言的版本。CPC 分类表存在两个版本，一个是普通版本；另一个是"interleaved"（插入）版本，意味着它将除"正交"信息外的附加信息加入主分类号的点组结构中，主分类号实际上包含了发明信息+部分附加信息。CPC 分类与其他分类体系的区别与联系如表 7-1 所示。

表 7-1 CPC 分类与其他分类体系的区别与联系

区别	分类体系				
	IPC	ECLA	USPC	FI	CPC
分类文档的使用局	IPC 成员国	欧洲专利局及其成员国	美国专利商标局	日本专利局	美国专利商标局和欧洲专利局
与 IPC 的关系	—	ECLA 是 IPC 的扩展	无	FI 是 IPC 的扩展	CPC 是 IPC 的扩展
分类号格式	数字	基于 IPC 的字母数字组合	非 IPC 格式的数字	基于 IPC 的字母数字组合	基于 IPC 的数字

续表

区别	分类体系					
	IPC	ECLA	USPC	FI	CPC
文档覆盖	所有公开的专利文档	EPO任意3种语言公开的"最少PCT"文档子集	仅美国专利文档	仅日本专利文档	美国专利文档和EPO任意3种语言公开的"最少PCT"文档子集
分类号数/个	69000	145000	150000	180000	260000

7.4 中国专利检索

近年来，随着网络技术的不断发展和完善，中国和许多其他国家一样建立了专门的网站，将知识产权信息资源放在网上供用户免费检索，使专利的发布、传播和检索非常方便，同时也有利于开发和利用专利信息资源。我国目前专利检索的网站主要有：国家知识产权局专利检索网站——专利检索及分析系统、中国知识产权网——CNIPR专利信息服务平台。

7.4.1 国家知识产权局专利检索网站

国家知识产权局（National Intellectual Property Administration，CNIPA）是政府官方网站。该网站提供与知识产权相关的多种信息服务，如专利申请、专利审查相关信息，近期专利公报、年报的查询，专利证书发文信息、法律状态、收费信息查询等关于专利的信息；商标申请、商标查询、商标评审和商标公告等关于商标的信息；关于地理标志等信息。此外，该网站还可以直接链接到国外主要国家和地区的专利数据库、国外知识产权组织或管理机构的官方网站、国内地方知识产权局网站等。

1. CNIPA概述

CNIPA（原SIPO）专利检索系统于2001年11月开通，2018年8月28日起，国家知识产权局英文名称缩写由SIPO变更为CNIPA，8月30日起网站正式启用新域名www.cnipa.gov.cn。其数据库内容包括发明、实用新型、外观设计3种类型专利，收录了自1985年9月10日以来已公布的部专利信息，包括著录项目、摘要、各种说明书全文及外观设计图形，非注册用户免费查询，注册用户免费查询和下载，提供中英文版本，具有较高的权威性。网站提供的专利检索及分析系统具有以下功能：

（1）检索功能：常规检索、高级检索、导航检索、药物检索、检索历史、检索结果浏览、文献浏览、批量下载等。

（2）分析功能：申请人分析、发明人分析、区域分析、技术领域分析、中国专项分析、高级分析等。

（3）数据范围：专利检索及分析系统共收录了103个国家、地区和组织的专利数据，同时还收录引文、同族专利、法律状态等数据信息，其中涵盖中国、美国、日本、韩国、英国、法国、德国、瑞士、俄罗斯、欧洲专利局和世界知识产权组织等。其中，中国专利数据每周二、周五更新，滞后公开日7天；国外专利数据每周三更新；引文数据每月更新；同族数据每周二更新；法律状态数据每周二更新。

（4）数据更新：专利检索及分析系统的数据更新周期分为中国专利数据、国外专利数据、引文、同族专利及法律状态等几个方面。中国专利数据每周三更新，滞后公开日 7 天；国外专利数据每周三更新；同族专利数据、法律状态数据每周二更新；引文数据每月更新。

2．CNIPA 专利检索及分析系统

登录国家知识产权局网站（http://www.cnipa.gov.cn），在页面右侧专利栏目打开"专利检索"链接，即"http://www.pss-system.gov.cn/"。在"免责声明"中单击"同意"按钮，进入 CNIPA 专利检索及分析平台页面。

CNIPA 专利检索及分析系统提供常规检索、高级检索、导航检索、药物检索、命令行检索 5 种检索方式。检索之前需要注册，登录账号后方能进行检索。命令行检索仅限以单位注册的高级用户使用。下面仅介绍前 3 种检索方式。

1）常规检索

常规检索包括中国、主要国家和地区、其他国家和地区数据范围选项，提供自动识别、检索要素、申请号、公开（公告）号、申请（专利权）人、发明人、发明名称检索字段的选择项和一个"关键词"信息键入框。用户选择字段后，只需要在相应的查询框中键入检索词，单击"检索"按钮即可得到检索结果。

2）高级检索

高级检索在常规检索的基础上增加了更多的检索条件选项，可以在单一字段、多个字段进行布尔逻辑运算检索，也可以限定检索的地域和专利类型，使检索结果更加精确。本书主要介绍"高级检索"

在专利检索及分析平台选择"高级检索"方式，即可进入高级检索页面，如图 7-1 所示。

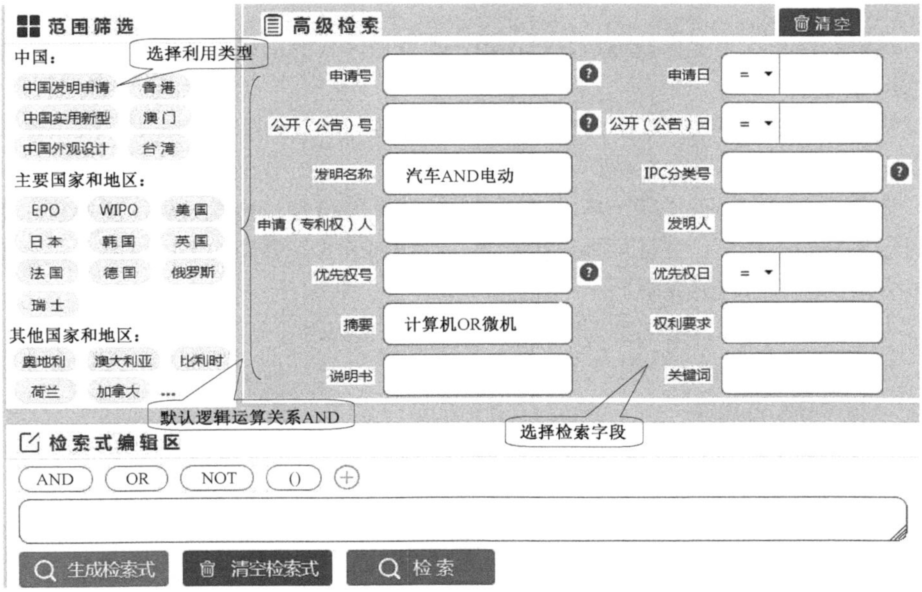

图 7-1 CNIPA 专利检索及分析平台高级检索页面

(1) 专利范围筛选。专利范围筛选包括专利类型、地区、国家 3 个选项。可供检索的专利类型有 3 种：中国发明申请、中国实用新型、中国外观设计。可选择单一专利类型检索，也可以全选，默认的类型是全选。地区范围设置 3 个选项，中国、主要国家和地区、其他国家和地区。每个选项内提供若干个专利组织和专利国家可供选择。

(2) 选择检索字段。本检索系统将所有检索字段以表格形式提供，包括申请号、发明名称、摘要、关键词、说明书、IPC 分类号等 14 个字段。在没有准确的已知条件的情况下，通常使用发明名称、摘要和关键词字段，其中说明书、摘要字段比发明名称和关键词字段的检索范围更大。

(3) 键入检索词。在各字段后面查询框内键入检索词，可将全部检索词/词组、甚至短语键入在同一字段内，也可以分别键入到不同的字段。关键词字段默认在发明名称、摘要和权利要求内容中跨字段检索。各字段不支持邻近同在运算符 F、P、S、W、D、NOTF、NOTP、nW、nD（限制见页面提示）。

例如，检索有关"电动汽车的电池制造"方面的文献。在各字段后面的查询框内键入检索词。本例选用的检索词有汽车、轿车、电动、电池、制造。选用"发明名称"和"摘要"两个字段。可将全部检索词键入在某个字段内，如"发明名称"字段；也可以分别键入不同的字段，如"发明名称"和"摘要"字段。

(4) 确定布尔逻辑运算或组配关系。系统支持同一查询框的布尔逻辑运算和不同查询框之间的逻辑运算组配检索。同一查询框检索词之间可使用布尔逻辑运算，检索时可选择其中一种运算方式，也可使用多种运算方式的组配。在发明名称、申请（专利权）人、摘要、说明书、IPC 分类号、发明人、权利要求、关键词字段键入两个或两个以上检索条件时，两个检索条件之间用空格分隔，如"电动 汽车"（加英文双引号），系统按照逻辑"AND"运算；若不加英文双引号，系统按照逻辑"OR"运算。如果输入运算符，需要在保留的运算符两边加英文双引号，如电动"AND"汽车，系统按照逻辑 AND 运算。不同查询框之间检索词逻辑组配关系默认为 AND。

优先算符：括号称为优先处理运算符，用于改变逻辑运算的优先次序，计算机将优先处理括号内的运算符。

位置算符：各字段不支持邻近同在运算符 F、P、S、W、D、NOTF、NOTP、nW、nD（限制见页面提示）。

(5) 检索。完成上述操作后，单击"检索"按钮开始检索。检索结果按照搜索式显示。页面上方显示检索结果数量，并提供其他显示方式，如列表式、多图式等；排序方式选项有申请日降、升主序、公开日降升充等。

每件专利搜索式显示发明名称、申请号、申请日、公开号、公开日、IPC 分类号、申请人、发明人、优先权号及优先权日及专利相关图表等内容。并提供详览、收藏、分析库、申请人、法律状态、监控等功能链接。

(6) 浏览文摘。在专利名称列表中进行浏览、比较、筛选。单击选中的某件专利"详览"按钮，可查看包括文摘在内的专利详细著录数据。

(7) 检索结果全文下载。可免费浏览专利说明书全文。分为全文文本和全文图像两种文件格式。

由于专利申请（专利）的法律状态发生变化时，专利公报的公布及检索系统的信息必然存在滞后性的原因，该检索系统的法律状态信息仅供参考，即时准确的法律状态信息应以国家知识产权局出具的专利登记簿记载的内容为准。

在检索结果列表页面，每件命中专利题录均有"法律状态"链接设置，常用专利法律状态有公开、发明专利申请公布后的视为驳回、实质审查的生效、授权、专利权的终止等。

3）导航检索

导航检索即 IPC 分类检索。单击"导航检索"链接，即可进入 IPC 分类检索页面。根据左侧的 IPC 分类表，可以按照 IPC 分类的部、大类、小类、主组、分组逐级选择相应的分类号，该分类号将自动在高级检索的"IPC 分类号"字段查询框中显示，可直接使用该分类号进行检索，也可以与其他信息进行逻辑组合检索。

注意：因 IPC 分类只针对中国的发明专利和实用新型专利有效，所以不能使用 IPC 分类检索方式检索中国的工业品外观设计专利。

7.4.2　中国知识产权网

中国知识产权网（China Intellectual Property Right Net，CNIPR）是由国家知识产权局知识产权出版社于 1999 年 6 月 10 日创建的知识产权类专业性网站，集资讯、专利信息产品与服务于一体，重点为国内外政府机构、企业、科研机构等提供专业、全面的服务平台。该平台集成了专利检索、专利分析、专利预警等信息系统，可提供全方位的专利信息服务。

1. CNIPR 概述

CNIPR 作为中国专利文献法定出版单位，拥有及时、权威、准确的专利数据资源。收录了自《中华人民共和国专利法》实施以来公开的全部中国发明专利、实用新型专利、工业品外观设计专利和发明授权专利，以及 100 多个其他国家或地区的数据资源，并提供专业、务实的资讯内容，使用户及时了解行业前沿和掌握实用的相关技能。CNIPR 利用先进的信息技术，在原中外专利数据库服务平台的基础上，吸收国内外先进专利检索系统的优点，采用国内先进的全文检索引擎，独立开发了"CNIPR 专利信息服务平台"，主要提供对中国专利和国外专利的检索。

"CNIPR 专利信息服务平台"包括专利信息采集、加工、检索、分析、应用等部分。收录了自 1985 年 4 月 1 日以来公开（授权）的全部中国发明专利、中国实用新型专利、中国工业品外观设计专利、中国发明授权专利，以及包括美国、日本、欧洲专利局、世界知识产权组织、德国、法国、英国、瑞士在内的六国两组织专利数据，以及 100 余个其他国家或地区的数据资源，包括专利说明书文摘和权利要求书。它提供免费的用户检索和会员检索两种服务层次。从 2017 年 6 月 6 日开始，中国发明专利、中国发明授权专利、中国工业品外观设计专利和中国实用新型专利 4 种公报的更新时间从每周三更改为每周二、周五更新。CNIPR 也同样每周二和周五无滞后更新中国专利公报数据。

该平台主要提供以下几种功能服务：

（1）检索功能：包括中外专利检索、法律状态检索、失效专利检索、运营信息检索、热点专题。检索方式除默认检索外，还提供高级检索、二次检索、过滤检索、重新检索、同义词检索等辅助检索手段。

（2）机器翻译功能：针对英文专利，特别开发了机器翻译模块，方便用户检索。由于机器翻译是由无人工介入的英译中工具软件完成，翻译结果仅供参考，无法与专业人员的翻译内容相提并论。

（3）分析和预警功能：对专利数据进行深度加工及挖掘，分析整理出其所蕴含的统计信息或潜在知识，以直观易懂的图或表等形式展现出来。这样，专利数据升值为专利情报，便于用户全面深入地挖掘专利资料的战略信息，制定和实施企业发展的专利战略，促进产业技术的进步和升级。

（4）个性化服务功能：包括用户自建专题库、用户专题库导航检索、用户的专利管理等功能。

2．CNIPR 的特点

CNIPR 与 CNIPA 为中国两大专利检索网站，CNIPR 的特点在于：

（1）用户注册后，平台提供的专利检索及其他功能更加完善。2017 年 7 月 27 日起，关闭在线注册功能，在线注册的用户需要联系客服或发送个人信息到指定邮箱，由网站工作人员协助开通账户。

（2）平台支持中文全文图像数据。平台提供同族专利、引文、对比文献、法律状态、申请人（或专利权人）等基本信息。

（3）平台提供美国、日本、中国香港、中国台湾等国家和地区，以及欧洲、国际等组织专利检索数据和部分同族专利、部分字段的统计分析功能。

（4）平台提供 IPC 分类、关联词、双语词、同族、引文、机构代码等多个辅助功能库。

（5）平台支持双语检索，有中英互译功能。

3．CNIPR 专利信息服务平台

CNIPR 专利信息服务平台提供 6 种检索方式：检索（默认）、高级检索、失效专利检索、法律状态检索、运营信息检索、热点专题，本书主要介绍"高级检索"，平台还包括"我的专利管理"。

1）检索

检索位于平台的检索首页。新版 CNIPR 专利信息服务平台提供一个"关键词"信息键入框和 3 个数据范围选项。用户只需要在相应的查询框中键入检索词和逻辑关系运算符，选择专利范围并单击"检索"按钮即可得到检索结果。

2）高级检索

高级检索是在搜索的基础上增加了更多的检索条件选项，并可在单一字段、多个字段中进行布尔逻辑运算的一种检索，也可以限定检索的专利类型，使检索结果更加精确。该页面提供 22 个检索字段，数据范围包括中国、主要国家和地区、其他国家和地区。检索时，可根据需要选择相应的专利类型及国家和地区，然后在相应字段中键入信息。检索方法如下：

（1）登录网站。在地址栏键入：http://www.cnipr.com，进入"中国知识产权网"主页。依次进入"CNIPR 专利信息服务平台"页面和高级检索页面，如图 7-2 所示。

（2）选择专利类型和范围。可供检索的中国专利类型有 4 种：中国发明申请、中国实用新型、中国外观设计、中国发明授权。专利检索范围提供：中国（台湾地区、香港地区）、主要国家和地区、其他国家和地区 3 个选项。单击"更多"展开，可以检索 100 多个国家或地区的外国专利，既可选择单一专利类型/国家检索，也可以全选。

在检索之前，还可以进行同义词检索设置。系统自带的同义词库中所有键入检索词的一个或多个同义词被同时检索。

（3）选择检索字段。默认检索模式将所有检索字段以表格形式提供，分为号码、日期、关键词、人物、分类、地址、法律状态 7 个一级字段。每个一级字段下包括若干个二级字段。

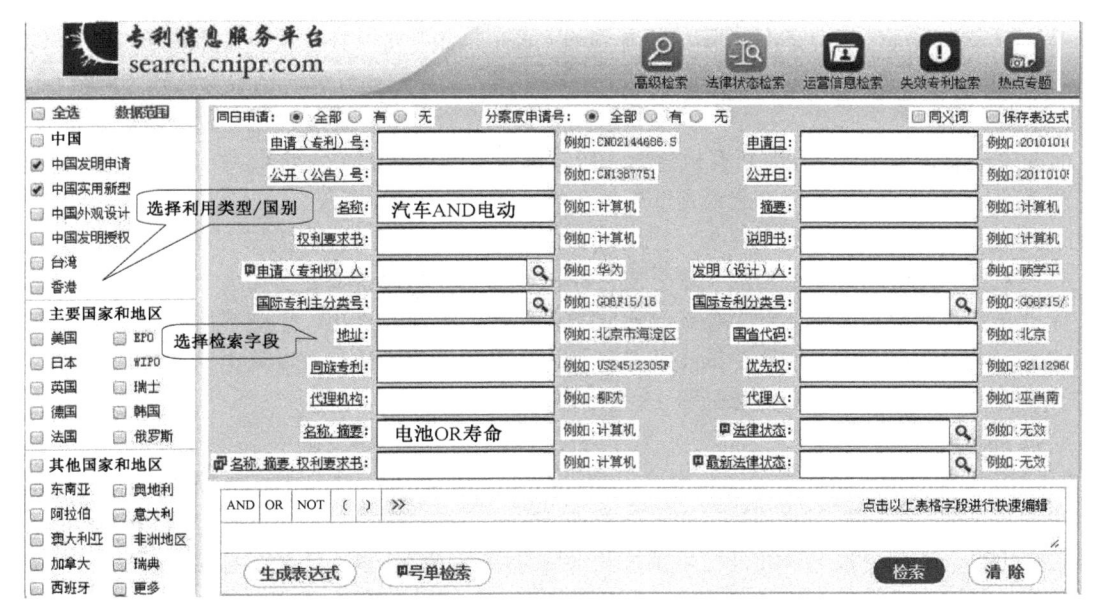

图 7-2　CNIPR 专利信息服务平台高级检索页面

号码字段：申请（专利）号、公开（公告）号、同族专利、优先权。
日期字段：申请日、公开日。
关键词字段：名称、权利要求书、名称，摘要、名称，摘要，权利要求书、摘要、说明书。
人字段：申请（专利权）人、发明（设计）人、代理机构、代理人。
分类字段：国际专利主分类号、国际专利分类号。
地址字段：地址、国省代码。
法律状态字段：法律状态、最新法律状态。

（4）键入检索词。在各字段后面的查询框内键入检索词。可将全部检索词/词组，甚至短语键入在同一字段内，如"名称"字段；也可以分别键入不同的字段，如"名称"和"摘要"字段。

（5）确定布尔逻辑运算或组配关系。"AND""OR""NOT" 3 种逻辑关系含义参见 7.4.1 节。

（6）检索。完成上述操作后，单击"检索"按钮开始检索。检索结果列表显示，内容包括专利名称、申请号、文摘等详细著录数据。页面提供按照专利类型浏览，并提供每页显示 10 条、20 条、30 条记录设置。

（7）检索结果排序。检索结果排序方式包括：默认排序、按公开日升序或降序排序、按申请日升序或降序排序。用户可根据自己的需要选择排序方式，也可以将普通浏览模式切换至图文浏览模式。

（8）浏览更多著录项目。在检索结果列表显示页面进行浏览、比较、筛选。单击选中的某一专利名称，均可查看该专利更多著录项目数据，包括摘要、主权项、摘要附图、说明书附图、法律状态、引证文献、同族专利、收费信息、高亮词设置、权利要求书、说明书内容。

（9）检索结果全文下载。专利说明书全文有 TIFF 图、XML 文档和 PDF 3 种格式。如果计算机没有安装此程序，可将该网站提供的专用浏览器下载、安装，也可使用其他可以浏览 TIFF 格式文件的软件。单击"下载"，付费用户可查看专利说明书全文。

（10）逻辑检索。与"高级检索"相并列的"逻辑检索"是一种使用检索语言通过逻辑组配的高级检索方式。允许用户直接在查询框中一次性键入完整的、复杂的检索表达式（策略），指定在哪些字段中检索哪些关键字，并支持模糊检索和逻辑运算（注意：当使用逻辑检索框时，上面的表格检索框失效，此时所有检索结果以逻辑检索框里的输入为准），对于熟悉检索系统使用和掌握一定检索技巧的用户来说是非常方便的一种检索方式。

3）失效专利检索

失效专利检索为专利检索的一个分支，即在原有的专利检索基础上加上专利状态为失效的条件。失效专利数据库主要针对最新法律状态为视撤、驳回、终止、无效等主要类型的中国专利发明、中国实用新型专利和中国工业品外观设计专利进行检索。可以从申请（专利）号、公开（公告）号、名称、权利要求书等18个字段进行检索。

4）法律状态检索

CNIPR专利信息服务平台专利申请（专利）的法律状态信息主要来源于国家知识产权局出版的发明专利、实用新型专利和工业品外观设计专利公报。由于专利申请（专利）的法律状态发生变化时，专利公报的公布及检索系统登录信息滞后，该检索系统的信息仅供参考，即时准确的信息应以国家知识产权局出具的专利登记簿副本记载的内容为准。

在CNIPR专利信息服务平台首页和高级检索页面中均有专利的"法律状态检索"链接，可以从专利申请号、法律状态公告日、法律状态、法律状态信息4个字段进行检索。常用专利法律状态信息项目主要有：公开、实质审查请求生效、审定、授权、专利权的主动放弃、专利权的自动放弃、专利权的视为放弃、专利权的终止、专利权的无效、专利权的撤销、专利权的恢复、权利的恢复、保护期延长、专利申请的驳回、专利申请的撤回、专利权的继承或转让、变更、更正等。该项检索仅用于检索中国专利的法律状态。

5）运营信息检索

运营信息检索包括专利权转移检索、专利质押保全检索及专利实施许可检索。

（1）专利权转移检索。专利权转移检索首先选择转移类型，分为申请权转移和专利权转移。可以检索的字段包括专利申请号、名称、变更前权利人、变更后权利人等12个字段。

（2）专利质押保全检索。专利质押保全检索首先选择质押保全类型，分为质押和保全。可以检索的字段包括专利申请号、名称、合同状态（分为生效、变更和注销）、生效日、变更日、解除日、合同登记号等12个字段。

（3）专利实施许可检索。专利实施许可检索字段包括专利申请号、名称、许可种类（分为独占许可、排他许可、普通许可、分许可、交叉许可），合同备案阶段（分为生效、变更和注销）、备案日、变更日、解除日等11个字段。

6）热点专题

热点专题提供国内外热点技术的专利检索。单击页面提供的某个热点专题链接，即可浏览该热点专题的全部专利条目。

7）我的专利管理

我的专利管理给用户提供便捷的个性化服务。用户注册个人账户并且登录后，可以对我的表达式、我的导航、我的定期预警、我的法律状态预警和我的专题库进行管理。

（1）我的表达式：可以收藏检索时所使用的表达式，在历史表达式的基础上进行组配，大大提高表达式编写效率。

(2) 我的导航：可以对某一技术领域在一定分类标准上建立一个具有层级结构的导航目录；通过建立导航浏览该技术领域内不同分支下的专利信息，并对其进行分析操作。我的导航可以通过编写表达式建立，也可直接利用历史表达式建立。

(3) 我的定期预警：需要了解行业内技术变化和最新动态，可以使用定期预警功能来实时跟踪某一技术领域的最新专利。我的定期预警可以在某次检索结果基础上创建，也可以直接利用历史表达式来建立。

(4) 我的法律状态预警：可以使用法律状态预警功能实时跟踪某一技术领域的最新专利。法律状态预警可以在某次检索结果基础上创建。

(5) 我的专题库。在"我的导航"中，只能浏览某一导航位置的表达式所对应的专利信息。在"我的专题库"中，能够自由增删该专利库的专利记录，从而删除噪声数据，保证专题库的质量。但是，专题库中的内容是不分层级的，用户可以通过编写表达式来建立一个基础专题库，也可以在检索的概览或详览页面上通过"收藏"功能来增加数据。

7.5 外国专利检索

许多国家知识产权局网站上都设有专利数据库，提供免费专利信息查询服务。比较典型的有美国专利商标局、欧洲专利局、世界知识产权组织等。

7.5.1 世界知识产权组织

1967年7月14日，在斯德哥尔摩召开由51个国家参加的国际会议，本次会议为加强世界各国之间有关知识产权问题的协调与合作共同签署了《世界知识产权组织公约》，成立了"世界知识产权组织"（World Intellectual Property Organization，WIPO）。1974年12月，WIPO成为联合组织系统的一个专门机构，总部设在日内瓦，现有175个成员。我国于1983年6月3日加入该组织。

1. WIPO 概述

WIPO旨在建立一个平衡和有效的国际知识产权制度，奖励创意，激励创新，促进所有国家的经济、社会和文化发展，同时保障公众的利益。WIPO是一个联合国（UN）的专门机构和政府间国际组织，致力于世界范围内知识产权的推广和使用。WIPO建立了专利、商标和工业品外观设计国际注册体系，这些体系大大简化了在诸多国家同时申请知识产权保护的程序。有了这些体系之后，申请人不再需要以多种语言提交多份国际申请，而只需要使用一种语言提交一份单独的申请，并且只交纳一项申请费即可同时在各签约国获得对一项发明的保护。无论是PCT成员国的申请人还是专利局都可以从PCT体系提供的统一手续要求、国际检索和初审报告及集中进行国际公布中受益。WIPO管理的国际保护体系针对具体的工业产权建立了4个不同的保护机制：（1）用以在多个国家提交专利申请的《专利合作条约》(PCT)；（2）商品商标和服务商标国际注册马德里体系；（3）工业品外观设计国际保存海牙体系；（4）原产地名称国际注册里斯本体系。

2. WIPO 专利信息检索服务

WIPO 官方网站提供了免费的"Databases WIPO GOLD"一站式检索门户，集合了全球范围内可检索的知识产权数据。网上免费数据库——在线专利信息检索服务（Patentscope），允许用户访问 6424 万件国际和国家专利文献，是重要的技术资源库。"Patentscope"常常用来查询以 PCT 申请形式首次公开的新技术信息，集合了 25 个参与国家和地区的国家专利。通过该数据库可以检索 PCT 申请公开、工业品外观设计、商标和版权的相关数据。

"Patentscope"系统提供专利的"Search"（检索）和"Browse"（浏览）两种方式。其中"Search"（检索）可细分为 Simple（简单检索）、Advanced Search（高级检索）、Field Combination（字段组合）、Cross Lingual Expansion（跨语种扩展）4 种检索方式；"Browse"（浏览）亦可细分为 Browsed by Week（PCT）[按星期（PCT）浏览]、Sequence Listings（序列表）、IPC Green Inventory（IPC 环保清单浏览）（中文页面不提供此种检索方式）、专利登记簿门户（Portal to patent registers）4 种检索方式。本书主要介绍"字段组合"检索。

1）简单检索

简单检索方式仅提供一个检索查询框。在查询框键入多个检索词时，系统支持同一查询框检索项布尔逻辑"AND""OR""NOT""ANDNOT"运算，每个检索词之间插入一个空格，系统即执行默认的逻辑"AND"运算关系。页面选择：Front Page（首页），可检索字段包括 Any Field（任意字段）、Full Text（全文）、English Text（英文文本）、ID/Number（识别码/编号）、Int.Classification（IPC）[国际分类（IPC）]、Names（名称）、Dates（日期）7 个字段。用户选择某个字段后，单击"Search"按钮即可得到检索结果。

2）高级检索

高级检索实际为 Patentscope 专家检索界面。可以键入检索词/词组，甚至短语，并将其与字段代码、布尔逻辑算符、括号进行组合查询，构造复杂的检索策略/表达式。在表达式中如果包含多种逻辑运算符号，有括号时，括号中内容优先；没有括号时，依据从左到右的顺序进行检索。支持同一词语中的单字符和多字符通配符检索。要执行单字符通配符检索，使用"?"符号；要执行多字符通配符检索，使用"*"符号。

检索过程可分为 5 步：

第 1 步　构造检索策略/表达式。在"检索内容："（Search For:）查询框内键入由检索词、字段代码、布尔逻辑算符组成的检索表达式。例如，(EN_TI:electric^10 EN_AB: "electric car") OR DE:solar^3。

第 2 步　在"语言"（Language）折叠选项中，选择检索语言，有 17 种语言可供选择，默认选项是"All"。

第 3 步　选择/取消词根提取"Stem□"。

第 4 步　专利局可选择全部"Office: All"。

第 5 步　指定专利数据来源或指定专利机构"Specify"可选择：全部；专利合作条约；非洲地区（包括 4 个国家）；美洲[包括美国、加拿大、LATIPAT、西班牙专利商标局（OEPM）、欧洲专利局（EPO）和拉丁美洲的一些工业产权局合作，通过 LATIPAT 项目促进专利信息的交换，并建立和维护包含拉丁美洲各国已公布专利信息的新地区数据库]。单击"Search"按钮实施检索。

3）字段组合

字段组合，也称域组合，是一种更加有针对性的检索方式，在这个检索页面，可以使用诸多检索字段组合，对特定检索条件（如标题、摘要、说明书等）进行检索。检索内容的输入不区分大小写。短语检索以半角格式的""进行限制。支持右截词检索、邻近词检索和布尔逻辑表达式检索。检索方法如下：

（1）登录网站。在地址栏键入：http://www.wipo.int，进入 WIPO 网站主页；单击页面的"WIPO/GOLD"链接，也可在"Resources"导航标识下，单击"Database（WIPO GOLD）"链接；或在地址栏内直接键入：http://www.wipo.int/wipogold/en/，进入数据库选择页面。选择"Technology"下的"Patentscope"数据库，进入专利检索服务页面，以上页面均可单击"中文"链接，设置成中文页面，网站提供 9 种语言检索页面。在"Search"（检索）下拉选项中，单击"Field Combination"（域组合）链接，即可进入域/字段组合检索页面，如图 7-3 所示。

图 7-3　Patentscope 数据库字段组合检索页面

（2）选择检索字段。可检索字段包括：全部名称（All Names）、全部号码和标识符（All Numbers and IDs）、申请人全部数据（Applicant All Data）、英文摘要（English Abstract）、英文权利要求书（English Claims）、英文说明书（English Description）、英文标题（English Title）、国家（Country）、国际分类（International Class）、发明人全部数据（Inventor All Data）、法律代表名称全部数据（Legal Representative All Data）、国家阶段的所有数据（National Phase All Data）、局代码（Office Code）、在先 PCT 申请号（Prior PCT Application Number）、优先权全部数据（Priority All Data）、公布日（Publication Date）等 48 个字段。页面默认查询框 12 个，单击"（+）Add Another Search Field（-）Reset Search Field"，可增加/减少查询框数量，最多可增至 14 个。

（3）键入检索词。在检索查询框内分别键入检索词。可将全部检索词/词组、甚至短语键入在同一字段内，也可以分别键入不同的字段。

(4) 确定布尔逻辑运算或组配关系。支持同一词语中的单字符和多字符通配符检索。要执行单字符通配符检索，使用"?"符号；要执行多字符通配符检索，使用"*"符号。

(5) 词根检索。如果想限制检索的确切性，取消复选框中的勾选"Stem:□"，只检索与查询框中检索词完全一致的结果；勾选复选框"Stem:☑"，将执行查询框中检索词词根检索的运算。

(6) 查询语言。在"Language"折叠选项中，提供 19 种查询语言的选择：Arabic（阿拉伯语）、Chinese（中文）、English（英语）、French（法语）、German（德语）、Hebrew（希伯来语）、Japanese（日语）、Korean（韩语）、Portuguese（葡萄牙语）、Russian（俄语）、Spanish（西班牙语）、Vietnamese（越南语）等。

(7) 专利机构。专利机构可选择所有机构"Office: All"或指定专利机构"Specify"。指定专利机构包括 PCT、Africa（非洲）、Americas（美洲）、LATIPAT、Asia-Europe（亚欧）等地区的专利管理机构。

(8) 检索。单击"Search"按钮开始检索。检索结果列表显示。内容包括专利国、专利名称、申请号、公布日期、国际专利分类、申请号、申请人、发明人、部分文摘等详细著录数据。

(9) 检索结果排序、显示、翻译。检索结果排序"Sort by:"方式有 5 种：相关度（Relevance）、公开日降序（Pub Date Desc）、公开日升序（Pub Date Asc）、申请日降序（App Date Desc）、申请日升序（App Date Asc）。

检索结果显示"View"方式有 5 种：Simple（简要格式）、Simple+Image（简要格式+图像）、All（所有内容）、All+Image（所有内容+图像）、Image（图像）。

页面显示检索结果数量"List Length"设置，提供每页显示 10 条、50 条、100 条、200 条记录设置。

翻译：如果检索结果页面设置成非英文状态，可选择"T 机器翻译"，由 Google 翻译自动将专利名称和文摘翻译成页面设置的语言。

(10) 浏览文摘和专利说明书全文。在检索结果列表中进行浏览、比较、筛选。单击选中的某件专利"WO 公布号"，页面上部还有一组按钮，可进一步浏览包括 PCT 著录事项（PCT Biblio. Data）、说明书（Description）、权利要求书（Claims）、国家阶段（National Phase）、通知（Notices）、文件（Documents）的信息。

4）按星期（PCT）浏览

WIPO 每星期四公布新的 PCT 申请，用户可选择按星期浏览 PCT 申请出版列表。

5）按序列表浏览

序列表（Sequence Listings）浏览提供访问核苷酸或氨基酸序列表中包含的已公布的 PCT 申请。可选择按年份和出版周浏览。

6）IPC 环保清单浏览

IPC 环保清单浏览由 IPC 专家委员会开发，目的是便于检索有关所谓的无害环境技术（Environmentally Sound Technologies，ESTs）的专利信息。可以浏览"联合国气候变化框架公约"所列出的"IPC 环保清单"。这些信息跨越 IPC 广泛分散在众多技术领域，清单借此将其收集在一个地方。但应该指出的是，清单不能覆盖全面详尽的 ESTs。

WIPO 为全球知识产权专业人士和普通用户提供了便捷、全面的专利检索服务，为国际专利信息的查询提供了一条更为便利、灵活和高效的途径。PCT 现有缔约国 146 个。

7.5.2 欧洲专利组织

1. EPO 概述

1973 年 10 月 5 日，16 个欧洲国家在慕尼黑签订旨在加强欧洲国家间发明保护合作的《欧洲专利公约》（*European Patent Convention*，EPC），并根据该公约成立欧洲专利公约组织。EPC 允许根据申请人的要求将欧洲专利的保护扩展到所有缔约方。1977 年 10 月 7 日，EPC 正式生效，并据此建立了欧洲专利局（European Patent Office，EPO）。这是一个政府间组织，主要职能是负责欧洲地区的专利受理和审批工作。EPO 是世界上实力最强、最现代化的专利局之一。从 1998 年开始，EPO 在 Internet 网上建立了免费 Espacenet 和 Epoline 两种专利数据检索系统，用户可以便捷、有效地获取免费专利信息。使用 Espacenet 可以免费检索世界上数十个国家、地区和国际专利机构 9500 多万件专利文献的著录项目、文摘、说明书、法律状态和同族专利等，能进行专利全文说明书的浏览、下载和打印。使用户便捷、有效地获取免费专利信息资源。使用 Epoline 可以查找特定国家专利申请的法律状态及其中间文件。

欧洲专利组织现有成员国 38 个，延伸的非成员国 10 个，签署验证协议的非成员国 4 个。2015 年 3 月起，摩洛哥成为第一个承认欧洲专利的非欧洲国家。目前，欧洲专利局可为一件申请在多达 40 多个国家提供专利保护。免费的机器翻译工具——"专利翻译"，提供包括中文在内的 32 种语言之间的互译。

2. 主要专利数据库

Espacenet 提供 3 个主要专利数据库检索，申请可以是 3 种官方语言（英语、法语和德语）中的任意一种。

1）Worldwide（全球专利数据库）

从 1998 年开始，Espacenet 用户能够检索欧洲专利组织任何成员国、欧洲专利局和世界知识产权组织公开的专利题录数据。

Worldwide 100 多个国家已公开申请的完整集合可检索世界范围内的专利。截至 2017 年 4 月底，该数据库收录了 1836 年以来全球范围内 100 多个国家专利文献著录项目，1970 年以后收集的专利有英文标题和摘要。该数据库中的数据类型包括题录数据、文摘、文本式的说明书及权利要求，扫描图像存储的专利说明书的首页、附图、权利要求及全文。由于收录的范围广、年代久，使得该数据库成为世界上免费专利资源中最重要的数据库之一。

2）使用不同语种申请专利公开数据库

（1）Worldwide EN-collection of published application in English 专利数据库包括已公开的用英语字符或单词申请的完整集合。

（2）Worldwide FR-collection des demandes publiées en français 专利数据库包括已公开的用法语字符或单词申请的完整集合。

（3）Worldwide DE-Sammlung veroffentlicher Anmeldungen auf Deutsch 专利数据库包括已公开的用德语字符或单词申请的完整集合。

3. Espacenet 专利数据库

Espacenet 专利检索系统提供 Smart search（智能检索）、Advanced search（高级检索）、

Classification search（分类检索）3 种方式。每种检索方式的页面上都配有快速帮助信息，能有效指导用户完成检索。

1）智能检索

智能检索适合初学者使用。使用者可以在智能检索页面的输入框中最多输入 20 个检索词（每个著录项目数据最多 10 个检索词），并以空格或适当运算符分隔，多个检索词可以使用布尔逻辑算符，在没有优先算符的情况下，系统默认从左到右运算。无须区分检索词所属的字段，系统可以根据检索词的格式自行判断其所属的字段。例如，输入"Siemens""EP""2015" 3 个检索词，用空格分隔，系统就会自动在发明人/申请人字段搜索"Siemens"，在申请号/公布号/优先权号字段搜索"EP"，在公布日期字段搜索"2015"，并将同时满足这 3 个条件的专利检索出来。

2）高级检索

高级检索可任意使用所提供字段进行检索，如图 7-4 所示。

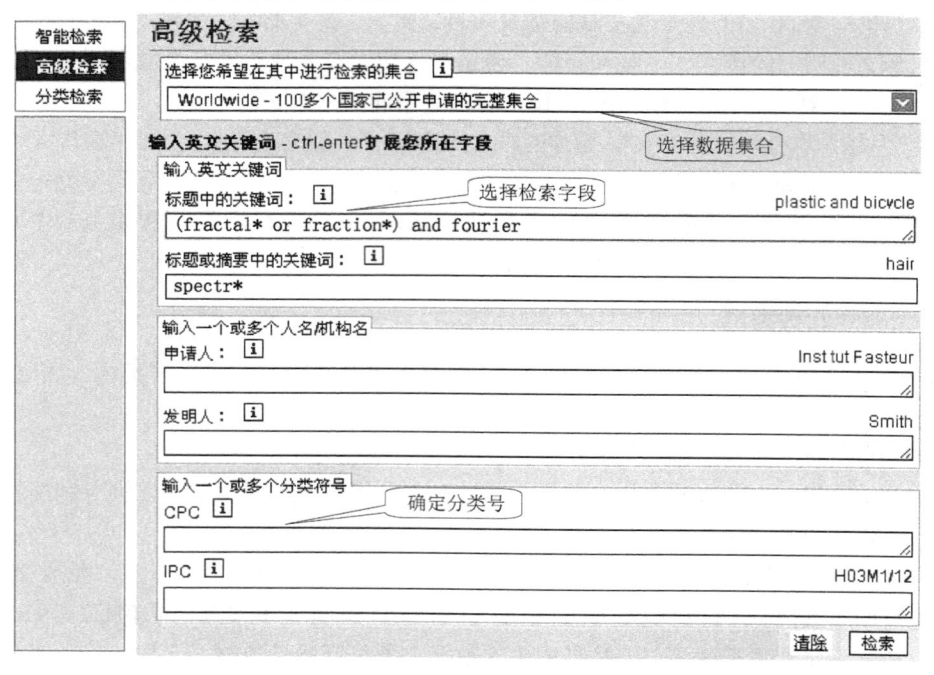

图 7-4　Espacenet 专利数据库高级检索页面

（1）选择检索页面语言。EPO 成员国共 38 个，包括德国、英国、法国等国家和欧洲专利局。单击"Change Country"按钮，可以展开为各成员国提供的 34 种检索语言页面列表，用户可以选择熟悉的检索语言环境。其中，China（中国）、Germany（德国）、Japan（日本）、Korea（韩国）、Lativa（拉脱维亚）、Serbia（塞尔维亚）为非成员国。

（2）选择数据集合。自 1998 年开始，欧洲专利局在互联网上建立了 Espacenet 数据检索系统，它包含 1 个数据库和 3 个数据集合选项库，每个数据库都有自己的数据收录范围。从"Select the collection you want to search in"下拉列表中选择您希望检索的专利数据库，可以使用英语、法语和德语检索 EPO's 数据库（Search the EPO's databases in Englis, French and German）。默认数据库为 Worldwide。

（3）选择检索字段。高级检索提供 10 个检索字段：标题中的关键词、标题或摘要中的关键词、公开号、申请号、优先权号、公开日、申请人、发明人、CPC（联合专利分类）、IPC（国际专利分类）。这10个检索字段的输入方式可以参考后面的示例或左侧"快速帮助"（Quick Help）提供的内容。

（4）键入检索词。每个检索字段中最多可输入10个检索词，并以空格或适当运算符分隔。

检索世界数据库时将忽略特殊字符（变音符号、重音符等）。在Espacenet和Worldwide中检索说明书和权利要求书全文时，可以用英语、德语和法语输入检索词。

（5）确定布尔逻辑运算或组配关系。检索时，可以使用布尔运算符AND、OR或NOT对多个检索词进行逻辑组配，以扩大/缩小检索范围。每个字段中最多可输入3个运算符，并且在一次检索任务中，最多输入20个运算符。例如，在标题字段输入car or automobile or vehicle进行检索。使用多个字段联合检索时，各字段之间默认运算符为AND。对于词组检索，则需要将词组置于双引号中，如"computer control"。

通配符：系统支持使用通配符进行检索，只能在"Title""Title or Abstract""Inventor""Applicant"检索框中。有3种通配符可供使用："*"代表任何长度的字符串；"?"代表0或1个字符；"#"代表1个字符。例如，要查找标题中含有car或cars的专利，可以在该字段中键入car?。

可以使用优先算符圆括号改变运算顺序，圆括号内的内容将先被执行，而后执行圆括号外的内容。

例如，在标题字段中输入crush and(dynamic or kinetic)，检索引擎将会检索出标题中包含的检索词dynamic或kinetic，并同时包含crush的专利文献。

（6）检索。单击"检索"按钮开始检索。

（7）浏览文摘和其他内容。单击某条专利的名称，即可浏览文摘和该件专利的其他内容。

其他功能：在文摘浏览页面上，系统还向用户提供了许多其他功能按钮选项。单击不同的功能按钮，可以分别查找Bibliographic data（著录数据）、Description（说明书）、Claim（权利要求）、Mosaics（说明书附图）、Original document（原始文献）、Cited documents（被引文献）、Citing documents（引用文献）、INPADOC legal status（法律状态）、INPADOC patent family（同族专利）等检索。查看专利引文对了解产品或技术的起源及发展情况非常有帮助。

欧洲专利申请说明书（European Patent Applications），文献种类标识代码A；欧洲专利说明书（European Patent Specification），文献种类标识代码B。

欧洲专利文献的主要种类：A代表还没授权的出版文本，B代表已经授权的版本，具体为：

A1——附有检索报告的欧洲专利申请说明书；

A2——未附检索报告的欧洲专利申请说明书；

A3——后来单独出版检索报告的欧洲专利申请说明书；

A4——对国际申请检索报告所做的补充检索报告；

A8——欧洲专利申请说明书的更正扉页；

A9——欧洲专利申请说明书的全文再版。

B1——已授权的欧洲专利说明书；

B2——异议程序中经过修改后再次公告出版的欧洲专利说明书；

B3——指经过实质性审查授予专利权的，后经限制性修改程序修改后再次公告出版的欧洲专利说明书（EPC2000）；

B8——欧洲专利说明书的更正扉页；

B9——欧洲专利说明书的全文再版。

S1——Design Patent 表示专利的状态为已授权。

Espacenet 检索系统还具备一些实用的功能，例如，免费下载/打印专利的著录项目和专利全文；对文本格式的摘要和全文提供了多语言机器翻译；自动保存检索式、标记重点专利，方便以后调用。在名称列表页面，可勾选需要保存的专利到 My patents list，如果超过一年未访问，系统将清空文件夹。但是文件夹最多只能存储 20 篇专利文献。

国际专利文献中心（International Patent Documentation Center，INPADOC）：是 1972 年由世界知识产权组织和奥地利政府共同建立的一个世界性专利文献服务中心，1991 年以后归属欧洲专利局，从此改名为 EPIDOS（European Patent Information and Documentation System，欧洲专利信息和专利文献服务中心）。

INPADOC 的出版物主要有号码数据库、专利族服务、专利分类服务、专利申请服务、专利优先权申请人服务、专利发明人服务、专利注册服务等；其中我们经常使用的有专利族服务和专利注册服务。

3）分类检索

EPO 使用 CPC 分类号查询系统，页面提供逐级显示全部 CPC 分类，可以直接选择相关分类，抑或通过输入关键词查询相关分类进行检索。更常用的方法是将相关分类复制到高级检索页面的分类输入框中，并在标题或摘要字段输入关键词进行检索，这种结合分类和关键词进行检索的方式，会获得更加优化的检索结果。

（1）分类表。在 Espacenet 检索系统页面，展开"Classification Search"链接，进入 CPC 分类表。单击某个部的分类代码，依次展开其下级类，查看具体细分种类的详细内容。

分类表上方提供总"索引"和各分部索引切换按钮"查看选项|索引|A|B|C|D|E|F|G|H|Y|"，方便查看某一部的详细分类表内容。

（2）功能选择。分类表上方还提供了若干按钮，调整展示页面的格式，其功能如下：

注释和警告：单击" "（toggle notes and warnings always visible，注释和警告切换）按钮，可获知某 CPC 分类是否与 IPC 有映射关系。

页面重新分布：选择箭头标志 ，将分类号展示在左侧，标题展示在右侧；选择箭头标志 ，将分类号展示在右侧，标题展示在左侧。

分类表结构：在缩进式点状结构" "和树状结构" "之间进行切换。

IPC 与 CPC 对比信息：单击" CPC "（toggle scheme colors (IPC versus CPC)）按钮，可绿色高亮显示 CPC 分类相关文本信息。

检索日期：单击" "（toggle dates）按钮，弹出日期选择框，可以查找在某日期或日期范围内的架构更新。

显示参考信息：单击" "（toggle references）按钮，在" "处展开其参考信息。

2000 系列模式：单击" "（toggle 2000-series）按钮，不显示 2000 系列模式；单击" 2000 "（toggle 2000-series）按钮，在末尾处显示 2000 系列模式。

PDF 分类表：单击" S "按钮，可切换到当前 CPC 分类号的 PDF 格式分类表页面。

说明语：单击" D "（说明语）按钮，显示小类/主组包括的内容情况等。

（3）选择分类号。在分类表左侧勾选若干分类号，该分类号将被复制到左边的框中。例如，勾选 B 部、F 部，这些分类号将默认由 AND 逻辑运算符连接。只要单击分类号旁边的选择框，可以很方便地检索/重新检索特定分类号。低位操作"/low"已默认选中，因此默认检索将包括组下的所有细分类。精确操作"/exact"已默认选中，但是只检索当前分类。

选择若干分类号，这些分类号将默认由 AND 逻辑运算符连接。

（4）检索。单击"Find patents"（查找专利）按钮，使用选中的分类号开始检索，浏览该分类专利信息的具体描述。

（5）组配检索。单击"复制到检索表单"（Copy to search form）按钮，将分类号自动粘贴至高级检索页面的分类号输入框，与其他字段组配检索，提高检索的精确性。

（6）分类号或类目关键词检索。已知某主题内容所属类目，可直接使用该分类号查询分类表描述进行检索。未知分类亦可通过类目关键字查询相关分类描述后进行检索。例如：可在"Search for a keyword or a classification symbol"输入框内键入类目关键词，如 stainless steel，然后单击"检索"按钮，查看与不锈钢有关的所有类目描述之后进行检索。

4）检索结果显示

本系统智能检索、高级检索、分类检索结果显示相同。有扩展和简要两种方式。

扩展方式显示的主要内容有数据库与检索式匹配的件数和检索结果列表。页面单页最多显示 20 件专利文献，通过跳转键可以显示下一页面的文献；而用户一次检索只能提取的最大文献量为 500 件。每件专利内容显示专利名称、发明人、申请人、CPC、IPC、公开信息和优先权日 7 项内容。

简要方式显示的主要内容有数据库与检索式匹配的件数和检索结果列表。每件专利内容显示公开信息。

4．Epoline 数据检索系统

Epoline 数据检索系统（View document in the European Register，欧洲专利登记簿）收录了欧洲专利局自 1978 年成立后公开的所有欧洲专利申请或指定欧洲的 PCT 专利申请，包括从递交申请到最后授权或权利终止这一全过程的所有审查、异议、上诉等数据信息。提供著录项目数据、同族专利信息、法律状态信息、引证文献/引证数据、审批历史及审查过程中的文档查阅（来自申请人的文件和自欧洲专利局发出的文件的扫描文本）等数据，只有号码是以 EP 或 WO 开头的文献才可能有链接，并找到相关信息。由于 Epoline 数据检索系统提供申请、审查、授权全过程的事务数据，故在此不做详细介绍。

7.5.3 德温特世界专利索引

1．德温特世界专利索引概述

英国的德温特公司（Derwent Publication Ltd.）创建于 1948 年，以报告化学、化工专利文献起家，是全球最权威的专利文献报道的出版机构。德温特公司的专利检索工具《德温特世界专利索引》（*Derwent World Patent Index*，DWPI）囊括了全部技术领域的 47 个国家和地区、2 个专利组织的专利文献，改写 30 多种语言的专利文献的英文摘要、详细的权利要求和发明的主要用途和技术优势，是世界上报道范围最广、规模最大、体系最完善的专利文献检索工具。1984 年 Thomson 收购了 Derwent。2008 年，Thomson 公司收购英国路透集团，DWPI 产品归属于汤森路透知识产权与科技事业部。2016 年，汤森路透知识产权与科技事业部从汤森路透独立出来并命名为科睿唯安（Clarivate）。DWPI 也作为核心资产，成为科睿唯安旗下的旗舰产品。

2. 德温特创新索引

《德温特创新索引》（*Derwent Innovations Index*，DII）将《德温特世界专利索引》与《专利引文索引》（*Patent Citation Index*）有机地整合在一起，用户不仅可以检索专利信息，在了解发明创造和创新的同时，还可以检索到专利的引用情况。通过专利间引用与被引用这一线索可以帮助用户迅速地跟踪技术的最新进展，更可以利用其与 Web of Science 平台获得相关的基础研究信息，通过揭示论文和专利之间的互相引证的关系，清楚地了解专利形成的过程、基础研究成果如何转变成专利并得到保护，以发现基础研究成果潜在的商业价值。

DII 收录来自世界各地超过 52 家专利授权机构及防御性公开的非专利文献，涵盖 3900 万项发明（Basic Record/Patent families）和 8000 多万条同族专利（截至 2019 年 1 月），每周更新并回溯至 1963 年。DII 按技术内容分为 Chemical、Electrical & Electronic 和 Engineering 三个子数据库，是检索全球专利最权威的数据库。其特点如下：

（1）以专利权属人、专利发明人、主题词为简单的检索入口，快速获取基本信息，提升专利检索效率。

（2）可以通过辅助检索工具快速找到相关的手工代码和分类代码添加到检索框进行检索。

（3）可以通过 Derwent 重新编写的英文描述性标题与摘要，快速了解专利的重点内容

（4）通过 Derwent 特有的深度索引增加检索的相关度。

（5）具有友好的个性化服务。

3. 德温特创新索引（DII）检索

在 Web of Science 主页页面"所有数据库"的下拉菜单中选择"Derwent Innovations Index"进入。该数据库的检索方式有基本检索、被引专利检索、高级检索等方式。本书主要介绍基本检索。

1）基本检索

基本检索提供有主题、专利权人、发明人、国际专利分类号、德温特分类号、德温特手工代码、德温特入藏登记号、环系索引号、德温特化学资源号、德温特化合物号和德温特注册号等检索字段。基本检索页面如图 7-5 所示。

图 7-5 Web of Science 平台 DII 数据库基本检索页面

例如，检索有关平板等离子显示器的相关专利，可以：①输入检索词"flat panel plasma

display"，用""号进行特定短语检索；②选择检索字段，主题字段；③单击检索。

在发明人、专利权人、国际专利分类号、德温特分类代码和德温特手工代码等检索字段都通过检索表格下方的"从列表中选择"提供了检索辅助工具。

2）专利引文检索

检索专利的被引用情况，如通过某个具体的专利，查看该专利被哪些机构和发明人所引用；在某个发明的技术基础上又有哪些新的改进；发现潜在的竞争对手或侵权行为。

4．德温特创新索引（DII）检索结果

1）检索结果排序

DII 的检索结果默认的排序方式是更新日期。

2）检索结果分析

可以在检索结果中勾选需要的专利，进行结果分析。可以按照"学科分类"进行分析，了解在所关心的技术领域有哪些公司或者机构申请了专利，哪些机构申请的最多；专利的技术属于哪些学科领域；按"专利权人姓名"或"专利权人代码"分析，可以了解竞争对手的情况；按"德温特分类代码进行分析，可以了解某项技术是如何跨学科进行发展和应用的等。

3）检索结果整理输出

可以利用"检索历史"保存检索式并创建定题跟踪服务。可以将需要的检索结果进行勾选、保存记录、打印或发送邮件；也可以将结果导出至 EndNote 方便以后使用。

7.5.4 美国专利与商标局

美国专利商标局（United States Patent and Trademark Office，USPTO）是美国负责专利和商标事务的非商业性行政机构，主要服务内容是办理专利和商标，传递专利和商标信息。它在互联网上设立的网站属官方网站，向公众提供全方位的专利信息服务。其网站地址为：http://www.uspto.gov。

1．USPTO 数据库概述

USPTO 数据库将美国 1790 年以来的各种专利全文数据在其网站上免费提供给用户查询。数据内容每周（星期二）更新一次。

2．主要专利数据库简介

USPTO 网站针对不同信息用户设置了专利授权数据库、专利申请公布数据库、法律状态检索、专利权转移检索、专利基因序列表检索、撤回专利检索、延长专利保护期检索、专利公报检索及专利分类等。

1）专利授权数据库

专利授权数据库（PatFT: Patents）收录了 1790 年 7 月 31 日至最近一周美国专利商标局公布的全部授权专利文献。该检索系统中包含的专利文献种类有发明专利、设计专利、植物专利、再公告专利、防卫性公告和依法注册的发明，如表 7-2 所示。

表 7-2 每种专利文献的收集范围

专利文献种类	1790—1975 年	1976 年至今
发明专利	X1-X11，280 1-3，930，270	3，930，271—当前
设计专利	D1-D242，880	D242，583—
植物专利	PP1-PP4，000	PP3，987—当前
再公告专利	RX1-RX125 RE1-RE29，094	RE28，671—当前
防卫性公告	T885，019-T941，025	T942，001-T999，003 T100，001-T109201
依法注册的发明		H1—当前

其中，1790 年至 1975 年提供美国专利说明书全文扫描图像（Full-Image）。1976 年 1 月 1 日以后的数据除图像型全文外，还包括授权专利文本型专利全文（Full-Text），可通过 56 个字段进行检索。

2）专利申请公布数据库

专利申请公布数据库（AppFT: Applications）将 2000 年 11 月 9 日起递交的专利申请进行公开，可供用户检索 2001 年 3 月 15 日以来公布的美国专利申请公布文献，同时提供文本型和扫描图像型全文美国专利申请公布（未授权）说明书，提供 39 个字段进行检索。专利申请公布说明书的起始号码为 20010000001。

本书主要通过专利授权数据库（PatFT: Patents）介绍美国专利的检索方法。

3．USPTO 数据库检索

USPTO 专利授权数据库提供检 3 种检索方式：快速检索（Quick Search）、高级检索（Advanced Search）、专利号检索（Number Search）。本书主要介绍"快速检索"。

1）快速检索

快速检索是系统提供的默认检索方式，检索方法如下。

（1）登录网站。在地址栏键入：http://patft.uspto.gov，进入 USPTO 专利数据库主页面，依次单击页面上方"PatFT: Patents"和"Quick Search"链接，进入快速检索页面，如图 7-6 所示。

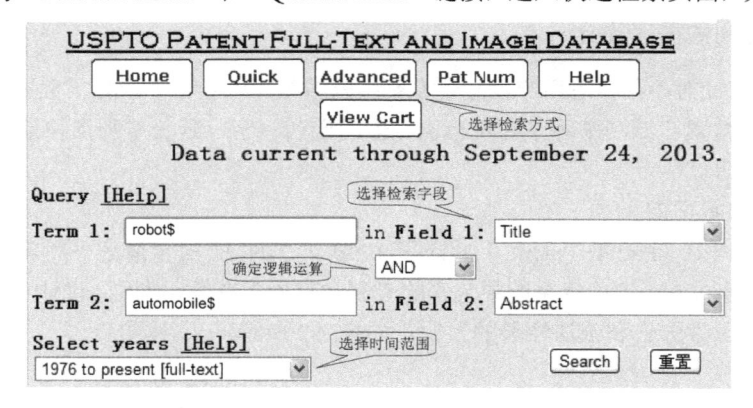

图 7-6 USPTO 专利数据库快速检索页面

快速检索提供两个检索查询框:"Term 1:"和"Term 2:"。与两个检索入口对应的是两个相应检索字段选项:"in Field 1:"和"in Field 2:"。在快速检索的两个检索字段之间有一个布尔逻辑运算符选项。在检索查询框"Term 2:"下方有一个年代选择项"Select Years"。所有选项均以下拉式菜单供用户根据检索需求选择所需的检索字段和检索年代,并在两个检索字段之间用布尔逻辑运算符构造一个完整的检索式。

(2)键入检索词。在两个检索查询框内分别键入检索词,可将全部检索词/词组、甚至短语键入在同一字段内,也可以分别键入到不同的字段。

(3)选择检索字段。在"in Field 1:"和"in Field 2:"下拉菜单中选择检索字段。系统提供Title(专利名称)、Abstract(文摘)、Issue Date(公布日期)、Patent Number(专利号)、Application Date(申请日期)等56个可检索字段,系统默认字段是All Fields(所有字段)。专利中各字段的缩写、意义、格式、举例可以从USPTO网站帮助信息中的"Tips on Fielded Searching"获得。

(4)确定布尔逻辑运算或组配关系。系统支持同一查询框内检索词之间布尔逻辑运算。在相应的查询框键入多个检索词时,每个检索词之间插入一个空格,系统即执行默认的逻辑"AND"运算关系。对于不同查询框,系统支持使用3种布尔逻辑运算"AND""OR""ANDNOT"进行组配检索。

(5)截词运算。快速检索支持截词运算(Truncation)。截词符"$"表示可以代替无限个字符,检索所有同词根的词,所有被包含的不同词缀的检索词自动匹配为逻辑关系"OR"。例如:键入robot$,可以检索robot、robots、robotic、robotics等所有词根为robot的词汇。

注意:截词运算仅支持后截词(右截词),而不支持前截词或中间截词的字母。如果对一个特定字段检索,截词后字符串长度不能少于3个字母;如果是全部字段(All Fields),截词后字符串长度不能少于4个字母。使用短语检索时不能使用通配符。

截词符号要正确使用。例如:tele$,检索结果将所有包含television(电视)、telephone(电话)和telecommunications(电信)的词均视为有效提问,这样会带来很大的误检率。所以如果只想检索有关电话方面的内容,则有效的截词长度应该是telephon$。

(6)短语检索。若使用短语进行检索时,短语须用双引号""标注。例如,检索"computer aided design",加注双引号,3个词将被视为一个词处理,否则短语中的各词被视为逻辑AND的关系,在引号内使用截词符号"$"无效。

(7)选择检索时间范围。在"Select Years"下拉菜单中选择检索年代或年代范围,包括3个选项:1976 to present[full-text]、1790 to present[entire-database]、TEST DATA[full-text],默认的年代范围是从1976年至现在。

(8)检索。完成上述操作后,单击"Search"按钮开始检索。检索结果显示专利号(PAT. NO.)、T(Full-Text图标)、专利名称(Title)列表。

(9)浏览文摘和专利说明书全文。在专利号(PAT. NO.)、专利名称(Title)列表中进行浏览、比较、筛选。单击选中专利号(PAT. NO.)或专利名称(Title)链接,进一步浏览包括题录数据、文摘(Abstract)、权利要求(Claims)及专利说明书(Description)内容等详细信息。

(10)法律状态查询。专利法律状态查询的目的是了解专利申请是否授权,授权专利是否有效,专利权人是否变更,以及与专利法律状态相关的信息。这些信息还包括专利权有效期是否届满、专利申请是否撤回、专利申请是否被驳回和专利权是否发生过转移等。

登录的主页,在"Patents"导航标识下,单击"Electronic Business Center"(专利电子商务

中心）链接进入该服务页面。在"Tools"下方选择单击"Patent Application Information Retrieval（PAIR）"。在系统的提示下，键入两个"识别词"，单击"continue"按钮。页面显示 5 个查询入口选项：Application Number（申请号）、Control Number（控制号）、Patent Number（专利号）、PCT Number（PCT 号）、Publication Number（公布号），选择一个入口键入相应的数据，单击"Search"即可查询该件专利的状态。

专利著录数据记录页面上有 10 个功能按钮。可供用户做的法律状态检索包括：通过查找专利缴费情况，确定专利是否提前失效；通过查找撤回的专利，确定专利是否在授权的同时被撤回；通过查找专利保护期延长的具体时间确定专利的最终失效日期；通过查找数据确定专利是否有继续申请、部分继续申请、分案申请等相关联的情报；通过查看专利权人的变化情况，确定专利权是否经过转移等。

2）高级检索

高级检索也称命令检索，允许使用嵌套的逻辑表达式。用户可以利用两个以上的逻辑运算符（OR、AND、ANDNOT）进行复杂且多主题的专利检索，从而得到较为精确和完整的检索结果。

在高级检索界面上，有一个供输入检索表达式的查询框"Query"，一个供选取检索年代范围的选项"Select Years"。页面下方提供了 44 个可供检索的字段的"Field Code（字段代码）"和"Field Name（字段名称）"对照表。单击"Field Name（字段名）"可以查看该字段的解释及具体信息的输入方式。

3）专利号检索

目前，许多论文的参考文献提供的是专利号。对于已知专利号的专利，用专利号检索非常方便简单。

第 8 章
网络学术搜索引擎

互联网的迅速发展不断地改变着人类世界,人们通过网络分享自己的知识、体验、情感或见闻,使互联网上的内容越来越丰富多彩,而搜索则更加速了人们信息的交流和传递。搜索是人们通向未知的一扇窗。无论是在传统互联网还是在新兴的移动互联网上,人们都越来越依赖搜索。然而,每时每刻不断增加的大量数据让搜索变得越来越不容易,让有价值的信息越来越难以寻找。这就对搜索提出了新的要求,即从浩如烟海的网络世界中去伪存真,查找实用的学术信息。被称为网络之门的搜索引擎(Search Engine)应运而生。搜索引擎作为互联网的导航工具,通过采集、标引众多的互联网资源来提供全局性网络资源控制与检索机制,目标是将互联网所有信息资源进行整合,以方便用户查找所需的信息。搜索引擎使我们的网络生活如虎添翼,有人说:"给我一个搜索引擎,我可以搜索整个世界。"

8.1 搜索引擎概述

众所周知,大多数人在网上寻找信息都从搜索引擎开始。搜索引擎为用户查找信息提供了极大的方便,你只需输入几个关键词,任何想要的资料都会从世界各个角落汇集到你的计算机前。然而如果操作不当,搜索引擎返回的结果中常常会伴有大量无关的信息,搜索效率大大降低。这种情况责任通常不在搜索引擎,而是因为用户没有选择合适的搜索引擎,没有掌握提高搜索精度的技巧。因此需要对搜索引擎有充分的认识,根据需求选择使用不同类型的搜索引擎,才会提高检索的效率,得到相对满意的检索结果。

8.1.1 搜索引擎发展历史及未来趋势

互联网上的信息浩瀚万千,而且毫无秩序,所有的信息像汪洋上的一个个小岛,网页链接是这些小岛之间纵横交错的桥梁,而搜索引擎,则为用户绘制了一幅一目了然的信息地图,供用户随时查阅。为了便于用户使用,除了网页标题和 URL 外,搜索引擎还会提供一段来自网页的摘要以及其他信息,为用户提供检索服务。

搜索引擎本身也是一个网站。与众多包含网页信息的普通网站不同的是,搜索引擎网站的主要资源是描述互联网资源的索引数据库和分类目录,为人们提供了一种搜索互联网信息资源的途径。搜索引擎的索引数据库,以网页资源为主,有的还包括电子邮件地址、新闻论坛文章、FTP、Gopher 等互联网资源。一个完整的搜索引擎组成包括:人工或自动巡视软件(如网络蜘蛛

-Web Spider，爬行者-Crawler，网络机器人-Robots 等）；索引库（Index 或 Catalog）或分类目录、用于检索索引库的检索软件（Search Engine Software）及可供浏览的界面等。因此，搜索引擎是指根据一定的策略，运用特定的计算机程序从互联网上搜集信息，在对信息进行组织和处理后，再提供给用户进行查询的系统。

1. 搜索引擎发展历史

1）搜索引擎第一代——分类目录时代

所有搜索引擎的祖先是 1990 年由 Montreal 的 McGill University（麦吉尔大学）3 名学生（Alan Emtage、Peter Deutsch、Bill Wheelan）发明的 Archie，这是一个以文件名查找文件的系统，但还不是真正的搜索引擎。现代意义上的搜索引擎出现于 1994 年，当时 Michael Mauldin 将 John Leavitt 的蜘蛛程序接入到其索引程序中，创建了大家现在熟知的 Lycos。1994 年 4 月，Stanford 大学的两名博士生，David Filo 和美籍华人杨致远共同创办了超级目录索引雅虎，并成功地使搜索引擎的概念深入人心。从此，搜索引擎进入了高速发展时期。这一代的搜索引擎主要依靠人工分拣的分类目录搜索，以雅虎、搜狐为代表，其搜索结果的好坏往往用反馈结果的数量来衡量。因此，第一代搜索引擎可以用"求全"来描述。

2）搜索引擎第二代——文本检索时代

这一代的搜索引擎查询信息的方法是通过用户所输入的查询信息提交给服务器，服务器通过查阅，返回给用户一些相关程度高的信息。这一代搜索引擎的信息检索模型主要包括布尔模型、概率模型或向量空间模型。采取这种模式的搜索引擎主要是一些早期的搜索引擎，如 Alta Vista、Excite 等。

3）搜索引擎第三代——链接分析时代

链接分析时代搜索引擎所使用的方法和我们今天网站的外部链接形式基本相同。在当时，外部链接代表的是一种推荐的含义，通过每个网站推荐链接的数量来判断一个网站的流行性和重要性。然后搜索引擎再结合网页内容的重要性和相似度来改善用户搜索的信息质量。第三代搜索引擎以超链接分析机器抓取技术为基础，以谷歌、百度为代表，主要特点是提高了查准率，因此可以用"求准"来描述。

第三代搜索引擎还在发展中，这一代搜索引擎是把搜索框变成了搜索平台，将互联网搜索、硬盘搜索、商务应用等功能以网站平台的形式呈现给用户；或在计算机与用户的互动提示下进行搜索为特征，为用户提供更加精准的搜索服务，降低死链接、空链接的发生率。

2. 搜索引擎未来发展趋势

搜索引擎从诞生之日起已有几十年历史，从最初的目录式搜索到关键词搜索，以及正在发展的语音搜索、图片搜索等，搜索引擎渡过发展的瓶颈期后逐渐转向智能搜索，进而提供越来越多的个性化搜索服务，实现了从信息搜索到知识服务的目标。搜索引擎的发展趋势大体归纳如下。

1）实时搜索

随着微博的个人媒体平台兴起，对搜索引擎的实时性要求日益增高，实时搜索最突出的特点是时效性强，核心是"快"，用户发布的信息在第一时间能被搜索引擎搜索到。

不过在国内，实时搜索由于各方面的原因无法普及使用，如谷歌的实时搜索是被重置的，百度还没有明显的实时搜索入口。

2）移动搜索

随着智能手机的快速发展，基于手机的移动搜索日益流行，尽管移动设备有一定的局限性，如屏幕小、可显示区域不多、计算资源能力有限、打开网页速度慢和手机输入烦琐等，但是，随着智能手机信息技术的进步和普及，移动搜索需求越来越强，移动搜索市场占有率将会逐步上升。

3）个性化搜索

个性化搜索主要面临两个问题：如何建立用户的个人兴趣模型？在搜索引擎里如何使用这种个人兴趣模型。

个性化搜索的核心是根据用户的网络行为，建立一套准确的个人兴趣模型。而建立这样一套模型，就要全面收集与用户相关的信息，包括用户搜索历史、单击记录、浏览过的网页、用户E-mail信息、收藏夹信息、用户发布过的信息、博客、微博等内容，从这些信息中提取出关键词及其权重。

为不同用户提供个性化的搜索结果，是搜索引擎的发展趋势之一，但还有一些难题没有彻底解决，例如，一是个人隐私的泄露，二是用户的兴趣会不断变化，仅依靠历史信息，无法反映用户的兴趣变化。

4）多媒体搜索

目前搜索引擎的查询还是基于文字的，即使是图片和视频搜索也是基于文本方式，那么未来的多媒体搜索技术则会弥补这一缺失。多媒体搜索形式除了文字，主要包括图片、音频、视频。多媒体搜索比纯文本搜索要复杂许多，一般多媒体搜索包含4个主要步骤：多媒体特征提取、多媒体数据流分割、多媒体数据分类和多媒体数据搜索引擎。

5）跨语言搜索

语言已经成为限制不同语种的人们在互联网上进行文化交流和科技交流的最大的障碍，因此跨语言搜索必将成为未来搜索引擎必备的一个功能。目前，跨语言搜索有机器翻译、双语词典查询和双语预料挖掘3种方法，通过跨语言搜索能让更多的人共享异域文化与先进的科学技术。

6）知识图谱搜索

知识图谱是显示知识发展进程与结构关系的一系列各种不同的图形，用可视化技术描述知识资源及其载体，挖掘、分析、构建、绘制和显示知识及它们之间的相互联系。当用户发起一个搜索请求后，除了显示用户搜索的结果，其他与之相关的重要信息也将以发散图表的形式呈现出来。这一功能将在满足用户信息检索的同时，更好地理解用户所需要的内容。

总之，搜索引擎将日益智能化、人性化，为用户提供快捷便利的服务，满足日益增长的个性化需求。

8.1.2 搜索引擎原理

搜索引擎并不真正搜索互联网，它搜索的实际上是预先整理好的网页索引数据库。所以，搜索引擎实际上也不能真正地理解网页上的内容，它只能机械地匹配网页上的文字。搜索引擎是收集了互联网上几千万个到几十亿个网页并对网页中的每个文字（关键词）进行索引，建立索引数据库。当用户查找某个关键词的时候，所有在页面内容中包含了该关键词的网页都将作为结果被搜索出来。在经过复杂的算法进行排序后，这些结果会按照与搜索关键词的相关度高低依次排列出来。

1．从互联网上抓取网页

利用能够从互联网上自动收集网页的 Spider 系统程序，自动访问互联网，并沿着任何网页中的所有 URL 爬到其他网页，重复这个过程，并把爬过的所有网页收集回来。

2．建立索引数据库

由分析索引系统程序对收集回来的网页进行分析，提取相关网页信息（包括网页所在 URL、编码类型、页面内容包含的所有关键词、关键词位置、生成时间、大小、与其他网页的链接关系等），根据一定的相关度算法进行大量复杂计算，得到每个网页针对页面文字中及超级链接中每个关键词的相关度（或重要性），然后用这些相关信息建立网页索引数据库。

3．在索引数据库中搜索排序

当用户输入关键词搜索后，由搜索系统程序从网页索引数据库中找到符合该关键词的所有相关网页。因为所有相关网页针对该关键词的相关度早已算好，所以只需按照现成的相关度数值排序，相关度越高，排名越靠前。最后，由页面生成系统将搜索结果的链接地址和页面内容摘要等内容组织起来返回给用户。

8.1.3 搜索引擎类型

搜索引擎不仅数量增长较快，而且种类较多。按资源的搜集、索引方法及检索特点与用途来分，搜索引擎可分为全文检索型、分类目录型、元搜索引擎，以及几种非主流形式。

1．全文检索型

全文检索型搜索引擎处理的对象是互联网上所有网站中的每个网页，通过从互联网上提取的各个网站的信息（以网页文字为主）而建立的数据库，检索与用户查询条件匹配的相关记录。因此，搜索引擎需要通过使用大型的信息数据库来收集和组织互联网资源，且大多具有收集记录、索引记录、搜索索引和提交搜索结果等功能。用户使用所选的单词或词组（称为"关键词"）来进行搜索，搜索引擎检索文本数据库以匹配或关联到用户给定的请求，然后按一定的排列顺序将结果返回给用户，是名副其实的搜索引擎。使用全文检索型搜索引擎得到的检索结果，通常是一个个网页的地址和相关文字，这里面也许没有用户在查询框中输入的词组，但在检索结果所指明的网页中，一定有用户输入的词组或与之相关的内容。每一条检索结果都应包括页面标题及其网址，检索结果还可能出现其他内容，如简短总结、大纲或文摘、页面首段的一部分或全部、表明页面与待查询项目相关联的数字或百分率、日期、文本大小、与检索词具有类似性的主题链接等。全文检索型搜索引擎的特点是信息量很大，索引数据库规模大，更新较快。互联网上新的或更新的页面会在短时间内被检索到，而过期链接则会及时移去。一般来说，人们总希望利用较大的搜索引擎来查找需要的信息。

2. 分类目录型

分类目录型搜索引擎又称为目录服务（Director Service），检索系统将搜索到的互联网资源按主题分成若干大类，每个大类下面又分设二级类目、三级类目等，一些搜索引擎可细分到十几级类目。这类搜索引擎往往还伴有网站查询功能，也称为网站检索，通过在查询框内输入用户感兴趣的词组或关键词（Keyword），即可获得与之相关的网站信息。当分类目录型搜索引擎遇到一个网站时，它并不像全文搜索引擎那样，将网站上的所有内容都收录进去，而是首先将该网站划分到某个分类下，再记录一些摘要信息（Abstract），对该网站进行概述性的简要介绍。当用户提出搜索要求时，搜索引擎只在网站的简介中搜索。分类目录型搜索引擎的特点是由系统先将网络资源信息系统地归类，用户只要遵循该搜索引擎的分类体系，层层深入即可清晰方便地查找到某一类信息。这与传统的信息分类查找方式十分相似，尤其适合那些希望了解某一主题范围信息的用户。由于分类主题检索得到的信息是经过精心组织的，因而分类主题较准确地描述了所检索的内容。

3. 元搜索引擎

元搜索引擎（META Search Engine）指在统一的用户查询界面与信息反馈的形式下，共享多个搜索引擎的资源库，为用户提供信息服务，又称作搜索引擎之上的搜索引擎。它将现有的多个搜索引擎看成一个整体，用户只需提交一次搜索请求，元搜索引擎根据知识库中的信息，将用户请求转换为多个搜索引擎所能识别的格式，由元搜索引擎负责转换处理后提交给多个预先选定的独立搜索引擎，由这些搜索引擎完成实际的信息检索，最后元搜索引擎再把从各个搜索引擎返回的结果收集起来，进行分析比较，合并冗余信息，去除重复信息，以一定模式返回给用户。著名的元搜索引擎有 InfoSpace、Dogpile、Vivisimo 等，中文元搜索引擎中具有代表性的是搜星搜索引擎。在搜索结果排列方面，有的直接按来源排列搜索结果，有的则按自定的规则将结果重新排列组合。

4. 垂直搜索

垂直搜索引擎为 2006 年以后逐步兴起的一类搜索引擎。不同于通用的网页搜索引擎，垂直搜索专注于特定的搜索领域和搜索需求（如机票搜索、旅游搜索、生活搜索、小说搜索、视频搜索等），通过针对某一特定领域、某一特定人群或某一特定需求提供的有一定价值的信息和相关服务，在其特定的搜索领域有更好的用户体验，其特点就是"专、精、深"，且具有行业色彩。相比通用搜索动辄数千台检索服务器，垂直搜索具有硬件成本低、用户需求特定、查询方式多样等特点。

5. 集合式搜索

集合式搜索引擎类似于元搜索引擎，区别在于它并非同时调用多个搜索引擎进行搜索，而是由用户从提供的若干搜索引擎中自行选择，如 HotBot 在 2002 年年底推出的搜索引擎。

6. 门户搜索引擎

门户搜索引擎，如 AOLSearch、MSNSearch 等虽然提供搜索服务，但自身既没有分类目录，也没有网页数据库，其搜索结果完全来自其他搜索引擎。

8.2 搜索引擎使用技巧

如何利用搜索引擎在网上搜集到需要的信息,一直是我们在网上搜索信息时所面对的问题。要在网上搜集到需要的信息最重要的是做好两点:一是选好关键词;二是要灵活运用检索方法和检索技巧。

8.2.1 检索词的选取

目前,搜索引擎不具备智能识别能力,只能针对检索词在现成的数据库中机械地搜寻与之相匹配的检索词,因此要准确高效的查询信息,关键之处就是要选择合适的检索词,选择检索词是一种经验积累,但在一定程度上也是有章可循的。检索词的选取要做到以下几点:

1. 检索词要反映信息特征

选择检索词的原则是,首先确定自己所要达到的目标,在头脑中有一个比较清晰的概念,即我要找的到底是什么?是资料性的文档,还是某种产品或服务,抑或其他;然后再分析这些信息之间的共性,以及区别于其他同类信息的内涵特性;最后从这些方向性的概念中提炼出此类信息最具代表性的关键词。

2. 检索词表达信息要准确

一般而言,检索词越具体准确,搜索引擎返回无关信息的可能性就越小,因此检索词表述准确是获得良好搜索结果的一个重要因素。常见的表达欠准确的情况是,检索词与主题不相关或虽然相关但表达不够简练。要知道描述同一信息内容的主题关键字越多,定位目标信息就越准确,搜索引擎返回的结果也就越精准。

3. 检索词要多元化表达信息

有时候,要想使检索结果更加符合自己的需要,可以通过使用多个同义词、近义词和关联关键词等来扩大搜索范围。尤其对于一些非热门信息来说,仅用单个常用检索词搜索,可能返回的结果条目太少,这时就需要增加使用同义、近义关键词和关联关键词来检索,才能达到较为全面而满意的搜索结果。

4. 检索词要避免使用自然语言

在选择检索词进行检索时,需要考虑要查找的网页将以什么方式编写,尽量不要用自然语言,即我们平时说话的语言和口气,要从自然语言中提炼检索词,从而达到搜索目的。一般情况下,只要对问题做出适当的描述,在网上基本就可以找到解决对策。

8.2.2 高级搜索和个性化设置

如果对搜索引擎各种查询语法不熟悉,建议使用集成的高级搜索界面。有的搜索引擎,使用者还可以根据自己的习惯改变默认的搜索设定,如搜索框提示的设置、每页搜索结果的数量等。常用高级搜索栏目包括检索词间组配与检索限制，采用高级搜索能使检索目标更清晰，检索结果更符合要求。

8.2.3 检索策略

搜索引擎本质上也是一种数据库检索。因此，针对数据库的检索策略，对搜索引擎几乎都可以使用，如逻辑组配、条件限制、精确匹配、通配等，如表8-1所示。

表8-1 搜索引擎的检索策略组配

要 求	策 略	实 现 方 式
组配关系	逻辑与	AND 或者 "+" 或者空格
	逻辑或	OR 或者 "｜"
	逻辑非	NOT 或者 "—"
	精确匹配	用 "" 如 "搜索引擎的基本原理"
文件限制	文件类型	"filetype:" 文件类型，如：filetype:pdf
词的位置	标题搜索	"title:"
	网站搜索	"site:" 或者 "link:" 针对选定网站进行搜索
	网页搜索	"url:" 检索地址中带有某个关键词的网页
词的变化	通配符	"*" 和 "?" 如输入 "gene*" 可检索出 "gene" "genes"

8.2.4 搜索结果

通常在搜索引擎反馈的检索结果中，与检索要求关联程度高或单击率比较高的内容总是安排在最前面，当来不及对检索结果全部浏览时，可以优先使用排在前面的内容。

检索结果列表中除了提供信息网址，还提供该网站的内容简介，用户必须先了解网站的基本内容，以确定该网站是否包含所需信息，才能在众多的检索结果中有效地找到合适的信息。由于检索结果的列表会根据检索系统的排序而改变，在浏览检索结果时如果遇到有价值的网站，注意及时将它们添加到浏览器收藏夹中或记录下来，否则，在下一次检索过程中可能再也看不到它。在搜索引擎的反馈结果中，经常会出现一些陌生的站点，请注意仔细看，它们当中可能包含着一些专门从事某一领域或某一主题研究的网站，注意收藏记录。

8.3 常用网络学术搜索引擎

8.3.1 搜索引擎的选择

互联网上搜索引擎很多，用户使用时需要根据自己的要求考虑以下几个因素，选择合适的搜索引擎。

（1）收录范围。综合性搜索引擎通常以全球的互联网资源为目标，而一些中、小型搜索引擎则致力于某区域或某一领域的专业资料信息。综合性搜索引擎的范围虽然广泛，但就某一区域或某一领域而言,不一定有中、小型搜索引擎信息收集得深入和完备。搜索引擎包含资源最多的是网络资源,有的搜索引擎只收集网络资源,而有的搜索引擎除了收集网络资源外,还收集BBS、FTP、Gopher、Newgroup 等资源。

(2)搜索引擎使用数据库的容量。不同的搜索引擎,其数据库的容量相差很大,有的已达2.5 亿个网页,而有的还不到百万个网页。

(3)用户界面。在保证功能齐全的基础上,应当保持用户界面友好,避免过多广告。

(4)响应速度。响应速度通常情况下不是由搜索引擎运行速度决定的,而是由网络传输速度决定的。

(5)更新周期。互联网始终处于不断变化发展之中,一个好的搜索引擎,除内容丰富、查找迅速外,还应该对数据库中已有内容进行审核、更新,及时删除死链接、坏链接。

(6)准确性与全面性。通常用户总是希望搜索引擎反馈的内容是准确和全面的,但实际上,准确性与全面性是搜索引擎的一对矛盾,不能过于苛求。

在使用搜索引擎时,可以先使用搜索引擎的分类目录,浏览一下自己关心的主题,然后再使用关键词检索中的简单检索。如果反馈的结果太多,则需使用高级检索功能。

目前,互联网已经成为人们发布、传播、交流、获取信息的重要渠道,其中包括大量具有科研价值的学术信息。为了更加快捷、准确地检索出这些学术信息,国内外的搜索引擎公司纷纷推出专门针对互联网上学术信息的专业搜索工具,如 Google Scholar、OAIster 和百度学术搜索等,这些都是互联网上众多学术搜索引擎的优秀范例。

8.3.2　Google Scholar

1. Google Scholar 概述

Google Scholar(http://scholar.google.com,谷歌学术搜索)是 Google 公司于 2004 年 11 月推出的免费学术搜索工具,其口号为"Stand on the shoulders of giants"(站在巨人的肩膀上),表明了该学术搜索引擎有助于科学研究和利用学术资源,进而创造出更高水平的学术成果。

Google Scholar 滤掉了普通搜索结果中一些的垃圾信息,可搜索学术领域中相关性较强的研究。Google Scholar 除了可以搜索普通网页中的学术论文,还可以搜索同行评论文章、学位论文、期刊文献、研究机构论文、技术报告、专利、图书、预印本及摘要等,涵盖医学、物理、经济和计算机科学等多个学科领域。

2. Google Scholar 检索模式

Google Scholar 提供基本搜索(Basic Search)和高级学术搜索(Advanced Scholar Search)两种检索模式。

1)基本搜索

基本搜索模式为默认页面,只有一个检索框,可输入一个或多个检索词,使用起来简单、快捷。多个检索词同时输入时,默认各检索词之间为逻辑"AND"(与)关系;其他逻辑关系,如"OR"(或)等需要将 OR 大写,否则系统会将其视为禁用词。类似的禁用词还有"and""where""who""what"等,如果想要检索这些禁用词,需在禁用词之前加上一个"+"号。

2）高级学术搜索

高级学术搜索提供更多的用户选项，包括检索词出现的位置、检索词的逻辑组配、文章的作者、文章出现的刊物和发表日期等。高级检索页面如图 8-1 所示。

图 8-1 Google Scholar 高级检索页面

（1）字段检索："where my words occur"（限定出现搜索字词位置）有两个选项，"anywhere in the article"（文章中任何位置）及"in the title of the article"（位于文章标题）。

（2）作者检索："Return articles authored by"（显示以下作者所著的文章），可获得特定学者的学术文献。

（3）文献来源检索："Return articles published in"（显示以下出版物的文章），可获得特定出版物检索的相关文献。

（4）时间范围："Return articles dated between"（显示在此期间发表的文章），适用于检索某一时间段或最新的学术文献。

Google Scholar 的搜索结果中每条信息内容都包含文献题名、作者、出版物、出版时间、摘要、被引用次数、相关文章、所有版本等。单击"文献篇名"可显示文献的摘要、全文或文献来源等；"被引用次数"可链接到引用该文献的所有其他文献；"相关文章"可链接到 Google Scholar 认为与该文章相关度较高的文献；"所有版本"为用户提供当前文献的所有版本，根据这些版本，用户能够找到相应的免费全文链接，以便进行全文下载。

8.3.3 OAIster 搜索

1. OAIster 概述

OAIster（http://www.oclc.org/oaister）是 2002 年美国密歇根大学在安德鲁·W. 梅隆基金资助下创建的项目,其目的是针对研究型图书馆社区向公众提供的数字图书馆资源创建的一种检索服务。2009 年,OCLC（Online Computer Library Center, Inc.,即联机计算机图书馆中心）与密歇根大学达成合作,提供访问 OAIster 中聚合的开放访问馆藏的持久途径,目前已发展成为全球最大的开放档案资料数据库。自从 OCLC 开始管理 OAIster 以来,现已包括由 2000 多家图书馆及研究机构贡献的超过 5000 万条记录,标引对象包括美国国会图书馆美国记忆计划、各类预印本及电子文献服务器、电子学位论文、机构收藏库等。资源类型包括数字化图书与期刊文章、原生数字文献、音频文件、视频文件、数据集、论文和研究论文、摄影图片、口述历史资源等, 覆盖自然科学、社会科学、人文艺术的各学科门类。OAIster 是"一站式"检索的门户网站,数据库每季度更新一次。

2. OAIster 检索途径

OAIster 提供多种检索途径,包括数据提供者（Data Contributor）、浏览或检索、全部字段（Entire Record）检索、题名字段（Title）检索、作者或创建者字段（Author/Creator）检索、学科字段（Subject）检索。

3. OAIster 检索方法

（1）组配方法：在检索框输入一个以上的词,这些词将作为词组被精确检索。
（2）截词检索：使用符号"*",检索词根相同单词的不同拼写形式。
（3）布尔逻辑检索：支持布尔逻辑运算符"AND""OR""NOT"。
（4）作者姓名顺序倒置：如果输入作者姓名检索不到检索结果,可将作者姓名顺序倒置,重新检索；忽略姓名大小写；忽略标点符号 。

检索结果排序有 3 种方式：A~Z 字母顺序排列,按照题名或作者（创建者）名称的英文字母顺序排列；日期先后排列,顺排或倒排；相关度排列等。检索结果含资源描述和该资源链接。

8.3.4 百度学术搜索

1. 百度学术搜索概述

百度学术（http://xueshu.baidu.com）于 2014 年 6 月上线,是百度旗下的提供海量中英文文献检索的免费学术资源搜索平台,涵盖各类学术期刊、学位论文、会议论文、专利、图书等学术资源,旨在为国内外学者提供最好的科研体验。截至 2020 年 8 月,百度学术整合了包括中国知网、维普、万方、Elsevier、Springer、Wiley、NCBI 等超过 120 万家国内外学术站点,共收录 6 亿余条中外学术文献,12 亿条文献全文链接。在此基础上,构建了包含 400 多万个中国学者主页的学者库和包含 1 万多中外文期刊主页的期刊库，成为我国最大的学术资源集成搜索平台，做到让学术搜索"一键直达"。

2. 百度学术搜索主要功能

（1）"论文查重"集合了万方数据、PaperPass 等权威官方品牌，提供安全便捷的论文查重服务。输入论文题目、作者、上传正文、选择查重系统，就可以进行论文查重了，不同的查重系统收费不同。

（2）"期刊频道"可查询哲学、教育、经济、法学、军事、文学、艺术、历史、信息工程、理学、工业工程、医学、管理和农学 14 个学科大类下主要的中文期刊信息，包括封面图片、期刊名称（中文/英文）、类型、影响因子、发文量、出版周期、搜索指数、被引量、ISSN 号、各期目录、主管单位、地址和网址等信息。

（3）"学者主页"提供了我国国内外 120061 个国内学术站点、近 360 万名学者的学术资料及 5400 多万篇论文。在"学者查询"后面的搜索框中输入学者的姓名和单位，就能获得该学者的详细学术信息，包括姓名、单位、被引次数、成果数、H 指数、G 指数、研究领域、各年产出成果分布图、合作者、合作机构、所发论文等。通过学者主页可以自动帮学者聚合学术成果，生成自己的学者主页，实时监控全网文章更新，可及时得知自己文章被引用的信息，还可以通过百度学术名片，提升自己的学术影响力。

（4）"开题分析"通过输入研究方向主题词，开题分析即可呈现该方向的研究走势、研究现状，还重点推荐该领域下的经典文献、最新文献及已对该研究做过理论数据分析的综述性文章和相关学位论文等参考文献。通过一键生成的分析报告，能够为其提供非常好的帮助。

（5）"文献互助"是一个支持公开求助全文的免费平台，用户可以发布自己想要的文献求助信息，他人应助成功后，用户即可在"我的求助"中下载到全文；也可以主动应助，帮助他人提供文献资源。不管是求助还是应助，都不涉及实际费用，仅百度学术的财富值发生增减。

3. 百度学术搜索检索方式

百度学术采用"一键式"搜索，而且界面和"百度"类似，用户使用起来非常方便。进入百度学术主页后可以看到一个检索框，在检索框内输入检索词，单击"百度一下"即可实现相关检索。

为使搜索更加精准，可以单击检索框前的高级检索，设定检索词的逻辑关系、检索字段、作者，以及出版物、发表时间等内容进行精确检索。高级搜索页面如图 8-2 所示。

4. 百度学术搜索检索结果

搜索结果页面显示的信息包括命中文献条数、题名、作者、文章出处（期刊名、出版时间）、被引量、摘要、文献来源和关键词。页面将会按相关性对检索结果进行排序，也可改为按"被引量"或"时间"进行排序。此外，还可对检索结果中的论文进行下载、引用、批量引用和收藏。

百度学术搜索的另一大特点则是对检索到的收费及免费版学术论文进行结构化提取，通过时间筛选、标题、关键字、摘要、作者、出版物、文献类型、被引用次数等细化指标提高检索的精准性。我们可以在检测结果左侧，通过出版时间、研究领域、刊物类型、关键词、文献类型、作者、期刊名称和机构等进行二次筛选。单击文献标题，即可跳入来源网站进行进一步阅读及操作。

图 8-2　百度学术搜索高级搜索页面

第 9 章 信息的综合分析与利用

信息综合分析与利用是科研工作中的一个重要环节。根据研究课题的要求，对文献信息中的观点、数据、素材进行深入细致的分析和综合研究。通过对比、分析、综合、推理和数学统计等方法，从中找出共同性的或具有发展趋向性的特征和规律，才能提出有关科研课题的意见、观点、建议和方案。

9.1 信息的搜集与分析整理

信息资料的系统搜集和保存，是信息利用的前提和基础，是研究过程观点形成的基础，是动笔写论文的重要依据，也是科学研究活动的保障和重要组成部分。只有掌握信息检索的知识，运用现代化检索手段，利用丰富的数字化信息资源，采取有效的检索方法，才能用最短的时间和最少的精力获得最有用的资料，从相关资料中发现一些可能对当前研究有用的研究思路及方法，为研究成果提供背景材料，顺利地完成论文开题或写作。总之，查阅、收集资料是一项基础工作，它会帮助你掌握研究的现状，并为研究过程提供有益的信息。

9.1.1 信息搜集的原则

文献信息资源搜集固然重要，但也不能盲目搜索，必须遵循一定的原则来保证信息采集的质量。

1. 可靠性原则

所搜集的数据、事实文献资料必须是真实的、科学的和客观的，这样才能有助于顺利开展科学决策和科学研究并取得成功。在科学研究过程中，科研人员在实验、观察和调查中，也一定要采取严谨的科学态度，认真、仔细、客观地记录各种数据、事实和资料。可靠性是文献信息利用的前提。

2. 系统性原则

科技文献信息资源都以反映其专业而形成学科体系，因此，收集信息时既要考虑本专业在整个科技领域的相互渗透，又要考虑本专业的历史连贯性并反映其演变脉络。连续系统的信息资源才能反映学科的发展状况，从中分析研究，找出可以借鉴的信息。

3. 新颖性原则

科学技术突飞猛进的今天，新思想、新理论、新科技、新产品层出不穷，更新周期越来越短，这就促使科技文献加快老化，寿命缩短，因而在搜集文献时，一定要定期查阅最新文献，收集最新的数据和事实，跟上科学技术的发展步伐。

4. 针对性原则

现代科学技术的迅猛发展，使得文献数量急剧增加，内容交叉重复，因此，在搜集专业文献时不能是多多益善，而要根据需要有针对性、突出重点地收集，要注意文献内容的可靠程度和学术水平，否则会给下一步的筛选工作造成很大的困难。当然，也不要把范围定得过窄，以至于漏掉许多有价值的文献。

5. 计划性原则

为了达到文献信息资源搜集的预期目的，在收集之前必须根据信息资源需求的实际情况做好计划，做到心中有数，有的放矢。

9.1.2 信息搜集的方法与途径

信息传播渠道一般分为非正式渠道和正式渠道。非正式渠道传播的信息称为非正式信息源；正式渠道传播的信息称为正式信息源。

1. 非正式信息源的搜集方法与途径

（1）外出调研，到同类课题或相关课题的研究单位进行调查研究，了解其研究情况、实验设备、手段及进展情况。

（2）参加国内外的学术研讨会及专题研究会，听取论文宣读、专题讲座、同行互访、个别交谈等直接获取信息。

（3）参加成果展览会搜集信息。

（4）通过同行之间的私人通信（如信件、邮件、短信等）搜集信息。

（5）通过互联网的 BBS、通信讨论组、网络会议等各种交流方式搜集信息。

2. 正式信息源的搜集方法与途径

（1）浏览本学科的核心期刊，注意搜集涉及自己主攻方向的新情报，把握总的发展方向。

（2）利用各种文献检索工具（如目录、题录、文摘）和各种网络数据库（如书目数据库、全文数据库）进行检索，搜集有价值的文献信息。

（3）通过各种参考工具书（如百科全书、年鉴等）和各种事实、数值型数据库搜集特殊需要的情报。

（4）通过广播电视搜集信息。

（5）充分利用互联网提供的信息环境，通过现代化的信息搜索手段，快速、便捷地获取所需要的信息资源。

9.1.3 获取原始文献信息的途径

1. 利用馆藏目录或联合目录获取原始文献信息

首先，查阅本单位图书馆情报部门的馆藏目录（机读目录），在本单位得到原始文献信息；其次，应查阅国内外其他图书情报部门的联合目录，目的是要查到原始文献信息的馆藏地点，采用网上订购、馆际互借、文献传递等方式来获得原始文献信息。

2. 利用著者和地址向著者索取原始文献信息

若利用上述途径找不到原始文献信息而又急需时，可利用著者和地址向著者去函要求提供原始文献信息。

3. 利用网上搜索引擎

通过搜索引擎查找国内外同行的最新研究动态或与课题相关的简讯、评论等方面的原始文献信息。搜索引擎是用来对网络信息资源管理和检索的一系列软件，实际上也是一些网页。查找信息资源时，在其中的搜索框中输入查找的关键词、短语或其他相关的信息，再通过超级链接，逐一访问相关网站，就可以查找到所需的信息，如谷歌、百度、雅虎搜索引擎。

4. 利用权威机构网站

如果用户熟悉网络资源的特点和分布状况，了解常用信息资源的发布方式，可通过国内外重要科研机构、信息发布机构、学会等的网址，及时准确地获得权威机构发布的信息。要了解关于医药研究方面的信息和最新科研动态，可到美国国立研究院（http://www.nih.gov）或世界卫生组织（http://www.who.int），以及其他一些重要的医药学会、协会的网站上查找。

5. 利用各高校网络资源

高校图书馆是网络信息资源的主要发布阵地，尤其是针对学术信息资源。图书馆根据读者需求，编制网络资源导航系统，建立中外文网络数据库链接，筛选网上信息，剔除重复和无用的网络资源，引导读者最大限度地利用有效的信息资源，将读者从繁杂、无序的信息海洋中解脱出来，有效地遏制信息泛滥给读者造成的影响。如建立网络信息资源链接列表、数据库的镜像服务网站，将信息资源按水平、质量、来源、相关度等加以排列，指明文献可利用程度，同时编制各种网上"指南"和"索引"，帮助读者有效利用网络信息资源。

6. 利用公共图书馆网络资源

公共图书馆由国家中央或地方政府管理和支持，免费为社会公众服务，因此可以充分使用公共图书馆所提供的各类资源，尤其是数字资源。

（1）国家图书馆（http://www.nlc.gov.cn）：国家图书馆资源非常丰富，提供了很多常用的中外文学术资源，大都提供远程访问，部分仅限于馆内访问。读者可免费注册账号，单击首页"查找更多数字资源"进行访问，具体权限请阅读"读者资源使用权限说明"。国家图书馆的"文津搜索"也是其重要特色，读者可充分利用其获取更多信息。同时也可通过关注"国家图书馆"的公众号或"掌上国图"，获取更多移动阅读资源。

（2）辽宁省图书馆（http://www.lnlib.com）：辽宁省图书馆现有馆藏文献650余万册（件），古籍文献61万册，善本书12万册，宋元版书100余部，还藏有丰富的东北地方文献和有关满族、清代及伪满时期的文献资料。近年来，辽宁省图书馆顺应现代技术发展，逐步推出网络图书馆、移动图书馆、微信图书馆、电子阅读器等服务内容，读者可充分利用这些数字资源。

（3）沈阳市图书馆（http://www.sylib.net）：沈阳市图书馆现藏文献500余万册（件）。古籍中汇刻丛书比较丰富，东北地方史料较为完整。镇馆之宝为清末民初吴廷燮写本《明实录》，是国内尚存唯一的一部较完整的写本明代史料长编，还有《古今图书集成》《百川学海》《经训堂丛书》《雅雨堂丛书》等大型丛书、类书百余部及清光绪末年修纂的辽、吉、黑三省各县乡土志等。沈阳市图书馆实行全年免费开放，读者亦可利用其网上资源进行阅读。

7. 利用开放获取资源

网络上有很多站点提供免费的学术资源，这些资源包括工具书、电子期刊、标准、专利等免费数据库。开放获取（Open Access）是网络上提供免费资源最常见的方式之一，它是指某文献可以在互联网公共领域中被免费获取，允许任何用户阅读、下载、复制、传递、打印、检索、超级链接该文献，并为之建立索引，用作学习、研究或其他任何合法用途。用户在使用该文献时不受财力、法律或技术的限制，而只需要在存取时保持文献的完整性，对其复制和传递的唯一限制，或者说版权的唯一作用应是作者有权控制其作品的完整性及作品被准确接受和引用。

9.1.4 信息的分析与鉴别

信息资料收集好后，要进行鉴别和筛选，鉴别信息来源的可靠性和准确性，并进行系统的整理。信息分析与鉴别就是对经过初步整理的素材进行鉴别、深入且细致的分析、推敲和判断，并从中发现新的知识、新的理论或者可以启发新思维的某些亮点。

1. 信息分析的方法

信息分析是一种以信息为研究对象，根据想解决的特定问题的需要，收集与之相关的信息，进行分析研究，目的是得出有助于解决问题的新方法的过程。信息分析的方法很多，主要有定性和定量分析两种。定性分析是运用比较、分类、类比、分析和综合、归纳与演绎等手段进行研究，得出研究对象的特征的方法。这类方法有综合分析法、比较分析法、相关分析法、典型分析法等。定量分析是运用数学模型来对研究对象的本质特征进行量化来分析与研究，这一类的方法有文献计量法、回归分析法、时间序列法等。

常用的信息分析法如下：

（1）综合归纳法。综合归纳法是一种定性分析法。综合归纳法是把相关的情况、数据、观点的进行归纳和整理，把事物的各部分、各方面和各种因素结合起来考虑，从错综复杂的现象中探寻事物的本质，以达到从整体的角度来认识事物发展的全貌和全过程的目的。

（2）比较分析法。比较是确定事物之间差异点和共同点的逻辑方法，是人类认识客观事物、揭示客观事物发展变化规律的一种基本方法。比较法是信息分析中最常用、最基本的一种定性分析方法，可分为纵向和横向两种方法。纵向比较是通过同一事物在不同时期的状况，如数量、质量、参数、速度、效益等特征进行对比，认识事物的过去和现在，从而分析其发展趋势。横向比较是对不同区域的同类事物进行比较，可以找出区域间、部门间、或同类事物的差距，类别优劣。

(3) 相关分析法。相关分析法是利用事物之间的相互关系所折射出的信息之间的相互关系，分析现有信息所不包含的新的信息成果的一种信息分析方法。这种分析方法是一种定性分析与定量分析相结合的方法，其特点是可以在一个具体的分析过程中综合运用这两种方法。相关分析法包括性质相关分析、结构相关分析、数值相关分析、变量相关分析和内容相关分析等形式。

(4) 文献计量法。文献计量法是以文献为对象，以数学和统计学为手段，用量的概念表述科学现象的一种宏观研究方法，也是信息研究中特有的研究方法。文献计量学中常用文献增长率、文献老化率、文献离散率、文献引用率、论文作者分布定律等在文献计量过程中可依据这些经验规律来分析研究被研究对象的特征。

其他经常使用的信息分析方法还有典型分析法、背景分析法、回归法、预测分析法等，在实际的信息分析中应该根据不同的内容和要求，采用一种或多种分析方法。

2．信息鉴别的方法

对上面通过信息搜集、整理和分析得到的信息，还要进行鉴别以确定信息是否准确可靠。信息的鉴别可以从以下两方面进行。

1) 信息来源鉴别

(1) 信息是否出自著名的研究机构。著名研究机构在其领域中具有很高的声望，其研究成果可信度高。

(2) 信息是否刊登在权威期刊。权威期刊有相应的评价标准，可以保证信息的准确性和价值性。

(3) 信息的被引用次数。引用的次数代表了该文献被别人认可的价值度。如果一篇文献刊登了多年却引用次数为零，说明在其研究领域无人关注，或者其研究的内容缺少价值。当然，如果是最新的文献，由于时间关系，短期内没有被引用是正常的。

2) 信息内容鉴别

(1) 可信度。文献中的观点是否可信，实验数据是否可重复，调查数据是否真实，是需要认真甄别的。

(2) 经典性。每个领域都有几篇文献属于经典的奠基性文献，当研究该领域时，最好能找到并研读这些文献，才能对该领域的研究历史有所了解。

(3) 新颖度。文献研究的内容与该领域当前的热点是否相关，可结合课题的学科发展趋势判断该文献是否新颖。

9.1.5 信息整理方法

对搜集到的资料应先整理，然后再加以利用。整理文献信息的方法一般包括文献信息的阅读和消化、文献信息的分类与排序。

1．文献信息的阅读和消化

阅读和消化文献的一般顺序为：先阅读中文资料，后阅读外文资料，有助于理解内容，也能加快速度；同一篇文献既有文摘又有原文，则应先阅读文摘，后阅读全文。根据文摘提供的信息，决定是否需要继续阅读全文，以节省精力和时间；先阅读综述性文献，后阅读专题性文献，有助于在全面了解课题基础上对专题文献做出选择；先阅读近期文献，后阅读早期文献，有助于了解最新水平和发展前景。先粗读或通读文献，后精读文献，通读可以掌握课题概貌，精读可以消化重点文献。

2. 文献信息的分类与排序

对通过不同渠道搜集来的信息资料进行信息分类、数据汇总、观点归纳和总结等形式和内容方面的整理。对于从事多项课题研究人员，应按课题建档、排序，对归类资料进行筛选，剔除重复、淘汰价值不大的信息，根据需要索取原文。

为了方便管理和利用，可采用个人文献管理软件来检索和整理文献，如 NoteExpress、EndNote、Mendeley、中国知网研读平台等。详细内容请参照本书 9.3 节。

9.2 信息伦理和学术规范

9.2.1 信息伦理

信息伦理即信息道德，是指在信息的采集、加工、存储、传播和利用等信息活动的各环节中，用来规范其间产生的各种社会关系的道德意识、道德规范和道德行为的总和。它通过社会舆论、传统习俗等使人们形成一定的观念、行为规范和价值观，从而使人们自觉地规范自己的信息行为。信息伦理不是由国家强行制定和强行执行的，是在信息活动中以善恶为标准，依靠人们的内心信念和特殊社会手段维系的。信息伦理结构的内容可概括为 2 个方面和 3 个层次。

1. 2 个方面

所谓 2 个方面，即主观方面和客观方面。前者指个体在信息活动中以心理活动形式表现出来的道德观念、情感、行为和品质，如对信息劳动的价值认同，对非法窃取他人信息成果的鄙视等，即个人信息道德；后者指社会信息活动中人与人之间的关系及反映这种关系的行为准则与规范，如扬善抑恶、权利义务、契约精神等，即社会信息道德。

2. 3 个层次

所谓 3 个层次，即信息道德意识、信息道德关系、信息道德活动。

（1）信息道德意识是信息伦理的第 1 个层次，包括与信息相关的道德观念、道德情感、道德意志、道德信念、道德理想等。它是信息道德行为的深层心理动因。信息道德意识集中地体现在信息道德原则、规范和范畴之中；

（2）信息道德关系是信息伦理的第 2 个层次，包括个人与个人的关系、个人与组织的关系、组织与组织的关系。这种关系是建立在一定的权利和义务的基础上，并以一定信息道德规范形式表现出来的。如联机网络条件下的资源共享，网络成员既有共享网上资源的权利，也要承担相应的义务，遵循网络的管理规则。成员之间的关系是通过大家共同认同的信息道德规范和准则维系的。信息道德关系是一种特殊的社会关系，是被经济关系和其他社会关系所决定、所派生出的人与人之间的信息关系。

（3）信息道德活动是信息伦理的第 3 个层次，包括信息道德行为、信息道德评价、信息道德教育和信息道德修养等。信息道德行为即人们在信息交流中所采取的有意识的、经过选择的行动；根据一定的信息道德规范对人们的信息行为进行善恶判断即为信息道德评价；按一定的信息道德理想对人的品质和性格进行陶冶就是信息道德教育；信息道德修养则是人们对自己的信息意识和信息行为的自我解剖、自我改造。因此，信息道德活动主要体现在信息道德实践中。

3．有机统一

总的来说，作为意识现象的信息伦理，它是主观的；作为关系现象的信息伦理，它是客观的；作为活动现象的信息伦理，则是主观见之于客观的。换言之，信息伦理是主观方面，即个人信息伦理与客观方面，即社会信息伦理的有机统一。

9.2.2 学术规范

学术规范是学术研究活动中形成的，学术共同体共同遵守的各种行为规则。指尊重知识产权和信息伦理，严禁抄袭剽窃，充分理解、尊重前人及今人已有学术成果，并通过引证、注释等形式加以明确说明，从而在有序的学术对话、学术积累中实现学术创新。学术研究活动大体包括学术研究、学术写作、学术评价（包括学术批评）和学术管理等。学术规范体现在学术活动的全过程之中，主要表现为学术道德规范、学术法律规范、学术引文规范、写作技术规范等。

1．学术道德规范

学术道德规范是学术规范的核心部分，是对学术工作者从思想修养和职业道德方面提出的要求。根据教育部《关于加强学术道德建设的若干意见》等规定，学术道德规范的内容主要有如下几点：

（1）增强献身科教、服务社会的历史使命感和社会责任感。要将自己置身于科教兴国和中华民族伟大复兴的宏图伟业之中，以繁荣学术、发展先进文化、推进社会进步为己任，努力攀登科学高峰。要增强事业心、责任感，正确对待学术研究中的名与利，将个人的事业发展与国家、民族的发展需要结合起来，反对沽名钓誉、急功近利、自私自利、损人利己等不良风气。

（2）坚持实事求是的科学精神和严谨的治学态度。要忠于真理、探求真知，自觉维护学术尊严和学者的声誉。要模范遵守学术研究的基本规范，以知识创新和技术创新作为科学研究的直接目标和动力，把学术价值和创新作为衡量学术水平的标准。在学术研究工作中要坚持严肃认真、严谨细致、一丝不苟的科学态度，不得虚报成果，反对投机取巧、粗制滥造、盲目追求数量不顾质量的浮躁作风和行为。

（3）认真履行职责，维护学术评价的客观公正。认真负责地参与学术评价、正确运用学术权力、公正地发表评审意见是评审专家的职责。在参与各种推荐、评审、鉴定、答辩和评奖等活动中，要坚持客观公正的评价标准，坚持按章办事，不徇私情，自觉抵制不良社会风气的影响和干扰。

（4）树立法制观念，保护知识产权、尊重他人劳动和权益。要严于律己，依照学术规范，按照有关规定引用和应用他人的研究成果，不得剽窃、抄袭他人成果，不得在未参与工作的研究成果中署名，反对以任何不正当手段谋取利益的行为。

2. 学术法规规范

学术法律规范包括国家制定的法律、法规和有关技术标准等。我国目前尚未制定专门的法律来规范人们的学术活动，与学术活动有关的行为规则分散在不同的法律法规中。例如，《关于科技工作者行为准则的若干意见》第一条第一款规定：科技工作者应当模范地遵守宪法和法律。《高等学校哲学社会科学研究学术规范（试行）》第五条规定：高校哲学社会科学研究工作者应遵守《中华人民共和国著作权法》《中华人民共和国专利法》《中华人民共和国国家通用语言文字法》等相关法律法规。学术法律规范的主要内容可以概括为以下几个方面。

（1）学术研究不得泄露国家秘密和单位的技术秘密。国家秘密是关系国家的安全和利益、依照法定程序确定、在一定时间内只限一定范围的人员知悉的事项。学术活动中对涉及的国家秘密必须保密，否则将要承担相应的法律责任。另外，根据《中华人民共和国促进科技成果转化法》等法律的规定，企业、事业单位应当建立健全技术秘密保护制度，保护本单位的技术秘密，职工应当遵守本单位的技术秘密保护制度，在学术活动中必须保守单位技术秘密，不得泄露。

（2）学术活动不得干涉宗教事务。根据《宗教事务条例》的规定，在出版学术著作时，其中不得含有：破坏信教公民与不信教公民和睦相处的内容；破坏不同宗教之间和睦及宗教内部和睦的内容；歧视、侮辱信教公民或者不信教公民的内容；宣扬宗教极端主义和违背宗教的独立自主自办原则的内容等。

（3）学术活动应遵守著作权法、专利法规定。学术活动涉及最多的就是知识产权问题。因此，著作权法等知识产权方面的法律法规，往往就是学术活动应遵守的行为准则。其主要内容有：未经合作者许可，不能将与他人合作创作的作品当作自己单独创作的作品发表；未参加创作，不可在他人作品上署名；不允许剽窃、抄袭他人作品；禁止在法定期限内一稿多投；合理使用他人作品等。

（4）学术活动应遵守语言文字规范。学术活动中，应使用国家通用的语言文字，方言、繁体字、异体字只有在特殊情况下，即在出版、教学、研究中确需使用时方可使用；汉语文出版物应当符合国家通用语言文字的规范和标准，汉语文出版物中需要使用外国语言文字的，应当用国家通用语言文字给出必要的注释。

3. 学术引文规范

良好的学术规范是科学研究的基础，遵守学术规范是科学工作者的道德底线。在学术性文章中，只要直接引用了一本书或一篇文章，或者在作品中采用他人的工作成果，就需要确认其来源。如果没有这样做，将因剽窃行为而被定罪。《高等学校哲学社会科学研究学术规范》对学术引文规范的规定如下：

（1）引文应以原始文献和第一手资料为原则。凡引用他人观点、方案、资料、数据等，无论曾否发表，无论是纸质或电子版，均应详加注释；凡转引文献资料，应如实说明。

（2）学术论著应合理使用引文。对已有学术成果的介绍、评论、引用和注释，应力求客观、公允、准确。伪注、伪造、篡改文献和数据等，均属学术不端行为。

4. 写作技术规范

学术研究中的技术规范主要体现在写作规范中。写作技术规范的内容包括以下 3 个方面。

（1）学术成果应观点明确、资料充分、论证严密；内容与形式应完美统一，达到观点鲜明、结构严谨、条理分明、文字通畅的程度。

（2）学术成果的格式应符合要求。目前各刊物对成果的格式要求并不统一。就学术论文而言，既有执行国家标准的，也有执行自定标准的。不论刊物执行何种标准，论文中都必须具有以下项目：题名、作者姓名及工作单位、摘要、关键词、中图分类号、正文、参考文献、作者简介，以及英文题名、英文摘要和英文关键词等。另外，基金资助项目论文应对有关项目信息加以注明。

（3）参考文献的著录应符合要求。我国在1987年就制定了国家标准《文后参考文献著录规则》（GB 7714—1987），现已开始实施修订后的《信息与文献 参考文献著录规则》（GB/T 7714—2015），对文后参考文献的著录做了明确规定。因此，作者在学术活动中也应该主动配合期刊规范化工作，认真、自觉地执行已有的国家学术标准。

9.2.3 学术不端

学术不端行为是指违反学术规范、学术道德的行为，国际上一般用来指捏造数据（fabrication）、篡改数据（falsification）和剽窃（plagiarism）3种行为。但是不当署名、一稿多投、侵占学术成果、伪造学术履历等行为也可包括进去。追求科研诚信、防治学术腐败，历来是一个世界范围内的重要课题，因此利用技术手段控制不端学术行为的发生，解决学术剽窃是一项重要举措。学术不端文献检测系统的研制成功在预防和打击学术不端行为方面发挥了重要作用，在一定程度上阻止了学术不端行为的泛滥。

1. 国外主要学术不端检测系统

1）Turnitin

Turnitin检测系统是国际上最著名、最权威、使用人数最多的学术不端文献检测系统之一，广泛应用于各国高校、学术论文等领域。目前，全世界超过100个国家、10000所知名教育机构使用Turnitin检测系统进行论文检测。其检测对比数据库包括1.5亿篇海量论文数据库、90000多种世界知名期刊杂志数据库、200多亿个网页数据库等，并且支持多种语言论文的检测，包括英文、阿拉伯文、中文（繁体和简体）、荷兰文、芬兰文、法文、德文、意大利文、日文、韩文、葡萄牙文、西班牙文、瑞典文和土耳其文等30多种语言文字。它通过大部分主流浏览器接入互联网，将用户提交的文稿与Turnitin背后海量的全球数据库和网页内容做比对，以很快的速度得出一个相似度比例和涵盖大量相关信息的"原创性报告"给评审者，评审者能够根据这些Turnitin精确定位出的文稿中非原创的内容，对文稿整体的原创性做出客观判断。

2）CrossCheck

CrossCheck由国际出版链接协会（Publishers International Linking Aassociation，PILA）研发，全球6家国际出版集团共同参与实验，于2008年6月19日正式向全球发布。CrossCheck的主要目的在于帮助学术界和出版界严正全球学术风气，防止学术剽窃和欺诈，保护学术研究和文字出版者的原创版权。正是由于CrossCheck的诞生，全球范围内的出版者得以共同协作，严厉杜绝学术界的一些造假和剽窃等浮躁行为。这也使CrossCheck赢得全球学术与专业出版者协会（ALPSP）颁发的2008年度最佳创新奖。目前，一些大的国际科学出版集团，如Elsevier、Springer、Wiley-Blackwell、BMJ、Taylor & Francis、Oxford University Press等，以及许多科学学会，如美国科学进步协会（AAAS）、美国物理学会（APS）、植物生物学会等均成为CrossCheck

的正式会员。

2. 国内主要学术不端检测系统

1) 中国知网学术不端文献检测系统

中国知网学术不端文献检测系统是国内公认的最权威的论文检测系统之一。该系统有 3 个子模块分别为《科技期刊学术不端行为检测系统》《社科期刊学术不端行为检测系统》《学位论文学术不端行为检测系统（TMLC2）》，系统以《中国学术文献网络出版总库》为全文比对数据库，可检测抄袭与剽窃、伪造、篡改、不当署名、一稿多投等学术不端文献，供期刊编辑部检测来稿和已发表的文献。

《科技（社科）期刊学术不端行为检测系统》限科技（社科）学术期刊编辑出版单位内部使用，只能用于检测相应期刊的来稿和已发表文献；《学位论文学术不端行为检测系统（TMLC2）》，可供高校检测学位论文和已发表的论文。知网学术不端检测系统一直仅向机构提供服务，且仅限于检测本单位文献。

2) 万方论文检测查重系统

万方论文检测查重系统采用国际领先的海量论文动态语义跨域识别技术，通过与国内外大专院校、科研机构等资源单位的长期合作，系统已拥有丰富的全文数据资源，从而保证了比对源的专业性和广泛性，其涵盖的对比库包括中国学术期刊数据库（CSPD）、中国学位论文全文数据库（CDDB）、中国学术会议论文数据库（CCPD）、中国学术网页数据库（CSWD）。具体内容参见 5.2.4 节。

3) 维普论文检测系统

维普论文检测系统由维普旗下泛语科技研发并运营，是目前权威的论文查重平台之一，提供论文检测、报告下载、报告验真、机构用户检测、毕业论文管理、作业管理等服务，采用 AI 智能比对技术，拥有丰富的本地文本资源库。其对比的数据库涵盖中文期刊论文库、硕博学位论文库、高校特色论文库、自建特色论文库、互联网数据资源等。维普论文检测系统分为个人用户版和机构用户版，机构版会有学校的高校自建资源库，学校会上传本校学位论文的资料进行比对，这部分数据是个人版检测没有的。

9.3 个人信息管理软件及应用

管理检索和科研文献数据，正确编辑论文的参考文献格式，往往会耗费科研工作者大量时间。越来越多的人开始使用功能强大的专业文献管理和论文写作工具软件，以此提高科研工作效率。目前主要的参考文献管理软件主要有 NoteExpress(NE)、EndNote 和 Mendeley。

9.3.1 NoteExpress 软件

NoteExpress（以下简称 NE）是由北京爱琴海软件中心自主研发、拥有完全知识产权的文献检索、管理与应用系统，全面支持简体中文、繁体中文和英文。NoteExpress 清爽的界面、更易用的功能、更快的速度、更高的灵活性，汇聚了各种全新特性，针对研究人员在文献管理方面的实际需求提供了完整的解决方案，是不同研究领域的用户管理检索、管理科研文献数据、写作和参考文献管理工具软件，帮助用户高效利用电子资源，检索并管理得到的文献摘要、全文。

1. 软件的下载及安装

登录软件下载地址 http://www.reflib.org，下载 NoteExpress 软件并将其安装到本机。

2. 检索

NoteExpress 本身集成 CNKI、万方、维普、超星、读秀、EBSCO、Elsevier、WOK 等两百多家全球图书馆书库、电子数据库和互联网信息，可以帮助读者在软件中通过统一的界面进行高效、自动的检索，检索的题录结果可以直接导入到已建立的个人数据库中进行保存，并对题录进行排序、查重。一次检索，永久保存。NoteExpress 提供了 3 种方式保存读者检索的结果：手工录入、在线检索题录导入、数据库检索题录导入。各大数据库导入 NE 的大体步骤是一致的，只是不同的数据库在具体的操作上有些细节不一致。

3. 管理

NoteExpress 提供以下各种管理功能模块，可以帮助用户有效管理文献信息。通过建立树形结构目录，分门别类地管理电子文献题录和全文，多层次虚拟文件夹功能更适合多学科交叉的科学研究。具体管理功能模块包括文献查重、虚拟文件夹、附件链接、标记标签云、排序查看、本地检索、全文下载、题录组织、数据备份、回收站、批量编辑、多数据库。其中主要模块检索步骤如下：

（1）文献查重。如果需要找出数据库中的重复文献，操作步骤为：选择"检索"，单击"查找重复题录"，指定查找范围，选择重复题录比较的字段，设置查找敏感度和匹配度，单击"查找"，重复题录高亮显示，可进行删除。

（2）虚拟文件夹。通过虚拟文件夹，可以让 NoteExpress 中保存的一条文献同时属于多个文件夹，为多学科交叉科学研究提供一个有效的解决方法。

（3）排序查看。自定义列表表头以及混合排序功能，可随意定制题录的显示顺序。操作步骤为：鼠标右键单击表头列表区，选择"自定义"，定制表头中显示的字段及顺序，鼠标右键单击表头列表区，选择"列表排序"，选择字段组合，选择顺序。

（4）全文下载。NoteExpress 提供全文下载功能，可在浏览题录信息的同时下载文献全文。操作步骤为：选中需下载全文题录，选择"检索→下载全文→选择全文数据库"；或选择后鼠标右键单击进行类似操作，选择检索数据库，NoteExpress 自动链接网络下载。

（5）附件和批量链接附件。查看题录时，通常需要查看相对应的文献全文。在 NoteExpress 中，用户可以添加任何格式的附件与题录关联，方便查看。为单个文件添加附件的操作步骤为：选中要添加附件的题录，并切换到"附件"预览窗口，找到要添加的附件，拖动文件到"附件"窗口即可。为多个文件批量添加附件的操作步骤为：单击"工具"菜单，选择"批量链接附件"，选择链接文件的保存路径，单击"更多"，选择链接文件类型和设置链接"匹配度"，单击"开始"后，单击"应用"。

（6）标记和标签云。NoteExpress 支持星标、优先级（彩色小旗）和标签云 3 种标记方式，方便用户根据需要和使用习惯管理题录。操作步骤为：单击题录星标列即可标记，再单击移除星标选中题录，单击工具栏小旗，标记优先级（可根据需要进行定制）。选中题录，单击标签图标，输入或选择标签（标签云中选择一个或多个标签即可查看标记题录）。

（7）本地检索和检索记录。NoteExpress 支持本地快速和高级检索。每次检索后，NE 会自动保存最近检索记录，单击某条记录，自动推送符合检索条件的题录。操作步骤为：选择检索方式［快速检索在工具栏中检索；高级检索、检索在数据库中检索（或按 F3）］，设置检索条件和检索范围。若需要查看之前的检索记录，展开"检索→最近检索"文件夹，单击某条记录，NoteExpress 会自动推送检索结果。

4. 分析

通过 NoteExpress 可以对文件夹中题录信息进行多种统计分析，可使研究者更快了解某领域里的专家、研究机构、研究热点等。分析结果可以导出为 txt、xls 等格式。操作步骤为：右键单击需要分析的文件夹，选择"文件夹信息统计"，选择需要统计的字段，单击"统计"，结果导出。

按照"期刊"进行分析，可以帮助用户找到某个研究论文合适的发表途径；按照"作者"进行分析，可以帮助用户了解某个领域的主要研究人员；按照"年份"进行分析，可以帮助用户了解某个领域的研究进展；按照"关键词"进行分析，可以帮助用户了解某个领域的研究热点。

5. 发现

笔记：与文献相互关联的笔记功能，能随时记录阅读文献时的思考，方便以后查看和引用。检索结果可以长期保存，并自动推送符合特定条件的相关文献，为长期跟踪某一专业的研究动态提供了极大方便。操作步骤为：选择题录，切换到笔记窗口，直接添加笔记。如有需要，单击"打开"图标，进行高级笔记编辑，插入图片、表格、公式，NoteExpress 自动生成 TeX 公式代码。

综述：通过综述预览窗口，可以浏览某条文献所有细节信息。

6. 写作

借助于 NoteExpress 的文字处理写作插件，可以非常方便和高效地在论文写作时插入引用保存的文献题录。软件内置 1600 种国内外期刊和学位论文的格式定义。首创的多国语言模板功能，可以自动根据所引用参考文献语言不同差异化输出，并按照需要自动生成符合要求的、标准格式的参考文献索引。如有需要，也可以一键切换到其他格式。操作步骤为：将光标移至在文中需要插入引文的位置；切换到 NoteExpress，选择需要插入题录，单击"插入引文"，NoteExpress 会生成参考文献列表。若需要更换文献格式，单击"样式"图标，浏览并选择需要参考文献格式，然后应用。

9.3.2 EndNote 软件

EndNote 由 Thomson Research Soft 公司开发，可用于检索联机书目数据库，并立即创建书目和图表目录，是课题研究、论文写作、海量文献管理、批量参考文献管理的工具软件和专业助手。利用这一综合的写作解决方案，用户无须在输入和编排格式方面花费大量的时间，从而得到研究人员、学生及图书管理员的广泛使用。很多科研工作者在管理参考文献、写论文时选用了 EndNote 作为首选参考文献管理软件。

1. EndNote 软件的功能

EndNote 工具应用广泛，主要功用包括：

（1）简化工作流：将检索、分析、管理、写作、投稿整合在一起，创建简单工作流。

（2）资源整合：EndNote 工具可以直接在线联机检索全球书目数据库，创建即时的个人图书馆，直接将检索获得的相关文献导入至 EndNote 的文献库，从而收集不同数据库的资料，在本地建立数据库。通过从联机数据库导入文件避免重复输入工作。EndNote 的文献库也可以在其他软件工具中使用。

（3）文献管理：建立文献库和图片库，收藏、管理和搜索个人文献和图片、表格。EndNote 工具提供了很多文献导入的过滤器、导出的文献书目、参考格式和写文章的模板，包括全文管理、笔记管理、简单分析及其他相关资料等，这些都可以根据自己的需要进行改动和重建。

（4）定制文稿：与 Word 无缝链接，可直接在 Word 中格式化引文和图形，创建带有引文和图表的即时书目，自动、高效地进行参考文献、相关文件的格式编排和组织，利用文稿模板直接撰写合乎杂志社要求的论文。

2. EndNote 的使用

1）运行 EndNote 软件，建立个人文献库"Library"

下载 EndNote，正常安装之后，启动程序，进入 EndNote 主界面。在线建立高效的个人文献记录数据库"Library"。

2）检索

通过 EndNote 直接检索网上数据库。检索流程为：连接 Tools→Connect，在弹出窗口内按照自己的要求进行检索，就像在某个数据库网站上检索一样。

3）收集资料

通过"filter"与"connection file"批量将检索结果导入个人文献数据库"Library"。Filter（Import）是把检索数据库得到的参考文献导入 EndNote 时所用的过滤方式。对于很多数据库来说，都有直接的 EndNote 导出格式，即使没有导出格式，我们也可以根据简单的变换把文献记录导出。但是部分数据库，主要指中文数据库，需要自行编辑过滤器将文献导入文献库。由于每个数据库输出的数据格式不同，所以导入数据时应选择对应的 Filter。

4）对文献库的资料进行管理、统计、分析和学习

EndNote 具备很好的数据管理功能，使文献库易于维护和统计。

Library 数据的管理维护包括分组、编辑、去重、检索、概要信息，可以对数据进行简单的统计分析，生成主题书目，也可以根据作者、项目等统计和排序。支持课题组内的文献共享，可关联外部文献分析软件对 Library 数据进行分析，可关联软件包括 Refviz 等。

5）利用文献库撰写文章

在正确安装了 EndNote 软件之后，Word 的工具菜单下应该出现 EndNote 的菜单项。通过"style"（参考文献在文章末尾的格式），可以在 Word 中按指定格式生成并调整参考文献，每家杂志社的要求不尽相同。期刊论文模板提供来自各领域的顶级刊物论文模板"Template"，协助论文成稿。

9.3.3 CNKI 知网研学平台

知网研学平台（http://x.cnki.net）是在提供传统文献服务的基础上，以云服务的模式，提供集文献检索、阅读学习、笔记、摘录、笔记汇编、论文写作、学习资料管理等功能为一体的个人学习平台。平台提供网页端、桌面端（原 E-Study，Windows 和 MAC）、移动端（iOS 和安卓）、微信小程序，多端数据云同步，满足学习者在不同场景下的学习需求。

知网研学平台的功能强大，可以支撑深度探究学习。可以实时检索 CNKI 海量的文献资源，在线阅读，关键词、作者、参考文献一键链接；阅读笔记动态嵌入原文，支持笔记编辑、分类、排序、检索，提供多种阅读模式，可将文献"读厚"再"读薄"；可以将文献内重要的句子、图表一键添加至"购物车"自动保存；可以一键链接至工具库，实时查找词汇的学术释义和翻译，支持边创作边检索，自动生成参考文献，提高写作效率；帮助读者将各类文献资源统一管理，云端存储，省心安全；提供多种期刊写作模板，辅助格式规范，并提供 CNKI 合作期刊渠道帮助投稿。

知网研学平台分为网页版、桌面端和移动端，这里以网页版为例介绍该平台的使用方法。

1．注册/登录

新用户注册时，同一手机号每天获取验证码不超过 3 次，若超过 3 次当日将不能注册。使用知网研学平台阅读 CNKI 文献，需要绑定机构资源账号。在知网资源可使用的 IP 范围内，系统将自动绑定机构资源账号（需要使用校园网）。如未成功，可在登录后，单击头像或账户名，进入个人中心→绑定资源账号，手动填写机构资源账号，绑定成功后即可打开文献阅读学习。

已经打开阅读过的文献在 IP 范围外仍可继续阅读，未阅读过的文献需要具备漫游权限的用户才可阅读。除在线阅读外的其他功能均不受 IP 限制，随时随地可使用。

2．研读学习

可在研学平台首页检索栏输入关键词检索，在检索结果页面中，您可在检索结果页勾选需要的文献，直接"收藏"收藏成功后，回到"研读学习"页面，刷新后，就可以看到新添加的文献。

（1）在线阅读。单击文献题名，开始阅读文献。在阅读过程中，可以完成如下操作：查看章节目录/图表/知网节；一键打开参考文献/引证文献；目录管理；添加段落笔记、对原文内容管理；添加段落笔记。

（2）做笔记。在阅读的过程中，可随时做笔记，并且所做的笔记内容会对应插入原文。选择需要做笔记的原文内容，单击"笔记"，进行笔记添加即可。所做笔记的内容，也支持插入超链接、图片、附件、公式等。

（3）内容摘录。在阅读的过程中，发现对自己有价值的内容，选择相应内容后，单击"文摘"，内容就会自动摘录到"我的文摘"库中，方便总结个人学习成果及个人创作中作为直接参考和引用的素材。

（4）分类查看笔记。单击"全部笔记"标签，可以分别按照文献、笔记标签、引用关系查看本篇文献笔记。

3. 创作投稿

在研学平台主界面，选择"创作投稿"，单击"新建"，即可创作新的"文档""思维导图""新建文件夹"，新建创作时，可以基于空白模板开始创作，也可上传撰写本类文档相关的模板，也可上传导图大纲模板。

使用模板后，自动进入内容编写页面，知网研学平台支持插入在线素材，包括我的文摘、我的笔记、笔记汇编等。如需要手动插入引用，可单击"引用"→"插入引用"，系统自动按照引用顺序生成引用角标，且打开"引用信息"编辑框。

创作的文档可以导出为 Word、PDF 文件。研学平台提供了多种期刊的官方投稿地址和 CNKI 云采编平台投稿地址，可按学科导航选择查看，筛选核心刊、有官方投稿网址的期刊。

9.4 学术论文撰写与投稿

9.4.1 学术论文概述

1. 学术论文定义

我国国家标准《科学技术报告、学位论文和学术论文的编写格式》（GB 7713—1987）将学术论文定义为"某一学术课题在实验性、理论性或观测上具有新的研究成果或创新见解和知识的科学记录；或是某种已知原理应用于实际中取得新的进展的科学总结，用以提供学术会议上宣读、交流或讨论；或在学术刊物上发表；或作其他用途的书面文件"。学术论文内容广泛，涉及自然科学、工程技术、社会科学、人文科学各领域。无论是哪一方面的学术论文，都是人类创造性活动的概括与总结。

2. 学术论文特点

（1）学术性。学术性是科技论文的主要特征，它以学术成果为表述对象，以学术见解为论文核心，在科学实验的前提下阐述学术成果和学术见解，揭示事物发展、变化的客观规律，探索科技领域中的客观真理，推动科学技术的发展。学术性是否强是衡量科技论文价值的标准。

（2）科学性。学术论文的内容必须客观、真实，定性和定量准确，不允许丝毫虚假，要经得起他人的重复和实践检验。论文的表达形式也要具有科学性，应清楚明白，语言准确、规范。

（3）创新性。学术论文必须是作者本人研究的，并在科学理论、方法或实践上获得的新的进展或突破，应体现与前人不同的新思维、新方法、新成果，以提高国内外学术同行的引文率。

（4）理论性。撰写学术论文，作者需要运用理论性的思维，深刻认识研究对象的本质和规律，经过高度概括和升华，使之升华为理论。学术论文的结论是建立在充分的事实归纳和实验数据分析上，需要对结论展开逻辑的、精密的论证，以产生无懈可击、不容置疑的说服力。

（5）规范性。学术论文必须运用规范的语言文字系统和符号系统进行表述，以便于交流和应用。目前，学术论文写作规范所依据的主要国家标准有《科学技术报告、学位论文、学术论文的编写格式》（GB 7713—1987）、《文摘编写规则》（GB/T 6447—1986）、《文献叙词标引规则》（GB/T 3860—1995）及《信息与文献 参考文献著录规则》（GB/T 7714—2015）。

3. 学术论文的类型

1）按照写作目的和社会功能划分

（1）专题研究论文。专题研究论文是各学科领域中专业人员对自己所从事的领域进行科学研究而撰写的专业论文。它可以发表在各种专业刊物或报纸上，也可以在各种学术会议上宣读、交流或讨论。这类论文要求探索各学科领域中的新课题，反映各学科领域中的最新学术水平。

（2）学位论文。学位论文是高等院校或科研机构的学生（包括本科生、硕士生和博士生）毕业时为申请学位而提交的学术论文，即提出申请授予相应学位时供评审用的学术论文，也称为毕业论文。学位论文依申请学位的高低可分为学士学位论文、硕士学位论文和博士学位论文三级。

（3）研究报告。研究报告是科学技术工作者用来描述研究过程、报告研究成果的论文。它主要是提供给各级科研管理部门，作为科研验收、成果鉴定和申报奖项的主要材料；还可以作为学术论文公开发表在学术期刊上；有些大型研究报告还可编辑出版学术专著。研究报告不同于简单的实验报告，它有理论阐述，也有实践的描述，内容大多是报告人科学实践的总结。

2）按照形式和研究层次划分

（1）理论型学术论文。理论型学术论文是指在社会科学和自然科学基础理论方面，研究社会及自然的现象和行为所获得的具有系统性、规律性的认识成果，其目的是帮助人们认识社会和自然，揭示社会和自然界的发展、变化规律，探索客观事物的本质及特征等，这样的学术论文能建立起一种理论体系，其研究方法主要有理论证明、数学推导和综合考察等。

（2）应用型学术论文。应用型学术论文是指能够直接应用于社会生活和生产实践中的科学研究成果的论文。它的特点是具有明确的目的性和针对性，一般都是就实践中存在的问题开题的，所以这种学术论文的社会和经济效益都比较明显，而且它本身具有理论和实践的直接结合性。

（3）综述性学术论文。综述性学术论文（简称综述）是指就某一时间内，作者针对某一专题大量原始研究论文中的数据、资料和主要观点进行归纳整理、分析提炼而写成的论文。综述属三次文献，专题性强，具有一定的深度和时间性，能反映出这一专题的历史背景、研究现状和发展趋势，具有较高的学术价值。

9.4.2　学术论文的撰写与格式

学术论文主要包括题目、作者署名和单位、文摘、关键词、正文和参考文献等部分。

1. 题目

题目是以最恰当、最简明的词语反映文中最重要的特定内容的逻辑组合，是学术论文的必要组成部分，能够概况整个论文的核心内容。中文题目一般不宜超过 20 个汉字，外文题目不宜超过 10 个实词。如果题目语意未尽，可以用副标题补充说明。

2. 作者署名和单位

所有的学术论文都应该署上作者真实姓名和作者单位。论文署名不仅是对作者的尊重和应有的荣誉，而且还表示文责自负。一般署名人数不应太多，合写论文的著者应按论文工作贡献的多少顺序排列。作者的姓名应给全名，一般用真实姓名，同时，还应给出作者工作的单位和通信地址，以便读者与作者直接联系。

3. 文摘

文摘是以提供文献内容梗概为目的，不加评论和补充解释，是原文的高度浓缩，包括研究对象、研究目的、研究方法、主要成果和结论。文摘有两种写法：报道性文摘——指明一次文献的主题范围及内容梗概的简明文摘，也称简介；指示性文摘——指示一次文献的陈述主题及取得的成果性质和水平的简明文摘。介乎其间的是报道、指示性文摘——以报道性文摘形式表述一次文献中信息价值较高的部分，而以指示性文摘形式表述其余部分的文摘。

一般的学术论文都应尽量写成报道性文摘，而对综述性、资料性或评论性的文章可写成指示性或报道、指示性文摘。文摘可由作者自己写，也可由编者写。编写时，要客观、如实地反映一次文献；要着重反映文稿中的新观点；不要重复本学科领域已成常识的内容；要简单地重复题名中已有的信息；书写要合乎语法，尽量与文稿的文体保持一致；结构要严谨，表达要简明，语义要确切；要用第三人称的写法。摘要字数一般为300字左右。

4. 关键词

为了便于文献标识和读者检索，学术论文在文摘后要给出 3~8 个关键词，是从题名、摘要、副题名和正文中抽出与主题概念一致的单词、词组、词汇或术语。首先要选列入主题词表中的规范性词，如在《汉语主题词表》和专业性主题词表（如 NASA 词表、INIS 词表、TEST 词表、MeSH 词表等）中选取。那些确能反映论文的主题内容但现行的主题词表还来不及收入的词或词组可以作为自由词列出，以补充关键词个数的不足或为了更好地表达论文的主题内容。

5. 正文

正文是学术论文的核心组成部分，展现研究工作的成果和反映学术水平的核心内容。论文的论点、论据和论证都在这里阐述，因此它占主要篇幅。比较完整的正文应充分阐明论文的观点、原理、方法及具体达到预期目标的整个过程，并且突出一个"新"字，以反映科技论文具有的首创性。

对正文部分写作的总要求是：明晰、准确、完备、简洁。具体要求如下：
（1）论点明确，论据充分，论证合理。
（2）事实准确，数据准确，计算准确，语言准确。
（3）内容丰富，文字简练，避免重复、烦琐。
（4）条理清楚，逻辑性强，表达形式与内容相适应。
（5）不泄密，对需要保密的资料应做技术处理。

6. 参考文献

在学术论文中，凡参考或引用前人（包括作者自己过去）发表的文献中的观点、数据和材料等，都要在文中出现的地方予以标明，并在文末列出参考文献表。

1）参考文献著录的原则

只著录最必要、最新的文献；只著录公开发表的文献；采用标准化的著录格式。

2）参考文献文内标注格式

采用顺序编码制，在文献引用处，按它们出现的先后用阿拉伯数字连续编码，并将序码置于方括号内设置为上标。

3)《信息与文献 参考文献著录规则》(GB/T 7714—2015)

该标准规定了涉及多种文献类型的参考文献著录项目与著录格式要求。每种文献类型规定了专门的代码(见表9-1)。本书仅介绍专著、连续出版物、学位论文、专利类型文献的参考文献著录项目与著录格式要求。

表 9-1 文献类型及其代码对照表

文献类型	普通图书	期刊	学位论文	会议录	专利	报告	报告标准	报纸	汇编	数据库	计算机程序	电子公告
代码	M	J	D	C	P	R	S	N	G	DB	CP	EB
载体类型	网络	磁带	磁盘	光盘								
代码	OL	MT	MK	CD								

(1) 专著。

[序号]主要责任者. 题名：其他题名信息[文献类型标志]. 其他责任者. 版本项. 出版地：出版者, 出版年：引文页码[引用日期]. 获取和访问路径.

示例：

[1] 邱力军. 新编计算机基础与应用[M]. 西安：第四军医大学出版社, 2002：6-131.

[2] 昂温 G, 昂温 P S. 外国出版史[M]. 陈生铮, 译. 北京：中国书籍出版社, 1988.

(2) 连续出版物。

[序号]主要责任者. 题名：其他题名信息[文献类型标志]. 年, 卷(期)-年, 卷(期). 出版地：出版者, 出版年[引用日期]. 获取和访问路径.

示例：

[1] 中国地质学会. 地质论评[J]. 1936, 1(1)-. 北京：地质论评, 1936-.

[2] American Association for the Advancement of Science. Science[J]. 1883, 1(1)-Washington, D. C.：American Association for the Advancement of Science, 1883-.

(3) 连续出版物中的析出文献。

[序号]析出文献主要责任者. 析出文献题名[文献类型标志]. 连续出版物题名：其他题名信息, 年, 卷(期)：页码[引用日期]. 获取和访问路径.

示例：

[1] 李晓东, 张庆红, 叶瑾琳. 气候学研究的若干理论问题[J]. 北京大学学报：自然科学版, 1999, 35(1)：101-106.

[2] 刘武, 郑良, 姜础. 元谋古猿牙齿测量数据的统计分析及其在分类研究上的意义[J]. 科学通报, 1999, 44(23)：2481-2488.

(4) 学位论文。

[序号] 主要责任者. 文献题名[文献类型标志]. 保存地：保存单位, 年份.

示例：

[1] Cairns RB. Infrared spectroscopic studies on solid oxygen［D］. Berkeley: University of California,1965.

[2] 潘伯荣. 肝硬化的早期诊断：大鼠病理学标准与肝活检临床诊断比较［D］. 西安：第四

军医大学西京医院全军消化病研究所, 1965.

（5）专利文献。

[序号]专利申请者或所有者. 专利题名：专利国别，专利号[文献类型标志]. 公告日期或公开日期[引用日期]. 获取和访问路径.

示例：

[1] 姜锡洲. 一种温热外敷药制备方案：中国，88105607.3[P]. 1989-07-26.

[2] 西安电子科技大学. 光折变自适应光外差探测方法：中国，01128777.2[P/OL]. 2002-03-06[2002-05-28]. http://211.152.9.47/sipoasp/zljs/hyjs-yx-new.asp?recid=01128777.2&leixin=0.

（6）电子文献。

凡属电子图书、电子图书中的析出文献以及电子报刊中的析出文献的著录项目与著录格式分别按（1）、（2）和（4）中的有关规则处理。除此而外的电子文献根据本规则处理。

[序号]主要责任者. 题名：其他题名信息[文献类型标志/文献载体标志]. 出版地：出版者，出版年（更新或修改日期）[引用日期]. 获取和访问路径.

示例：

[1] 梁慧星. 中国高等教育："死亡"或者"再生"？[EB/OL]. (2006-03-19)[2006-3-28]. http://www.acriticism.com/article.asp?Newsid=7840&type=1001.

[2] PACS－L：the public-access computer systems forum[EB/OL]. Houston，Tex：University of Houston Libraries，1989[1995-05-17]. http://info.lib.uh.edu/pacsl.html.

7．附录

国家标准《科学技术报告、学位论文和学术论文的编写格式》(GB/T 7713—1987)中规定，附录是对论文主体的补充项目，并非每篇论文必须记录的内容。

上述标准对附录内容的规定的目的是：一是为保持论文的完整性，但编入正文后有损于正文的条理性、逻辑性的材料，如比正文更为详尽的信息、研究方法和技术更深入的叙述，以及对了解正文内容有帮助的其他有用信息；二是篇幅过长或取材于复制品而不便于编入正文的材料及一些不便于编入正文的罕见珍贵材料；三是对一般读者并非必要阅读，但对本专业同行有参考价值的资料；四是某些重要的原始数据、数学推导、计算程序、框图、结构图、注释、统计表、计算机打印输出件等。

8．注释

解释题名项、作者及论文中的某些内容，均可使用注释。能在行文时用括号直接注释的，尽量不单独列出。不随文列出的注释一般采用脚注，即在正文中需加注处的右上角加上注码，如①；同时在本页末留适当行数画一个横线与正文隔开，写出相应的数码，接写注文。脚注编号以本页为限，另页有注时，仍从序号①计起。

9.4.3　学术论文的投稿

学术论文撰写的主要目的除了总结研究活动的结果，体现作者的研究水平外，更重要的意义在于促进学术思想的交流，促进先进理念、先进技术或经验的推广应用，因此将学术论文投稿到本学科的学术期刊，并被正式采用并公开发表，是体现学术论文价值的重要方式之一。

1. 投稿注意事项

论文投稿要讲究方法，如果投稿不当，会影响论文的发表。为了提高论文的刊用率，投稿时应注意以下几个问题。

（1）投向正式出版物。要注意判断投稿期刊是否是正式出版的期刊。所谓正式出版的期刊是指同时具有 ISSN 代码（国际连续性出版物标准代码）与 CN 代码（我国国家新闻出版广电总局赋予正式出版刊物的期刊代号）。

（2）了解相关期刊的信息通过中国知网的期刊导航，可便捷地获取各学科、各专业的期刊信息。包括期刊的级别、出版周期、发行量、影响因子等。

（3）关心征稿信息。平时要对自己专业领域的有关期刊的稿约随时关心留意，因为这些都是了解期刊办刊方针及录用稿件要求的重要依据。选择与稿件专业相符、性质相当、学术水平相近的期刊社或会议主办者作为投稿对象，做到有的放矢。

（4）重视稿件修改。无论在投稿之前对初稿的反复修改，还是应编辑部要求进行相关的修改，其重要性都是毋庸置疑的。

（5）避免法律纠纷。有些方面的稿件有可能涉及保密性审查或授权发表这一问题，为了避免日后不必要的法律纷争，有关作者在投稿前不要忘记取得必要的同意和授权。

（6）合理使用文献。作者应根据著作权法第二十二条第（二）项规定来对照自己的稿件，文内引用别人文章的内容（包括图、表）或观点应注明被引用文的出处。有抄袭之嫌的则应向有关人员咨询、征得原作者许可并向编辑部说明。

（7）切忌一稿多投。投稿时要遵循一定的道德规范，不能一稿多投。因为稿件如果被同时采用的话，浪费了其他期刊宝贵的版面，浪费了别人的时间和劳动，也损害了刊物阅读者的权益，会受到他人的谴责。

2. 期刊投稿方式

1）期刊投稿方式

（1）纸本文稿投稿。纸本文稿式投稿是指作者将学术论文按照期刊编辑的要求整理打印之后，通过邮件投寄的方式寄往期刊编辑部。这是最为传统的投稿方式建议使用挂号件寄出。随着网络技术的发展，传统纸本投稿的方式逐渐减少。

（2）电子邮件投稿。电子邮件式投稿是指通过网络，利用电子邮箱来投递文稿的投稿方式。这类投稿方式需要按照编辑部论文的要求认真进行文档编辑，如字号、字体、间距等，通常稿件是用附件的方式进行发送的。

（3）网络投稿。网络投稿式是指作者利用期刊网站主页上的"远程期刊管理系统"来上传稿件的投稿方式。这种方式运用了现代化的网络传输技术，依靠其处理平台作者既可轻松投稿又可随时查询审稿进程，方便高效。

2）在线投稿平台

目前，很多国内外的期刊编辑部或会议主办方都采用了在线投稿的方式。读者在投稿时可参考其中的投稿模板修改自己的论文格式。在平台投稿完成后，读者可进入查稿系统查询自己稿件所处的评审阶段（一般分为初审、编辑评审、专家外审、定稿等阶段）。较大的出版机构或者数据库商的在线投稿平台如下：

（1）爱思唯尔 Green Open Access（http://www.elsevier.com/about/open-access/green-open-access）。

该网站允许作者在线提交论文，作者不用为论文的开放获取付费，因此称为 Green Open Access。作者在该网站投稿经过 3 个阶段，即 pre-print、accepted author manuscript、published journal article。

（2）爱思唯尔期刊作者投稿平台（http://www.elsevier.com/journal-authors/home#find-a-journal）。

（3）爱墨瑞德作者投稿园地（https://www.emeraldgrouppublishing.com/services/authors/publish-us/publish-a-journal）。该园地设有研究影响、为爱墨瑞德写作、编辑服务、爱墨瑞德文学网络、出版指导、"How to"指导、编辑面谈、爱墨瑞德及其开放存取期刊等栏目。作者可以依据其撰写论文阶段寻求相应帮助。

（4）Wiley 作者投稿园地（http://olabout.wiley.com/WileyCDA/Section/id-404516.html）。该园地为作者制作了 SEO tipsPDF 版，同时设置了作者服务网站为作者提供撰写论文等服务，并且该公司的中国博客定期开展论文写作与投稿系列讲座，内容涉及学术道德、在顶尖期刊上发表论文等方向，对于作者的帮助较大。

9.5 SCI 影响因子

9.5.1 SCI 影响因子概述

美国科学信息研究所（Institute for Scientific Information，ISI）1957 年创办的 SCI 是世界著名的期刊文献检索工具。60 多年来，SCI（或称 ISI）数据库不断发展，已经成为当代世界最为重要的大型数据库，被列在国际六大著名检索系统之首。它已成为目前国际上最具权威性的、用于基础研究和应用基础研究成果的重要评价体系。ISI 通过它严格的选刊标准和评估程序挑选刊源，而且每年略有增减，从而做到 SCI 收录的文献能全面覆盖全世界最重要和最有影响力的研究成果。ISI 所谓最有影响力的研究成果，指的是报道这些成果的文献大量地被其他文献引用。通过先期的文献被当前文献的引用，来说明文献之间的相关性及先前文献对当前文献的影响力。

影响因子（impact factor，IF）是 ISI 的期刊引证报告（Journal Citation Reports，JCR）中公布的一项数据，是指某期刊前两年发表的论文在统计当年的被引用总次数除以该期刊在前两年内发表的论文总数。ISI 对包括 SCI 收录的 9000 多种期刊之间的引用和被引用数据进行统计、运算，并报道每种期刊的影响因子等指数。这是一个国际上通用的期刊评价指标，影响因子是以年为单位进行计算的。影响因子不仅是测度期刊有用性和显示度的指标，也是测度期刊学术水平乃至论文质量的重要指标，是衡量学术期刊影响力和学术刊物地位的主要因素，有重要的意义和价值。

通常，期刊的影响因子越高，其学术影响和作用也越大，学术水平也越高，期刊的重要性也越高。每年期刊的影响因子的数值都是动态变化的，与期刊发表论文总数和被引用量相关，个人、出版社和期刊都无法掌控其变化。图书馆可以根据期刊的影响因子客观地评估期刊质量，制定期刊引进政策，而作者可以据此决定投稿期刊。对于期刊中发表的单篇论文，是没有影响因子的，只能通过该论文的被引用次数来相对评价其论文质量。

9.5.2 SCI 期刊分区

影响因子能够很好地对期刊论文水平进行评价，但是也不是完全没有缺点的。因为期刊的影响因子每年都不断浮动，把影响因子的定值作为期刊学术评价指标不合适，而且不同学科领域期刊的影响因子差异很大，不能直观的比较不同领域的期刊。于是把同一学科领域的期刊，按照影响因子从大到小进行排序，划分在不同的区域。因此，在某个领域 1 区的期刊，就是该领域的顶级刊物，能够反映该刊物在该领域的水准。目前影响比较广泛的期刊分区有两种，一种是科睿唯安（Clarivate）公司制定的分区，另一种就是中国科学院国家科学图书馆制定的分区，这两种分区的方式都是在 SCI 收录期刊影响因子的基础上进行分区的。

1. JCR 分区

JCR 将收录的期刊分为 176 个不同学科类别，每个学科类别按照期刊影响因子的高低，划分了 4 个区，影响因子排在前 25%的期刊为 Q1 区，影响因子排在 25%~50%期刊为 Q2 区，影响因子排在 50%~75%的期刊为 Q3 区，影响因子排在 75%之后的为 Q4 区。

2. 中国科学院国家图书馆期刊分区

中科院分区是将 JCR 中所有期刊分为数学、化学、生物、地学、天文、工程技术、医学、环境科学、农林科学、社会科学、管理科学以及综合性期刊 13 大类。中科院分区也将期刊分为 4 个区，按照各类期刊影响因子划分，前 5%的期刊为 1 区，6%~20%的期刊为 2 区，21%~50%的期刊为 3 区，剩下的就是 4 区期刊。

9.5.3 SCI 影响因子查找方法

目前期刊影响因子的查找方法有以下 3 种。

1. 利用 Web of Science 数据库查找

该数据库内的检索信息非常强大，结果比较权威，但需要购买后才能使用。比如要查找 SCIENCE 这本杂志的影响因子，进入数据库界面后，首先在检索框内输入"SCIENCE"，并在检索范围内选择"出版物名称"进行检索，单击其中任一论文名称后，出现该论文名称和摘要的显示界面，可以看到"查看期刊的影响力"。单点查看后可以看到 SCIENCE 杂志的 JCR 分区为 Q1，研究领域等信息。该方法比较简单，但是只能查看期刊分区。

2. 利用 JCR 查找

登录 JCR 网站，输入期刊名进行查找。但是该 JCR 数据库需要订购后才能进入，个人在使用时不方便。

除了上述 3 种方法，在网上还有各种下载文件可以利用，但下载文件一般不是最新的数据，在查询时只能作为参考。虽然期刊的影响因子高低与期刊的影响力和作用大小以及学术水平相关，但简单地认为期刊影响因子高，其影响力就大，论文质量就一定好的观点是片面的。因为影响因子的高低与多个因素相关。首先，影响因子是一个整体统计概念，反映的是整个期刊两年内发表的论文在一年内的被引用量，是一个总体指标，而与单篇论文没有关系，且与学科有关，不同学科的期刊相互比较没有任何意义。比如某个领域的研究论文越多，该领域期刊的影响因子可能相对高些，研究较少时影响因子则略低。而且由于期刊发行间隔及发表论文的数量不同，也能对其产生一定影响。因此在评价期刊和选择目标投稿杂志时，一定要客观看待期刊的影响因子。

3. 利用百度或谷歌搜索引擎

利用百度或谷歌搜索引擎,在检索框内输入期刊影响因子或 Impact factor 后出现多个链接,在链接界面的对话框内可输入期刊名进行查找。该方法是利用互联网的网上检索功能,使用时比较方便、简单,缺点是可信度不高,而且有时检索结果不能及时更新。

第 10 章 学位论文撰写

国家标准 GB/T 7713—1987《科学技术报告、学位论文和学术论文的编写格式》中对学位论文的表述是："学位论文是表明作者从事科学研究取得创造性的结果或有了新的见解、并以此为内容撰写而成、作为提出申请相应的学位时评审用的学术论文。"学位论文也称毕业论文，是学术论文主要形式之一，包括学士学位论文、硕士学位论文和博士学位论文。

10.1 学位论文的要求与特点

10.1.1 学位论文的学术水平

学士论文是高等院校本科毕业生的毕业论文。在国家标准 GB/T 7713.1—2006《学位论文编写规则》中表述，学士论文表明作者较好地掌握了本门学科的基础理论、专门知识和基础技能，并具有从事科学研究工作或承担专门技术工作的初步能力。

硕士论文是攻读硕士研究生的学位论文。在国家标准 GB/T 7713.1—2006《学位论文编写规则》中表述，硕士论文表明作者在本门学科上掌握了坚实的基础理论和系统的专业知识，对所研究课题有新的见解，并具有从事科学研究工作或独立承担专门技术工作的能力。

博士论文是攻读博士研究生的学位论文。在国家标准 GB/T 7713.1—2006《学位论文编写规则》中表述，博士论文表明作者在本门学科上掌握了坚实宽广的基础理论和系统深入的专门知识，在科学和专门技术上做了创造的成果，并具有独立从事创新科学研究工作或独立承担专门技术开发工作的能力。

10.1.2 学位论文的特点

学位论文具有以下特点：

（1）独立性：一方面是指学位论文一定是教师指导下独立完成的，学位论文学术水平的考核更注重哪些工作是你自己完成的；另一方面隐含有不允许任何形式的抄袭和剽窃，不允许把他人的成果、他人的工作据为己有。

（2）系统性：一方面学位论文能够反映出你所掌握的基础理论和专门知识，系统总结所完成科学研究工作或专门技术工作；另一方面还包含论文内容、结构的系统性和逻辑性，如脉络清晰、结构严谨、实验规范、结果合理等。

（3）创新性：是学位论文，特别是硕士和博士论文的灵魂，它要求文章所提示的事物现象、特点和规律或所论述的基本方法和理论是前所未有的，是在前人工作基础上的再创造，并且大多是以足够的、可靠的实验数据或现象为基础的。所谓"可靠的"是指实验过程是可重复、可验证的。

10.2 学位论文的开题

10.2.1 学位论文选题方法与步骤

1. 学位论文选题方法

（1）材料提取法。这种方法就是通览所有的文献资料问题，从而确定选题。只有将所有材料全面、彻底地通览一遍，并经过认真分析、反复思考以后才能确定选题。在阅读材料时，要勤动手，勤思考，将阅读所得到的方方面面的内容进行分类，看看哪些内容属于本学科目前亟须解决的问题，哪些问题属于本学科争论的焦点问题，从中提取自己体会最深的东西，经过反复琢磨后，形成自己的选题。

（2）拟想验证法。这是一种先有拟想，然后再通过阅读资料加以验证来确定选题的方法。这种选题方法的前提是事先必须要有一定的想法，即根据自己平时的观察和学习，初步确定选题范围。但这是没经过检验的拟想，在确定具体题名时，还必须阅读大量资料，以便了解学术界有关方面的情况。

（3）启发式选题法。在听讲课或学术讲座中，教师就某一问题论证的观点、依据、方法可以给我们以启发。将课堂知识与课外阅读相结合，便可开拓思路，找到合适的选题。

（4）社会调查式选题法。撰写学位论文的目的是为社会发展服务。作为论文写作中关键的一环——选题的确定，也理应以社会需要为出发点，注重社会调查，从社会实践中收集第一手资料，将其去粗取精、去伪存真，上升到理性认识，最终确定自己的选题。

2. 学位论文选题步骤

（1）初步设想。在确立题目之前，首先要有一个初步设想，也可以称为"假说"。虽然这种设想是初步、肤浅的，它是科研的起步。这种设想多是根据科研和生产第一线的知识，再通过深入分析、广泛联想、认真思考和充分酝酿而成，或者在听课或听取学术报告或阅读文献时受到的启发。通常对于本科毕业生，学校会在毕业论文工作开始前，准备好可供学生选择的研究课题和题目，指导教师会向学生介绍专业、研究方向，并指导学生选定论文研究课题和题目，确定调查研究和查阅文献范围。

（2）调查研究。有了初步的设想，选定课题之后，就要通过查阅相关文献开展广泛深入的调查研究，了解课题的背景、意义及国内外研究现状、研究进展和趋势，认清课题研究的重点、难点以及需要解决的问题等，经过综合分析、判断和整理的过程，写出有针对性和对深入研究有参考价值的文献综述，以此作为选题的重要依据。

（3）最终立题。在确认所选课题的题目充分性和必要性之后，根据毕业论文所要达到的具体的目标，就可最终将研究课题确定下来。题目确立下来以后，就要拟定方案，确定实现课题的方法和途径。
（4）撰写开题报告。研究方案拟定后，就要开始撰写开题报告。

10.2.2 开题报告的撰写

学位论文的题目选定后通常本科生直接进入毕业设计阶段，研究生需要撰写开题报告，这是对论文选题进行检验和评估认定的过程，开题报告经由审查小组审核确认后，才能正式论文的写作。开题报告是用文字体现论文的总体构想，把课题内容、研究背景、创新点和论文整体架构等主要问题交代清楚，不需太大篇幅。开题报告是论文写作的纲要，也是指导教师审查指导写作的重要依据。

学位论文的开题报告不同于科研项目的开题报告，主要是训练学生如何选择研究题目、辨认难点、确定方法、安排进度等，重在科研程序的培养，一般包含以下内容：

（1）论文题目：以准确、精练的文字概括论文的论题。
（2）文献综述（课题来源及选题的依据）：通过对收集文献的综合归纳，分析该课题的研究历史、现状和发展情况，着重说明选题经过。
（3）课题的目的和意义：通过文献综述的分析，明确为什么选择这个题目，该项研究对理论发展和现实操作有什么意义。
（4）论文的主要研究内容：整理出论文的写作提纲、整体结构。
（5）研究思路和方法：阐述采用哪些研究手段和方法完成论文。
（6）创新点：论文会在哪些方面有所创新和突破，包括可能遇到的难点。
（7）进度安排：论文完成时间安排。
（8）参考文献：列举主要参考和引用的文献资料。

10.3 学位论文写作

搜集资料是学位论文写作的基础。资料越丰富，论文传递的信息量就越大，越能更好、更完整地表达自己的观点。可以说，论文的质量在一定程度上取决于搜集资料的质量。学位论文搜集的原则、方法和信息分析的方法，已在9.1.信息的搜集与分析整理做过论述，此处不再赘述。

10.3.1 学位论文的写作步骤

学位论文的撰写过程是论文的成型阶段，通常是先列出写作提纲，准备写作资料，然后开始撰写初稿，修改初稿，最终定稿。

1. 拟订写作提纲

提纲是对研究课题的总体构思，是全篇论文的基本框架和整体结构，总的论点和各部分的布局及观点都应通过提纲反映出来。既要突出重点和主要内容，又要适当照顾全面，明确各部分在整篇论文中所占的比重及相互关系，使论文和题目紧扣起来。开始时可以仅拟出大标题，在研究资料的过程中再逐渐加以修改和完善，可计划先写什么，后写什么；重点在哪里；哪些需要注释。确定好论文提纲，是写好学位论文的一个关键步骤，它是全篇论文的框架和总体构思，起到疏通、安排材料，形成结构的作用。

2. 撰写初稿

论文提纲撰写完毕后，经与指导老师共同就文章观点、论文结构、顺序和逻辑性等关键问题进行研究推敲后就可以动手写论文初稿了。这个阶段是对专题进行系统深入研究的阶段，是对原有资料的再提炼，需要付出更加艰辛的劳动。论文始终要以自己的论题为中心，对重点要深入研究，选择与课题紧密相关的资料，突出重点，按照精练简要的要求，决定资料的取舍，保证论文的质量。

3. 修改定稿

论文初稿完成只是完成了学位论文 70%的工作，余下 30%的工作主要就是修改、补充和润色。修改过程中要注意论文写作格式的规定，避免大量和大段引用，引用他人文字时一定要注明出处。

10.3.2 学位论文的基本格式

国家标准 GB/T 7713.1—2006《学位论文编写规则》规定了学位论文编写格式。学位论文一般包括 5 个部分：前置部分、主体部分、参考文献、附录、结尾部分（如有）。

1. 前置部分

1）封面

学位论文可有封面，是学位论文的外表面，对论文起装帧和保护作用，应包括题名页的主要信息，如论文题名、论文作者等。

2）封二（可选）

学位论文可有封二，包括学位论文使用声明和版权声明及作者和导师签名等，其内容应符合我国著作权相关法律法规的规定。

3）题名页

学位论文应有题名页，包含论文全部书目信息，单独成页。题名页包括中图分类号、学校代码、UDC、密级、学位授予单位、题名和副题名、责任者、申请学位、学科专业、研究方向、论文提交日期、培养单位。

（1）题名以简明的词语准确地反映学位论文最重要的特定内容（一般不超过 25 个字），应中英文对照。题名通常由名词性短语构成，应尽量避免使用不常用的缩略词、首字母缩写字、字符、代号和公式等。如题名内容层次很多，难以简化时，可采用题名和副题名相结合的方法，其中副题名起补充、阐明题名的作用。

（2）责任者包括研究生姓名、指导教师姓名、职称等。

4）英文题名页

英文题名页是题名页的延伸，必要时可单独成页。

5）勘误页

学位论文如有勘误页，应在题名页后另起页。

6）致谢

致谢放置在摘要页前，对象包括：国家科学基金，资助研究工作的奖学金基金，合同单位，资助或支持的企业、组织或个人；协助完成研究工作和提供便利条件的组织和个人；在研究工作中提出建议和提供帮助的人。

7）摘要页

摘要页是论文摘要及关键词、分类号等的总和，单独编页。

（1）摘要是论文内容的简要陈述，是一篇独立完整的短文。博士学位论文中文摘要一般不少于3000字，硕士学位论文中文摘要一般不少于2000字，学士学位论文中文摘要一般在300~600字，或者更多。外文摘要在300个实词以内。

（2）关键词：是从论文中抽取出来的能够准确表达文章主题概念的词语，一篇论文需要选取3~8个这样的词语作为关键词。

8）序言或前言（如有）

序言或前言一般是作者对本篇论文基本特征的简介，如说明研究工作缘起、背景、主旨、目的、意义、编写体例，以及资助、支持、协作经过等。这些内容也可以在正文引言（绪论）中说明。

9）目次页

目次页是论文中内容标题的集合，排在序言和前言之后，另起页。

10）图和附表清单（如有）

论文中如图表较多，可以分别列出清单置于目次页之后。图的清单应有序号、图题和页码。表的清单应有序号、表题和页码。

11）符号、标志、缩略词、首字母缩写、计量单位、术语等的注释表（如有）

符号、标志、缩略词、首字母缩写、计量单位、术语等的注释说明，如需汇集，可集中置于图表清单之后。

2. 主体部分

主体部分由于涉及的学科、选题、研究方法、结果表达方式有很大的差异，不能作统一的规定。主体部分内容包括引言（绪论）、正文、图、表、公式、引文标注、注释、结论。

1）引言（绪论）

引言（绪论）是正文的引子，撰写应当言简意赅，对正文起到提纲挈领和引导读者详细阅读整篇文章的兴趣的作用，不要与摘要雷同或成为摘要的注释，应独立成章，用足够的文字叙述。

2）正文

正文是毕业论文的核心内容，将占据论文的主要篇幅，是学位论文的主体。这部分要以充分有力的材料阐述自己的观点及其论据，准确把握文章内容的层次、大小段落间的内在联系。篇幅较长的论文常用推论式（由此论点到彼论点逐层展开、步步深入的写法）和分论式（即把从属于基本论点的几个分论点并列起来，分别加以论述）结合的方法，全面、准确表达作者的研究成果。一般可以包括调查对象、实验和观测方法（观测结果）、仪器设备、材料原料、计算方法和编程原理、数据资料、加工经过。需要说明的是由于研究工作涉及的学科、选题、研究方法、工作进程、结果表达方式等存在很大差异，对正文的内容不能规定得千篇一律。但实事求是、客观真实、准确完备、合乎逻辑、层次分明是学术论文的起码要求。

3）图

图包括曲线图、构造图、示意图、框图、流程图、记录图、地图、照片等；图应具有"自明性"，有编号，宜有图题。图的编号和图题应置于图下方。

4）表

表应具有"自明性"，有编号，宜有表题。表的编号和表题应置于表上方。表的编排一般是内容和测试项目由左至右横读，数据依序竖读。表的编排建议采用国际通行的三线表。

5）公式

论文中的公式应另起行，并缩格书写，与周围文字留足够的空间区分开。如有两个以上的公式，应用从"1"开始的阿拉伯数字进行编号，并将编号置于括号内；公式的编号右端对齐，公式与编号之间可用"…"连接；公式较多时，可分章编号。

6）引文标注

论文中引用文献的标注方法遵照 GB/T 7714—2015《信息与文献 参考文献著录规则》，可采用顺序编码制，也可采用著者-出版年制，但全文必须统一。

7）注释

为论文中的字、词或短语作进一步说明的文字，一般分散著录在页下（脚注），或集中著录在文后（尾注），或分散著录在文中。如果论文篇幅较长，建议采用中文编号加"脚注"的方式，最好不采用文中编号加"尾注"。

8）结论

结论是在论题得到充分证明之后得出的总结性论述，往往能体现论文的精髓，是作者的独到见解之所在。论文的结论是最终的、总体的结论，不是正文中各段小结的简单重复。结论应包括论文的核心观点，交代研究工作的局限，提出未来工作的意见或建议。结论部分的写作要求措词严谨，逻辑严密，文字具体，体现准确、完整、明确、精练。要突出自己的创造性成果或新见解，严格区分本人与他人科研成果的界限，同时要写出对课题研究的展望，提出进一步探讨问题或可能解决的途径等。

3. 参考文献

参考文献是作者撰写论文过程中，研读或文中引用的有具体文字来源的一些文章或资料的文献集合。参考文献是作者在开展研究活动的过程中亲自阅读过的并对其产生了明显作用的那些文献，包括直接引用原文的文字和间接引用原文的观点、方法等两种情形。

参考文献著录项目和著录格式遵照《信息与文献 参考文献著录规则》（GB/T 7714—2015）的规定执行。

1）学位论文中参考文献的 3 种主要表现形式

（1）夹注：即段中注，在正文中对被引用内容在相应位置标注顺序编号并置于方括号内。在参考文献著录部分其编号与正文部分对参考文献的完整记录内容顺序一致。

（2）脚注：在某页中被引用文句出现的位置加注顺序编号并置于括号内。同时，在当前页正文下方编排相应编号参考文献的完整记录。

（3）尾注：将所有需要记录的参考文献顺序编号，统一集中记录在全文的末尾。

2）主要类型参考文献著录项目与著录格式

参照本书 9.4.2 节。

4. 附录

附录作为主体部分的补充，并不是必需的。

5. 结尾部分（如有）

结尾部分不是论文必需的。此项内容一般包括分类索引、关键词索引、作者简历、其他、学位论文数据集。

第 11 章 考研、留学与就业信息检索及利用

在知识经济时代，终身学习已经成为人们日常活动中不可分割的一部分，经济全球化和教育的公益性使我们不但可以从网上获取各种生活、工作信息，也可以享受国内外最优秀的教育信息资源。大学生在大学就读期间，除了参加必需的专业文化课考试之外，往往根据自身的发展需要和现代社会的需求，选择一些特殊的考试项目。同时，在大学生毕业以后，除了就业，考研与留学也成为大学生毕业后继续深造的主要方式。本章介绍如何检索和利用学习、考试、考研、留学、就业方面的信息。

11.1 学习考试类信息的利用

当前是一个数字化网络化的学习时代，图书馆和网上的学习资料数量大种类多，有的费用昂贵，有的却免费。如何进行高效而有针对性的学习，选取学习资源就非常重要。

一般图书馆都收藏有大量的有关学习、考试的辅导与参考书籍，可以直接借阅。除此之外，目前也有一些学习考试类的专门数据库。

11.1.1 新东方多媒体学习库

新东方多媒体学习库（http://library.koolearn.com）是由北京新东方在线推出的一套全系列实用外语学习资源，该库收集了新东方自 1993 年创办以来所有的课程，俞敏洪、王强、钱永强、包凡一、张亚哲等新东方元老级教师的课程也收入其中。数据库由英语学习基本库、权威口语库、精品出国库、考研课程库和特选经典库 5 个大库，100 多门精选课程构成。课程包括：出国留学类（TOEFL、GRE、GMAT、雅思等课程），国内考试类（大学英语四六级、考研英语），应用外语类（英语初级口语、英语高级口语、高级商务英语、英语词汇），小语种类（日语、韩语、法语、德语、西班牙语、意大利语、俄语），职业认证类（医学、金融），求职指导和实用技能等。

11.1.2 中科 UMajor 大学专业课学习库

中科 UMajor 大学专业课学习库（www.UMajor.org）是国内第一款大学生专业课学习资源数据库，该数据库现已收录数百门专业课的知识脉络剖析讲义、课程学习指导、章节练习试卷等学习资源。数据库的主要功能如下。

1）课程学习

收录数百门专业基础课和专业核心课的知识点脉络剖析、知识扩展学习资料等资源，以及数万套章节同步练习试卷，供同学们进行课程预习、复习、知识点扩展学习，以及通过答卷练习来检验自己对知识点的理解和掌握程度。

2）综合模拟自测

为了便于学生在期中或期末考试之前对所学课程进行系统的综合复习和自测练习，在"综合模拟自测"功能中，学生可以选取多个章节（知识模块）的试题，以自测练习的方式来验证自己的学习成效和对各知识模块的掌握程度。自测练习答卷之后，系统将显示每一道试题的正确答案和知识点解析。

3）错题记录

学生在使用 UMajor 数据库进行答卷练习的过程，凡是做错的试题都将被自动保存到"错题记录"中，便于日后学习对这些试题及知识点进行分析总结或强化记忆。

11.1.3　中科 VIPExam 考试学习资源数据库

中科 VIPExam 考试学习资源数据库（http://www.vipexam.org）是一套集日常学习、复习备考、在线无纸化考试等功能于一体的教育资源软件。该数据库收集了海量的学习资源（主要为历年真题试卷、模拟试卷）的数据库，现已涵盖外语、计算机、考研、财经、工程、职业资格等 11 大专辑 1200 余类考试科目。同时，该数据库还是一个功能完善的自主学习与考核平台。数据库前台提供了"错题自动记录""错题重组卷""学习计划""交互式学习"等个性化学习功能，可以有效帮助学生在平时根据自己个性化需求来进行巩固学习或学前模拟自测；数据库后台则提供了"自建特色题库""组织在线无纸化考试"等考评管理工具，便于教学单位进行考核考评。

11.2　考研信息检索与利用

考研信息是指考研复习、报考、笔试、面试、录取，以及考试政策等方面的信息，考研信息的搜集应贯穿于考研备考的各个阶段。考研成功与否，除了需要备考者自身努力学习以外，还要能及时获取相关信息。

11.2.1　报考阶段

选好院校和专业后，要仔细查看学校的招生专业目录、导师情况、拟报考招生院校历年报考与录取情况等。招生专业目录是报考及全部复习计划的依据，一般在每年 8 月左右由各招生院校公布最新一年的招生专业目录，届时考生登录考研教育网（www.cnedu.cn）或所报考院校研究生院网站或院校二级院系主页即可查阅。

11.2.2　复习阶段

报名以后接下来要做的就是，根据所要报考学校的要求准备相应的复习资料。根据内容、用途和针对性的不同，考研复习资料可以分为以下几大类：考试大纲、全真试题、专业教材及各种考研辅导书和内部资料。

考试大纲是规定研究生入学考试公共科目考查知识点及考试题型等重要信息的纲领性文件，由教育部考试中心每年 4 月、5 月组织专家会议进行修订后，再由高等教育出版社公开出版发行。政治大纲每年变动较大，英语、数学大纲则相对稳定。中国教育在线每年也会组织相关辅导名师第一时间进行考试大纲解析。

全真试题包括历年考研政治、英语、数学等公共课试题和报考专业的专业试题。公共课全真试题可以到专门的考研书店购买，也可以从网上获得，前面也介绍过一些学校图书馆购买的考试资源数据库。专业课试题一般可先向报考学校咨询，部分学校的网上会公布历年专业课试题，有的学校还可提供邮购服务。中国教育在线的考研频道（http://zhenti.kaoyan.eol.cn）就提供公共课和法律硕士、教育学、计算机、历史学、心理学、西医综合、中医综合等专业课的历年考试真题，并附有试题答案。

除国家统考公共课之外，专业课都是由各个招生院校自主命题阅卷。因此，专业课教材一般需要向报考院校获得，考生可参考你报考院校的研究生院网站或院系网站公布的参考书目，然后按照书目去购买，一般书店都有出售，在购买之前可以先检索一下学校图书馆是否收藏这些资料，或图书馆电子资源是否有其电子版。

11.2.3 复试备考阶段

近几年复试难度的增加及其相对不确定的特点，使得了解复试的主要内容和方式显得尤为重要。如果考生能在备考过程，通过多种人际关系与自己所报考的导师取得联系，知悉导师对所招学生的偏好将是极为有利的，可以让自己的复试备考针对性更强。

11.2.4 调剂阶段

录取调剂信息会在招生院校研究生院网站公布，对于那些分数刚上线的考生要多关注这部分信息。

11.2.5 考研相关网站和论坛

1．考研网站

（1）中国研究生招生信息网：http://yz.chsi.com.cn。
（2）中国考研网：http://www.cnky.net。
（3）中公考研：http://www.kaoyan365.com。
（4）中国高等教育学生信息网：http://www.chsi.com.cn。
（5）中国教育在线考研：http://kaoyan.eol.cn。
（6）中国考研网：http://www.chinakaoyan.com。

2．考研论坛

（1）考研论坛：http://bbs.kaoyan.com。

（2）免费考研论坛：http://bbs.freekaoyan.com。

11.3 留学信息检索与利用

对于有留学需求的同学而言，我们首先需要解决以下几个问题：一是去哪里留学？二是选择哪所学校及学科专业？三是如何选择导师？四是申请留学的程序和条件是怎样的？五是如何准备相关文书？这一类的问题属于一般常识性问题，我们可以选用搜索引擎为主要检索工具，以"留学指南""留学申请""留学文书"等作为检索词进行查询。查找相关学校和专业的排名情况可以利用泰晤士高等教育（https://www.timeshighereducation.com/world-university-rankings）、U.S.News（www.usnews.com/education/best-global-universities）进行查询。

11.3.1 各国留学申请攻略

1. 美国留学申请

美国高校的学制是本科 4 年，研究生一般为 2 年。需要提前 1～3 年开始准备各类考试，申请本科的学生最好从高二开始备战托福、雅思等，申请研究生的同学从大三开始准备各种考试。申请材料寄出时间：建议学生提前 6～10 个月寄出申请材料，申请成功的话，学校会在入学年的 3～5 月发放录取通知书，开学前 4 个月可以签证。

作为母语非英语类国家的学生申请美国留学，首要的条件便是学校对英语水平的考察。一般来说，如果是申请美国大学的本科学位，申请者需要具备 TOEFL 成绩，新托福 70 到 80 分。对于研究生的话，一般要求 70 分到 80 分或到 90 分不等。而如果是申请美国大学的硕士学历，除了具备 TOEFL 成绩外，还需要有 GRE 成绩，或者 GMAT、LAST 等成绩。一般来说，对理工科留学生的要求有时可以低一些，学校更看中的是申请者的学术和研究能力，而文科、商科的要求一般较高。申请美国的硕士学位以上的学位，申请者需要具备大学本科及以上的学历，国外大学一般只会承认国内学士学位，而没有国内所谓的毕业证的概念，因此，一般来说，没有学士学位就无法直接申请美国的硕士学位。

有了 TOEFL 和 SAT 成绩单，申请者只是具备了申请美国大学本科入学许可和奖学金的一个基本条件，为了完成申请，美国本科申请材料还要有高中成绩单、会考成绩单、在读证明（如高中已经毕业，则提供高中毕业证书）、2～3 封老师推荐信、个人陈述、个人简历、财力证明（如银行存款证明）、网上申请表及其他（获奖证书、志愿者荣誉等）。

研究生的申请除了要求 TOFEL、GRE 或 GMAT（专业不同，要求不同）以外，申请材料包括本科阶段的成绩单、个人简历、个人陈述、3 封推荐信、学位/毕业证书或在读证明、财力证明（如银行存款证明）、其他材料等。

美国名校一般都会要求学生参加电话或者直接的面对面的交流，实际上就是一种面试。因为学生提交的都是书面材料，为了衡量学生是否真正优秀，会给学生打电话进行一次面试。

2. 英国留学申请

英国高校的学制是本科 3 年，研究生一般为 1 年。英国学位可分为学士学位、硕士学位和博士学位。学士学位通常授予完成 3 年大学学习的学生，有荣誉学士和普通学士之分。硕士学位分为授课式硕士学位和研究式硕士学位。授课式硕士学位一般为一年，研究式硕士学位通常需要两年的时间。申请博士学位需有学士学位和硕士学位。

英国留学签证最新草案规定，留学申请人必须达到普通 B2 级英语水平，相当于雅思 5-6.5 分，英语不合格的申请人将不给予入境签证。申请英国的学校最好提前 1 年开始准备。英国学校入学时间正常情况是每年的 9 月，包括绝大多数的高中、大学预科、本科和硕士课程。申请本科课程必须通过高等院校招生办公室（UCAS）办理。申请时学生如果暂时没有达到学校的入学条件，比如暂时没有语言成绩，也可以提前申请，学校认为你的基本条件合格了，就会给你一个有条件录取通知书。等你达到所有的条件后，一定要在第一时间把所有的证明材料集齐并及时交给学校，将录取通知转换成无条件录取通知书，然后办理签证。

英国大学通常会要求学生申请时提交以下材料：中英文成绩单若干份，用学校的信封封口、并加盖教务处的公章；语言成绩；中英文在读证明或毕业证学位证的复印件及翻译件加盖公章；包括自己的出国动机、背景和学习规划等等的个人陈述；关于学习、工作或生活的推荐信两封；以及类似班级排名证明、奖状、奖学金、各类资格证书和获奖证明等其他辅助材料，且都要翻译成英文。

申请研究生课程时，由于英国没有国家研究生课程入学考试，所以每所院校自行决定每一个研究生课程所录取的学生。申请人必须将申请文件寄往各个院校，录取与否取决于申请人是否符合申请院校的入学资格。申请人应提供以下资料或文件：申请人所读的大学课程详细资料；成绩单或考试成绩证明书；列明考试项目及等级（翻译成为英文）；最少两封由老师发出的推荐书（翻译成为英文）；概述与学科有关的工作经验；曾经出版的研究论文详细资料等。申请入读研究生课程的竞争很大，学生应最少提前 12 个月前向院校查询每所院校的研究生课程章程列有申请详情及时限。

3. 加拿大留学申请

加拿大高校的学制是本科 4 年，研究生一般为 2 年，有少部分学校研究生 1 年。

申请加拿大本科需要提前半年开始准备，研究生需要提前 1 年准备。申请材料需提前 7 个月左右寄出。申请的基本要求包括：学历符合申请大学的要求、有可靠的资金来源、通过英文考试来测定语言能力、体检合格证等。

申请人可于开课前 9 个月，去函向自己选中的学校索取申请表格及有关资料。在截止申请期限前填好表格，连同校方所要求的文件及申请费一齐寄回该校；校方收到文件、表格后，会进行查核及考虑，如决定录取，便寄出入学证明书。但部分学校则先发临时录取通知书，待申请人缴了全年费用后，才发正式的入学证明书。

开课前 3 个月前，申请人携带加拿大院校发出的入学证明书，并附一份影印件（申请人学历、英语或法语水平、入学注册截止日期等），向加拿大驻中国使领馆提出签证申请。申请表填写完毕后交（寄）使馆，并附下列材料：入学证明书正本及副本各一份、学费正式收据、学历证明资料（毕业证书、高中最后学期成绩、托福考试成绩）、父母或经济担保人之经济状况证明文件、银行证明书、存折、定期存款单（最近 6 个月）副本、利息收入或薪俸税单（最近 6 个月）、雇主证明书及房屋或地产契约、差饷单或物业税单（如出租），由中国驻加拿大大使馆认证。加拿大居住之监护人（永久居民）证明书；4 张报名照片；有效护照或身份证明书；申请人名下有加币 1000 元汇票，以作加国固定生活费；有时需要有特约医生所签发的体格检查或防疫注射证明，在得到使馆正式体检表前请勿自行体检，使馆收到申请表格和照片后给你寄体检表。使馆要求面谈的学生，请按通知规定的时间来馆，其他时间不予面谈。自签证申请表交使馆至签证办妥，不需面谈者，一般需 6～8 周。即使护照尚未签发，也应尽早开始申请。

4．澳大利亚留学申请

澳大利亚的学制是本科 3～4 年，研究生 1～2 年。申请澳大利亚大学的准备时间通常为 8～12 个月。澳洲学校提供有条件录取，如果雅思成绩没有达到学校的要求，可以先申请有条件录取，在开学前 3～4 个月考完雅思达到学校的要求后即可。

澳大利亚正在实施一个海外学生计划，允许非澳大利亚公民或非澳大利亚永久居民到澳大利亚留学。对于申请到澳洲接受高等教育的申请，本科申请者必须是高中毕业，硕士、博士研究生课程的申请者必须具备大学本科或者同等学力，IELTS 成绩 5.0 以上，且在进入澳洲大学正式课程之前，必须接受英语课程培训并达到 IELTS 成绩 6.0 以上才能顺利入学。需提供经济担保，同时提供不同金额的银行存款证明。

学生签证的申请人需根据澳大利亚移民法的有关规定完整地提交申请签证的材料。申请材料除一般性材料外，还需提供申请人即将就读的澳大利亚学校出具的留位证明信原件、证明学历及所达到语言要求的资料、资金证明等。

11.3.2　留学信息参考网站

以下是按类别推荐的一些留学信息参考网站。

1．国家相关机构网站

（1）国家留学基金委。（国家留学网：https://www.csc.edu.cn），根据国家法律、法规和有关方针政策，负责中国公民出国留学和外国公民来华留学的组织、资助、管理。

（2）教育部留学服务中心。（中国留学网：http://www.cscse.edu.cn），是国内最大的留学门户网站，提供最新、最全、最热的留学资讯，涵盖美国、加拿大、英国、澳大利亚、韩国、日本等各留学国家的情况，并设有留学预警、讲座信息、专家答疑等。

（3）教育部教育管理信息中心。（教育部教育涉外监管信息网：http://jsj.moe.gov.cn）是教育涉外活动监督与管理信息的专门网站，该网站设有政策法规、预警信息、涉外办学、国外院校、专家访谈、案例点评等栏目，公布经资格认定的自费出国留学中介机构法定代表人、办公地址等核心资质情况。目前各地的留学中介机构众多，良莠不齐，有的是没有资质的非法中介，可以通过该网站查询各留学中介的资质。

2．中介机构

权威的中介提供的信息一般比较全面。目前，几乎所有的留学中介都建立了网站。用户可以通过搜索引擎或其他方式得知中介名称，并登录网站深入了解该中介，再通过与中介和网友的在线交流决定中介取舍。另外，教育部通过教育涉外监管信息网公布中介出国留学中介机构法定代表人、办公地址等核心资质情况，可供留学人员参考。

3．其他机构

学校、图书馆等也是获得此类信息的一个来源。有些学校的院系与国外学校存在合作关系，进而会做一些相关的咨询，而图书馆的资料比较全面，参考咨询服务又是其核心业务，因而有的大型图书馆也开展留学信息咨询服务。上海图书馆新馆开馆之日起即设立了（留学指南）阅览室，并在数字资源服务平台上建立（留学指南）网页，以多种方式为用户提供出国留学方面的信息。

4．留学文书准备

（1）shinewrite 留学文书编辑：http://www.shinewrite.com。
（2）上海交大留学手册：http://www.applybook.com。

5．留学英语考试

（1）托福考试：http://www.ets.org/toefl。
（2）GRE 考试：http://www.ets.org/gre。
（3）GMAT 考试：http://www.mba.com。
（4）雅思考试：http://www.ielts.org。

11.4　就业信息的搜集

在信息社会，就业竞争在一定程度上就是信息量的竞争，大学生求职择业不仅取决于整个社会环境与毕业生个人的专业和综合素质，还取决于毕业生是否拥有信息，甚至可以说，就业信息是求职的基础，是通向用人单位的桥梁，是择业决策的重要依据，更是顺利就业的可靠保证。

11.4.1　利用就业主管部门信息查找

随着高等教育大众化与高校扩招，毕业生就业已经成为全社会关注的焦点，各级就业主管部门也陆续出台一些政策和措施，帮助大学生就业，所以查找就业信息可以从各级就业主管部门入手，这些信息的权威性、可靠性比较高。大学生就业的主管部门可以分为以下 3 个层面。

1．国家级就业指导部门

教育部人力资源和社会保障部是与大学生就业最相关的部门，经常关注他们的就业网站，不仅可以了解就业政策、就业统计与分析报告，还可以了解全国性的大型招聘活动信息。

（1）国家的就业政策、相关规定。如鼓励高校毕业生到基层、到中西部地区就业的相关政策、鼓励高校毕业生应征入伍服兵役的政策等。

（2）国家大型招聘活动。这类招聘活动一般由国家部委主办，如教育部主办高校毕业生网上联合招聘会、行业主管部门大型招聘会；经商务部、教育部、人事部批准，由 3 个部门联合组织的国家经济技术开发区高校毕业生网络招聘会，等等。

（3）国家有关部门主办的就业网站。如中国人力资源市场网（http://chrm.mohrss.gov.cn）是由国家人力资源和社会保障部主办，面向社会提供人事、政策咨询和人才服务的公益性网站；

中国国家人才网（http://www.newjobs.com.cn）是国家人力资源和社会部全国人才流动中心主办的全国高级人才网站，提供网络招聘、查询、求职、招聘会、报纸广告；中国就业网（http://chinajob.mohrss.gov.cn）是由人力资源和社会保障部主办并向社会各界提供劳动力市场政策咨询和就业服务的公益性网站。

2．省级就业指导主管部门

促进大学生就业已经成为每个省市教育与人事部门的重要工作。经常关注其就业网站，可以了解该地区的招聘信息。当大学生学习所在的省市与就业所在的省市不一致时，两个省市的就业信息都要关注，尤其侧重就业所在的省市的信息。

3．学校就业指导相关部门

在高校每年都会举办双选会和专场招聘会。这些招聘活动是学生就业的重要渠道，不仅应届毕业生应该积极参加，其他年级的学生也应该关注招聘的企业及其招聘要求，因为一般企业到高校招聘都有连续性。

学校的毕业生就业办公室或就业指导中心是获取就业信息的主要渠道。毕业生在收集就业信息时，一定要经常关注这部分信息，尤其是同类高校的信息，但有些大学为了保障本校学生择业的优先权，通常只允许本校毕业生查看就业信息详情。

11.4.2 利用企业信息查找就业方向

通过查询企业信息，不仅有助于我们了解相关企业的产品、竞争模式、行业资讯，也可以了解一个地区的企业分布情况。检索企业的信用信息，可以了解企业的规范程度，避免上当；检索企业员工发表的科技论文和申请的专利，可以了解企业的技术开发及其与自己的专业兴趣是否吻合；检索企业所在行业分析报告，可以了解一个行业的整体发展程度；检索与企业声誉、产品相关的网页论坛与贴吧，可以了解企业在民众中的形象。总之，通过对企业的全面检索，可以加深对企业的了解，减少就业盲目性。

11.4.3 公务员考试信息检索与利用

自 1994 年我国开始实行国家公务员考试录用制度之后，在校园和社会上都掀起了一股公务员考试热，网络上的公务员考试信息的数量也随之急剧增加。公务员考试信息主要包括公务员报考指南、各地招考信息、经验交流、政策咨询、试题集锦等信息。

1．报考和录取阶段信息获取

报考阶段，考生必须要对报考条件、报考过程、考试流程等公务员考试常识，以及中央和地方公务员考试的时间、考试科目、招考单位、职位、人数及有关考试最新政策等考试最新动态进行了解，做到心中有数，及早安排。

中央国家机关公务员招考工作的时间已经固定，报名时间定在每年 10 月中旬，考试时间在每年 11 月的第四个周末。省以下国家公务员考试时间尚未固定，欲报考者应密切关注各级、各类新闻媒体有关招录公务员的信息，以免错过报考时间。

中华人民共和国人力资源和社会保障部网站（http://www.mohrss.gov.cn）是发布中央机关及

其直属机构公务员考试信息的官方网站，提供权威的国家公务员考试招考和录取信息，考生注册登录后即可通过该网站报考相关职位，考试结束后考查询考试成绩和录取信息。另外，该网站还开通了与国务院各部门网站和各地人事网站的链接，提供省、区、直辖市的公务员招考信息。

2. 复习备考阶段信息获取

复习阶段信息获取的主要任务是了解如何备考，即考试科目有哪些，需要看哪些考试参考书、复习资料，复习时要注意哪些问题等；笔试通过后，对获得面试资格的考生还要及时准备面试，了解面试的时间、考试范围、复习资料等信息，网络上有丰富的公务员考试复习资料，考生可以通过公务员考试官方网站（如国家公务员考试网是历年笔试、面试真题及内部资料独家发布的网站）了解，或者通过学校图书馆购买的相关数据库，本书前面的内容有介绍，也可查看一些专门的公务员考试资料网站。

11.4.4　就业知识信息的查找

就业知识包括当前的就业形势、就业程序、就业派遣和《劳动法》《劳动合同法》中有关劳动合同与权益维护等方面的知识，以及职业规划、求职面试技巧、角色转换、事业立足与职业发展等方面的知识。除了课程学习和专门讲座外，这类知识还可以在图书馆和网络上找到。

11.4.5　常用就业网站推荐

1. 大学生求职应聘网站

1）中国高校毕业生就业服务信息网

中国高校毕业生就业服务网（https://www.ncss.cn）即新职业网是由教育部主管，全国高等学校学生信息咨询与就业指导中心运营的服务于高校毕业生及用人单位的公共就业服务平台。该平台根据往年招聘情况精准推送至毕业生、共享各省、各校就业网，信息覆盖广；采用手机版、二维码等多种移动互联网模式实现线上线下服务；定期举办全国、各省市联合招聘会、重点领域招聘会，构建人才招聘零距离通道；拥有 800 多万就业数据、800 多万生源信息，可分学历、专业查询全国 800 多万高校毕业生生源分布；所有求职者学籍学历信息均经过验证，信息准确可靠。

2）中国教育在线

中国教育在线（http://www.eol.cn）是赛尔互联（北京）教育科技有限公司开发的中国最大的综合教育门户网站，囊括高考频道、考研频道、留学频道等众多频道，其中校园招聘频道成立于 2003 年，为全国大学生就业、职业生涯提供服务，立足就业前沿，准确把握学业导向，将企业、院校、大学生、政府机构连为一体，提供一站式就业指导服务。

2. 招聘类的专业网站

1）智联招聘网

智联招聘网（http://www.zhaopin.com）成立于 1997 年，是国内最早、最专业的人力资源服务商之一。智联招聘网的前身是 1994 年创建的猎头公司智联（Alliance）。智联招聘网面向大型公司和快速发展的中小企业提供一站式专业人力资源服务，是拥有政府颁发的人才服务许可证和劳务派遣许可证的专业服务机构。

2）中华英才网

中华英才网（http://www.chinahr.com）在1997年开始从事网络招聘业务，现在已经成为中国最著名的全国性人才招聘网站，其品牌和服务已被广大个人求职者和企业人力资源部普遍认可。

3）前程无忧网

前程无忧（http://www.51job.com）是国内第一个集多种媒介资源优势的专业人力资源服务机构。它集合了传统媒体、网络媒体及先进的信息技术，加上一支经验丰富的专业顾问队伍，提供包括招聘猎头、培训测评和人事外包在内的全方位专业人力资源服务，现在全国包括香港在内的25个城市设有服务机构。

4）深圳人才网

深圳人才网（http://www.szhr.com.cn）隶属于深圳市人事局下属的深圳市人才交流服务中心。从深圳人才大市场的创建到创办深圳人才网及开通毕业生就业网，从为下岗职工谋生路到为跨国公司提供"猎头"服务，从创办流动党员之家到承办人才高交会，从开展人才测评到文凭验证、身份证鉴别，从单纯的人才中介到集合引才、辩才、育才、荐才、征信服务于一体，服务覆盖人才交流、人事代理、人才测评、人才培训、毕业生就业、高级人才服务、人才派遣、文凭验证、身份证鉴别、流动党员管理等。

5）南方人才网

南方人才网（http://www.job168.com）是国家人力资源和社会保障部与广州市政府合办的中国南方人才市场旗下的大型人力资源专业网站，集网络招聘、猎头、高校毕业生就业服务、代理招聘、人才培训、人事政策法规咨询、HR经理人俱乐部、《南方人才》杂志等多项服务于一身，立足广州，覆盖华南，辐射全国。截至目前，会员企业累计逾100万家，个人注册简历量累计逾1000万份，每月发布职位信息量高达150万条，网站日均页面浏览量超过2000万次，是华南地区最具影响力的专业人力资源网站。

附录　计算机实践教学指导

附录 A　计算机实践教学指导一（中文信息资源检索）

1．课题选择

选择本专业往届毕业设计题目。按学号对应题号确定检索课题。

2．课题分析

（1）分析该课题所属的学科范围、研究对象。

（2）了解该课题的关键技术要点，涉及的技术领域现状，拟解决的主要技术问题，以及还存在哪些需要解决的问题。

3．教学目的

（1）了解各种检索方法：分类浏览、期刊导航、主题检索。

（2）掌握数据库检索方法。全面了解 CNKI 中国知网和万方数据总体资源状况，熟悉检索平台各项功能设置，掌握各项检索功能的使用方法。

（3）练习归纳和提炼检索词。通过对 CNKI 中国知网中的中国学术期刊（网络版）和万方数据知识服务平台中会议论文或学位论文数据库的反复试验检索，利用检索结果对课题内容进行归纳分析，继续练习提炼或修改具有检索意义的检索词。

（4）学会制定检索策略。练习使用调整检索字段、合理使用逻辑运算符、增加或减少检索条件数量等主要手段组织检索表达式。

4．检索工具

1）CNKI 中国学术文献网络出版总库[中国学术期刊（网络版）]

（1）全文：http://www.cnki.net。

（2）免费文摘：http://www.cnki.net。

2）万方数据知识服务平台（学位论文全文或会议论文全文，任选一种类型）

（1）全文：http://g.wanfangdata.com.cn。

（2）免费题录：http://www.wanfangdata.com.cn。

5．教学内容及任务

1）分类浏览

在 CNKI 首页的搜索对话框下方页面左侧，单击"期刊"链接，进入学术期刊检索平台页面。在检索平台左侧学科导航"文献分类目录"下，从"选择学科领域"的 10 个专辑列表中，逐级单击某个专辑的展开图标"⊞"，直到出现图标"⊟□"，或"□"，表示无下级类可分。单击后面的类目名称，在页面中间右侧显示该类所有记录数量。练习使用分类浏览方式检索。查找自己课题所属专业/学科的最小/最后一级文献分类目录名称及该类目下所有期刊论文的数量。

见右侧样例：

2）分学科和各种级别期刊导航

在 CNKI 首页搜索对话框下方页面左侧，单击"期刊"链接，再选择单击页面右上方的"期刊导航"，进入学术期刊导航页面。

（1）在期刊导航页面左侧"学科导航"下方，从 10 个专辑列表中，选择单击自己课题所属专业/学科的专辑链接，查找自己课题所属专业/学科的期刊种类；最符合自己课题内容的期刊名称、出版周期及 ISSN 号。

```
⊟ □ 信息科技
   ⊞ □ 计算机硬件技术
   ⊟ □ 计算机软件及计算机应用
      □ 计算机软件概况
      ⊞ □ 程序语言、算法语言
      □ 编译程序、解释程序
   ⊟ □ 计算机的应用
      ⊟ □ 信息处理（信息加工）
         □ 模式识别与装置
```

（2）在期刊导航页面左侧"学科导航"下方，分别单击"核心期刊导航""数据库刊源导航"链接，可查看 CNKI 收录的期刊中，关于本专业/学科的"核心期刊导航""SCI 科学引文索引（美）""EI 工程索引（美）"收录情况。

3）检索技术及检索功能

对 CNKI 中国知网和万方数据检索平台所设置的各项功能进行检索练习，掌握各项检索功能的使用方法，明确其对检索过程和检索结果产生的影响和作用。

4）检索字段调整及运用

使用同样的检索条件，使用不同的检索字段（检索项）进行检索。例如使用"宏观经济"，分别在篇名/题名/标题、关键词、主题、摘要、全文字段进行检索，比较五次检索结果在查全和查准方面的变化，在数量和学术深度上的差异。

5）各种类型信息资源特征识别

全面了解期刊、会议论文、学位论文三种类型信息资源的信息特征，通过著录项目中提供的信息准确识别其所属的信息类型，培养判断信息资源学术价值的能力。

6. 检索步骤

检索步骤要求写得详细完整。从如何登录网站，直至浏览文摘的每一步过程。每一步骤包括序号、小标题、具体操作内容或结果。每个步骤写清楚操作的一项内容，不允许将几个步骤的内容合写在一起。可参考课堂笔记、"平台"上理论教学讲义文件（PPT）、实践教学检索指南（PDF）中的"CNKI 中国知网检索指南""万方数据知识服务平台检索指南"及教材进行归纳。

7. 限制选项

根据各平台或数据库实际提供的检索学科范围限制、检索时间限制、匹配方式等检索功能或选项进行勾选或填写。

8. 检索策略

检索策略，亦称检索表达式/检索条件，应包括检索过程中使用的全部检索词、每个检索词使用的检索字段、各检索词的逻辑运算关系和其他限定条件。

1）CNKI 中国学术期刊（网络版）检索策略

在 CNKI 中国学术期刊（网络版）检索结果题名列表页面，单击"检索历史"下方的"检索痕迹"链接，可得到检索条件，即检索表达式：

检索条件：年 between(2010，2014)并且((((题名=计算机或者题名=微机+电脑)并且(题名=汽车或者题名=机动车))并且关键词=电动)(模糊匹配)，专辑导航：全部；数据库：学术期刊 单库检索

2）万方数据知识服务平台（学位论文全文或会议论文全文）检索策略

（1）在万方数据知识服务平台检索结果题名列表页面，可直接得到检索策略：

检索表达式：题名：(汽车)*题名或关键词：(机器人)*主题：(电动)*Date:2000-2014

（2）或者可以单击检索对话框右下方的"检索历史"链接，在弹出的窗口得到检索策略：

检索策略	检索数据库
题名:(汽车) * 题名或关键词:(机器人) * 主题:(电动)	学位论文|会议论文

注意：不同数据库字段文字描述不同，按每个数据库实际的字段文字描述。

9. 检索结果记录

在两个数据库的检索结果（1≤检索结果≤20）中各选择 1 条最符合课题要求的结果进行记录。按照下面样例中给出的项目进行抄写。"摘要"内容可抄写前几个字，其余省略；其他项目省略部分见例中要求。样例中未列出部分不需抄写；样例中已列项目，但实际检索结果中无此项内容的不需要抄写。

1）CNKI 中国学术期刊（网络版）抄写样例（只抄写期刊类型文献）

电动汽车动力锂电池模型参数辨识

章群严世榕

福州大学机械工程学院

摘要：针对纯电动汽车上动力锂电池等效模型参数辨识的问题，以某纯电动汽车的由 87 个单体串联的 84 Ah 的镍钴锰三元锂电池组为研究对象，……

关键词：二阶 RC 等效模型；电动汽车；三元锂电池；汽车行驶数据；最小二乘法；参数辨识

分类号：TM912

机电工程

Journal of Mechanical & Electrical Engineering

2016 年第 12 期

ISSN：1001-4551

2）CNKI 中国知网分类浏览及期刊导航检索结果记录（不需要写检索步骤，直接记录结果）

（1）练习使用分类浏览方式检索。查找并记录自己课题所在专业的最小/最后一级文献分类目录名称及该类目下所有期刊论文的数量。

（2）查找并记录自己课题所属专业/学科的期刊共有多少种？并且记录 2 种期刊的名称、出版周期及 ISSN 号；查找并各记录 1 种最符合自己课题内容和专业/学科的核心期刊、SCI 来源期刊和 EI 来源期刊的期刊名称、出版周期及 ISSN 号。

3）万方数据知识服务平台检索结果记录（学位论文全文或会议论文全文任选一种类型抄写）

（1）会议论文全文数据库抄写样例。

纯电动商用车电动空气压缩机试验方案研究

电动汽车推广是大势所趋，然而市场对电动汽车关键零部件的性能及寿命是否满足全寿命周期的需求仍有一定质疑，……

作者：李嘉

作者单位：郑州宇通客车股份有限公司 河南郑州 450016

母体文献：第十三届河南省汽车工程科技学术研讨会 论文集

会议名称：第十三届河南省汽车工程科技学术研讨会

会议时间：2016年10月17日

会议地点：河南信阳

主办单位：河南省汽车工程学会

语种：chi

分类号：U48 TP3

关键词：电动空气压缩机　加速寿命测试　试验平台　试验方案　评价标准

（2）学位论文全文数据库抄写样例。

机器人3D视觉传感器设计与实现

随着机器人技术的发展及其应用领域的不断拓宽，机器人对于视觉方面有了越来越高的要求。特别是对于移动机器人，……

作者：陶威

学科专业：测试计量技术及仪器

授予学位：硕士

学位授予单位：西南交通大学

导师姓名：单奇

学位年度：2016

语种：chi

分类号：TP242 TP203

关键词：机器人　三维视觉传感器　系统设计　激光测距

10．简答题

（1）使用搜索引擎或非专业网站/数据库检索与使用专业网站/数据库检索有什么不同？

（2）CNKI中国知网中中国学术期刊网络出版总库中"CNKI首发"的含义是什么？

（3）CNKI中国知网中中国学术期刊网络出版总库中"数据论文"的含义是什么？

（4）万方数据知识服务平台中，会议论文著录项目中的"母体文献"与CNKI中"中国重要会议论文全文数据库"的哪一个著录项目相同？与期刊论文的哪一个著录项目内容相近？

（5）万方数据中经典论文优先的含义是什么？

（6）比较CNKI中国知网和万方数据知识服务平台中期刊、会议论文、学位论文三种类型信息资源。主要从收录的时间范围、数量范围、信息资源质量（地域、级别）、检索字段设置（多少）、检索平台页面功能方面进行比较。（可列表比较）

11. 提交报告

请各位同学按上述要求和格式完成《中文数据库单元机检实践教学报告》中所有内容。用 A4 纸打印，左侧装订后提交。

12. 拓展训练或课后练习

（1）练习中文科技期刊数据库（重庆维普期刊资源整合服务平台）的检索：http://www.cqvip.com。

（2）如何通过调整检索字段、逻辑运算符、增加或减少检索条件数量等主要手段优化检索策略？如何利用检索词的合并与拆分、检索词同义/近义词、检索词上/下位类关系、隐性概念、时间范围、学科、信息类型、匹配方式等其他辅助条件优化检索策略？

（3）利用 CNKI 中国知网或其他翻译网站将自己实习课题的检索词翻译成英文，为检索英文数据库做准备。特别注意查全同一检索词的英文不同拼写。

附录 B 计算机实践教学指导二（外文信息资源）

1. 教学目的

（1）翻译。会利用已知翻译工具及网站将检索词准确、专业、全面地翻译成英文。

（2）熟练归纳和提炼检索词。通过对 Elsevier-ScienceDirect、EBSCOhost 和其他外文数据库的反复试验检索，利用检索结果对课题内容进行归纳分析，继续修改或确定具有检索意义的检索词。

（3）掌握数据库检索方法。全面了解 Elsevier-ScienceDirect、EBSCOhost 和其他外文数据库，能够熟练掌握并使用各个数据库检索平台的功能。

（4）熟练优化检索策略。能够熟练使用检索字段、逻辑运算符、增加或减少检索条件数量等主要手段优化检索策略。

（5）截词技术。能够正确使用截词技术、通配技术进行检索。

（6）全文获取。通过全文获取查询，了解课题检索全部过程，掌握获取全文途径和方法。

（7）创造性思维。学会利用已检索文献进行思考，在解决原有问题的基础上派生新的问题。

2. 检索工具

（1）Elsevier-Sciencedirect 数据库：全文/免费文摘 http://www.sciencedirect.com。

（2）EBSCOhost 平台：LISTA（图书馆信息科学与技术文摘数据库）；免费文摘 http://www.libraryresearch.com/。

（3）ACS 电子期刊平台数据库：免费文摘 http://pubs.acs.org/。

（4）SpringerLink 德国原版期刊数据库：全文/免费文摘 http://link.springerlink.com/。

（5）Wiley Online Library（韦利在线图书馆数据库）：免费文摘 http://onlinelibrary.wiley.com/。

3. 教学内容及任务

1）翻译

利用 CNKI 中国知网翻译助手或其他翻译网站将自己实习课题的检索词准确、专业、全面地翻译成英文。尽可能查全一个检索词的不同英文拼写形式。推荐网站如下：

（1）CNKI 翻译助手（翻译词汇、缩略语）：http://dict.cnki.net/。

（2）中国在线翻译网（翻译词汇）：http://www.chinafanyi.com。

（3）谷歌翻译（翻译词汇、短语、句子、段落）：http://translate.google.cn/。

（4）百度翻译（翻译词汇、短语、句子、段落、网页→下载翻译插件并安装）：http://fanyi.baidu.com/。

（5）必应 Bing 在线翻译（翻译词汇、短语、句子、段落、网页）：http://www.bing.com/translator。

（6）谷歌浏览器（网页→下载并安装谷歌浏览器）。

（7）外文文献服务网（期刊名称/会议录名称缩写词翻译为全称）：http://book.spousecare.com/book/。

（8）其他任选。

2）热点/高影响力文章

地址栏输入：http://top25.sciencedirect.com，在"Enjoyed the ScienceDirect Top25 List?"下方"Discover top articles"内，单击"View top articles by journal"，选择你感兴趣的领域，浏览某一种期刊的"Most Downloaded"（热点文章）或"Most Cited"（高影响力文章）。

3）浏览

（1）在 Elsevier-ScienceDirect 数据库首页，利用页面中的"Physical Sciences and Engineering""Life Sciences""Health Sciences""Social Sciences and Humanities"（按出版物主题浏览）或"Browse publication by title"（按出版物名称字顺浏览）功能，练习使用浏览方式检索，写出一种本专业期刊最新一期发表的两篇学术文献的篇名与作者。

（2）在 EBSCOhost 平台"基本检索"页面，单击"出版物"链接，练习使用按出版物名称方式浏览检索，比较其与主题检索方法的差异。

4）检索方式比较

在 EBSCOhost 平台，查看"基本检索"和"高级检索"页面，比较两种检索方式的页面功能设置。

5）全文获取

（1）学会使用读秀学术搜索中的"邮箱接收全文"等功能获取全文。

（2）掌握利用联合目录数据库查询原文馆藏单位的方法。在 CALIS 联合目录公共检索系统中，分别使用"题名、期刊题名"字段进行练习检索，理解这两个字段的区别；在 UNICAT 联合目录集成系统中，分别使用"前向匹配、精确匹配、模糊匹配"选项，理解这三个选项的含义。

4. 检索步骤

检索步骤要求写得详细完整。从如何登录网站，直至浏览文摘的每一步过程。每一步骤包括序号、小标题、具体操作内容或结果。每个步骤写清楚操作的一项内容，不允许将几个步骤的内容合写在一起。可参考课堂笔记、"平台"上理论教学讲义"外文数据库介绍"（PPT）、实践教学检索指南（PDF）中的"Elsevier 数据库检索指南"、"EBSCO 数据库检索指南"及其他数据库检索指南和教材进行归纳。

5. 限制选项

根据各平台或数据库实际提供的检索功能或选项设置进行勾选或填写。

6. 检索策略

检索策略，亦称检索表达式/检索条件，应包括检索过程中使用的全部检索词、每个检索词使用的检索字段、各检索词的逻辑运算关系和其他限定条件。

1）Elsevier-ScienceDirect 数据库检索策略

在 Elsevier-ScienceDirect 数据库检索结果题名列表上方，在"Search results: 1 results found for"后面可得到检索表达式：

Search results: 6 results found for TITLE((grain* or grana* or granul* or partic* or pellet* or subgranular or powder or fine) and (break* or brocken or crashing or crush* or fragmentat* or shatter) and (dynamic* or kineti*)) and TITLE-ABSTR-KEY((model* or simulat*) and impact*) AND LIMIT-TO(contenttype, "JL,BS","Journal").

2）EBSCOhos 平台检索策略

EBSCOhost 平台数据库检索策略有两种表达形式：

（1）在 EBSCOhost 平台数据库检索结果题名列表页面，单击搜索对话框下方的"搜索历史记录"链接，可得到文本格式检索表达式（检索策略）：

TI (grain* or grana or granul* or particle* or particulat* or pellet* or subgranular or powder* or fine*) AND TI (break* or brocken or broken or crash* or crumbl* or crush* or fragmentat* or shatter or fractur*) AND TI (dynamic* or kineti*) AND AB (bumping or collision or concussion or impact* or imping* or percussion) AND AB (simulat* or model* or mode or modul* or mould* or phantom or pattern)

限定条件——学术（同行评审）期刊。

检索模式——布尔逻辑/词组。

（2）在 EBSCOhost 平台数据库检索结果题名列表页面左侧，在"当前检索"下面可得到检索表达式。如果检索表达式显示不完全，需要截图完成。

3）ACS 电子期刊平台检索策略

在 ACS 电子期刊平台数据库检索结果题名列表页面左侧，在"Filters Applied:"下面可得到检索表达式：

Title:((polymer* or plastic*) and pollut*) and Abstract:treat*

4）SpringerLink 德国原版期刊数据库检索策略

在 SpringerLink 数据库检索结果题名列表上方，在"××Result(s)for"后面可得到检索表达式：

21 Result(s) for'electr* AND (car OR cars OR automobil* OR vehicl*)'

5）Wiley Online Library 数据库检索策略

在 Wiley Online Library 数据库检索结果题名列表上方，在"××Result(s)for"后面可得到检索表达式：

There is 21 result for: polymer* or plastic* in Article Titles AND pollut* in Article Titles AND treat* in Abstract between years 2010 and 2016

注意：同词根词使用截词符：*；逻辑运算符前、后需要各插入一个空格；不同数据库字段文字描述不同，按具体数据库字段文字描述。

7. 检索结果记录

1）检索结果抄写

要求至少使用两个外文数据库。可在 EBSCO、Elsevier 数据库或其他数据库的检索结果中各选择 1 条最符合课题要求的、期刊类型文献进行记录。按照下面样例中给出的项目进行抄写，省略部分见例中要求。样例中未列出部分不需抄写；样例中已列项目，但实际检索结果中无此项内容的不需抄写。

（1）EBSCOhost 平台数据库检索结果抄写样例。

> Success and failure in turnaround attempts. An analysis of SMEs within the Finnish Restructuring of Enterprises Act.
>
> 作者：Collett, Nicholas1；Pandit, Naresh R.2；Saarikko, Jukka3
>
> 来源：Entrepreneurship & Regional Development. Jan2014, Vol. 26 Issue 1/2, p123-141. 19p.
>
> 主题语：*SMALL business -- Finance；*CORPORATE reorganizations；
>
> 作者提供的关键字：Finland；restructuring；SMEs；Turnaround
>
> 摘要：This study focuses on the success and failure of small- and medium-sized enterprises (SMEs) attempting turnaround within Finland's Restructuring of Enterprises Act. ……Fifty-four per cent of SMEs in our sample turnaround and survive. [ABSTRACT FROM PUBLISHER]
>
> 作者单位：1Manchester Business School, Manchester University, Booth Street West,Manchester, M15 6PB, UK
>
> ISSN：0898-5626

（2）Elsevier-ScienceDirect 数据库检索结果抄写样例。

> Composites Part A: Applied Science and Manufacturing
> Volume 58, March 2014, Pages 47–55（文献出处/来源）
> The influence of toughening-particles in CFRPs on low velocity impact damage resistance performance（文献篇名）
> D.J. Bull, A.E. Scott, S.M. Spearing, I. Sinclair（著者姓名）
> Faculty of Engineering and the Environment, University of Southampton, Highfield, Southampton SO17 1BJ, UK（著者单位及地址）
> Show less
> Abstract
> The role of particle-toughening for increasing impact damage resistance in carbon fibre …（文摘）
> Keywords
> A. Carbon fibre; B. Impact behaviour; B. Fracture toughness; X-ray computed tomography（关键词）
> 1. Introduction
> Carbon fibre reinforced polymer（CFRP）composites are susceptible to impact damage…（引言）

其他数据库检索结果参照上述两个数据库样例项目记录。

2）翻译

翻译检索结果中的标题/文献篇名、来源/文献出处和著者单位及地址 3 项内容。来源/文献出处包括期刊名称、出版时间、卷、期、页等。

8. 简答题

（1）在 Elsevier-ScienceDirect 数据库中，"Browse" 功能包括哪些些浏览方式？有什么特点？

（2）在 Elsevier-ScienceDirect 数据库中，比较 "All Fields" 和 "Advanced Search" 两种检索

方式的差异。

（3）使用"Top 25 hottest articles"功能检索，说出某学科、某时间与你检索课题内容相关的热点论题是什么？

（4）你认为EBSOhost平台数据库的限制检索功能有什么特点和优越性？

（5）比较Elsevier-ScienceDirect数据库和EBSCOhost平台数据库检索功能差异。

（6）比较Elsevier-ScienceDirect数据库和EBSCOhost平台数据库信息资源情况。主要从收录的类型、数量范围方面进行比较。

9. 提交报告

请各位同学按上述要求和格式完成《外文数据库单元机检实践教学报告》中所有内容。用A4纸打印，左侧装订后提交。

10. 拓展训练或课后练习

（1）其他外文数据库检索练习。

John Wiley 数据库。

全文/免费文摘：http://onlinelibrary.wiley.com。

Springer Link 德国原版期刊数据库。

全文/免费文摘（电子出版物平台）：http://www.springerlink.com。

（2）在Elsevier-ScienceDirect数据库首页，用"All Field"字段查找"Nano materials"方面的文献，任选不连续的3条记录，利用"Export Citations"（导出引文）功能，选择"ASCII Format"（ASCII码格式），复制其题录信息。

（3）尝试在Elservier-ScienceDirect注册。登录后将自己感兴趣的某些期刊加入喜爱的期刊列表。

（4）在EBSCOhost平台，练习使用"视觉搜索"方式进行检索，比较其与基本检索和高级检索的差异。

（5）在EBSCOhost平台，练习使用"检索历史记录"功能保存检索策略，方便再次检索时使用。

参考文献

[1] 周宏仁，徐愈. 信息蓝皮书：中国信息化形式分析与预测（2012）[M]. 北京：社会科学文献出版社，2012.

[2] 中国科学院信息领域战略研究组. 中国至 2050 年信息科技发展路线图[M]. 北京：科学出版社，2009.

[3] 曾历博. 信息资源检索策略分析[M]. 天津：天津科学技术出版社，2016.

[4] 欧阳红红. 网络信息服务：图书馆服务探析[M]. 北京：中国社会科学出版社，2011.

[5] 夏立新，黄晓斌. 数字图书馆导论[M]. 北京，科学出版社，2009.

[6] 肖琼. 信息资源检索与利用[M]. 北京：北京邮电大学出版社，2014.

[7] 谢朝颖，高万斌. 信息检索与利用[M]. 北京：电子工业出版社，2017.

[8] 王琦，王冠韬. 文献信息检索教程[M]. 2 版. 北京：电子工业出版社，2017.

[9] 明均仁. 信息检索[M]. 北京：人民邮电出版社，2014.

[10] 刘允斌，吴瑾，王宇. 实用信息检索[M]. 2 版. 北京：高等教育出版社，2018.

[11] 钟诚，王文溥，张玉霞. 信息检索与利用[M]. 成都：电子科技大学出版社，2017.

[12] 曾建明. 信息检索技术使用教程[M]. 北京：清华大学出版社，2012.

[13] 李美文，邹武. 理工信息检索与利用[M]. 北京：人民出版社，2011.

[14] 吉久明，孙济庆. 文献检索与知识发现指南[M]. 上海：华东理工大学出版社，2010.

[15] 田质兵，薛娟，周同. 科技情报检索[M]. 2 版. 北京：清华大学出版社，2010.

[16] 张永彬. 信息资源检索与利用[M]. 成都：电子科技大学出版社，2010.

[17] 郜峻，刘文科. 网络信息检索实用教程[M]. 北京：电子工业出版社，2010.

[18] 孙丽芳，林豪慧. 高校素质教育丛书：高校信息素质教程[M]. 北京：电子工业出版社，2010.

[19] 李平，刘洋. 信息检索分析与展示[M]. 北京：清华大学出版社，2012.

[20] 许征尼. 信息素养与信息检索[M]. 合肥：中国科学技术大学出版社，2010.

[21] 徐红云，张苓. 网络信息检索[M]. 广州：华南理工大学出版社，2018.

[22] 徐庆宁，陈雪飞. 新编信息检索与利用[M]. 4 版. 上海：华东理工大学出版社，2018.

[23] 于光. 信息检索[M]. 北京：电子工业出版社，2014.

[24] 谭迺立. 信息素质教育[M]. 北京：人民邮电出版社，2015.

[25] 邓发云. 信息检索与利用[M]. 3 版. 北京：科学出版社，2017.

[26] 陈氢，陈梅花. 信息检索与利用[M]. 2 版. 北京：清华大学出版社，2017.

[27] 文祺，霍自祥. 海外留学指南[M]. 北京：北京理工大学出版社，2020.

[28] 李玲，王钧钰，陈超. 从欧洲信息素养教育大会看全球信息素养教育的现状与发展[J]. 图书馆情报工作，2018（17）：143-148.

[29] 鲍红琼，张敏. 信息查询行为视角下元认知研究进展述评[J]. 图书馆，2017（6）：77.

[30] 李颖. 对定题服务的探讨[J]. 现代情报，2004（10）：152-153.

[31] 魏群义，侯桂楠，霍然. 移动图书馆理论研究与实践应用综述[J]. 图书情报知识，2012（01）：

80-85.

[32] 赖璨，欧石燕. 移动图书馆 App 可用性测评研究[J]. 图书馆学研究，2020（10）：46-57.

[33] 王晴，石冰. 科研基金项目申请书的写作程序与技巧[J]. 电子科技大学学报，2005（03）：429-432.

[34] 张小明. 应急科技：大数据时代的新进展[N]. 光明日报，2013-10-14.

[35] 田钰琨. 浅谈移动图书馆的发展现状及特点[C]. 首届国际信息化建设学术研讨会论文集，（一）首届国际信息化建设学术研讨会论文集（一）. 旭日华夏（北京）国际科学技术研究院，2016：332.

[36] 中华人民共和国国家质量监督检验检疫总局，中国国家标准化管理委员会. GB/T 7713.1—2006 学位论文编写规则[S]. 北京：中国标准出版社，2006.

[37] 中华人民共和国国家质量监督检验检疫总局，中国国家标准化管理委员会. GB/T 7714—2005 文后参考文献著录规则[S]. 北京：中国标准出版社，2005.

[38] 全国文献工作标准化技术委员会第七分委员会. GB 7713—87 科学技术报告、学位论文和学术论文的编写格式[S]. 北京：中国标准出版社，1987.

[39] 经济合作与发展组织，简称经合组织(OECD)，OCED. http://www.oecd.org/.

[40] 信息素养主席委员会：总结报告[EB/OL]. 美国：美国图书馆协会（ALA），[2020-08-10]. http://www.ala.org.

[41] Information Literacy Competency Standards for Higher Education（美国高等教育信息素养能力标准）[EB/OL]. 美国：美国大学和研究图书馆协会（ACRL），[2020-08-10]. https://alair.ala.org/handle/11213/7668.

[42] Framework for Information Literacy for Higher Education（美国高等教育信息素养框架）[OL]. 美国：美国大学和研究图书馆协会（ACRL），[2020-08-10]. http://www.ala.org/acrl/standards/ilframework.

[43] Mackey, Thomas P.; Jacobson, Trudi E. Reframing Information Literacy as a Metaliteracy[J]. College & Research Libraries, 2011 (1)：62-78.

[44] The SCONUL Seven Pillars of Information Literacy:2011 update [EB/OL]. UK：SCONUL Working Group on Information Literacy (2011-04) [2020-08-10]. https://www.sconul.ac.uk/sites/default/files/documents/17_2.pdf.

[45] 7 Pillars of Information Literacy Core Model For Higher education [EB/OL]. UK：SCONUL Working Group on Information Literacy (2011-04) [2020-08-10]. https://www.sconul.ac.uk/sites/default/files/documents/coremodel.pdf

[46] Bundy A. Australian and New Zealand Information Literacy Framework: Principles, Standards and Practice[M]. 2nd ed. Adelaide, SA: Australian and New Zealand Institute for Information Literacy, 2004.

[47] 北京地区高校信息素质能力指标体系[EB/OL]. 北京：北京地区高校信息素质教育园地，[2020-08-10]. http://edu.lib.tsinghua.edu.cn/InformationLiteracy/information literacy competency standards.doc.

[48] Jesús Lau. Guidelines on Information Literacy for Lifelong Learning[EB/OL]. 荷兰：国际图书馆学会联合会（IFLA），[2020-08-10]. http://www.ifla.org/publication, https://www.researchgate.

net/publication/246350946.

[49]　中国国家图书馆. [EB/OL]. [2020-08-10]. http://www.nlc.cn.

[50]　CNKI 中国知网[OL]. 北京：CNKI 中国知网（清华同方），[2020-08-10]. http://www. cnki.net.

[51]　万方数据知识服务平台[OL]. 北京：北京万方数据股份有限公司，[2020-08-10]. http://www.wanfangdata.com.cn.

[52]　维普中文期刊服务平台[OL]. 重庆：重庆维普资讯有限公司，[2020-08-10]. http://lqikan.cqvip.com.

[53]　维普网——仓储式在线出版平台[OL]. 重庆：重庆维普资讯有限公司，[2020-08-10]. http://www.cqvip.com.

[54]　汇雅电子图书[OL]. 北京：超星集团，[2020-08-10]. http://www.sslibrary.com.

[55]　超星网[OL]. 北京：超星集团，[2020-08-10]. http://www.chaoxing.com.

[56]　读秀学术搜索[OL]. 北京：北京世纪读秀技术有限公司，[2020-08-10]. http://www.duxiu.com..

[57]　中国高等教育文献保障系统[OL]. 北京：CALIS 管理中心，[2020-08-10]. http://www.calis.edu.cn/.

[58]　开元知海 e 读[OL]. 北京：CALIS 管理中心，[2020-08-10]. http://www.yidu.edu.cn.

[59]　CALIS 联合目录公共检索系统[OL]. 北京：CALIS 管理中心，[2020-08-10]. http://opac.calis.edu.cn.

[60]　国家科技图书文献中心[OL]. 北京：国家科技图书文献中心，[2020-08-10]. http://www.nstl.gov.cn.

[61]　Elsevier B.V.[OL]. 荷兰：Elsevier B.V., [2020-08-10]. http://www.elsevier.com.

[62]　ScienceDirect 使用手册 2019[EB/OL]. 集美：集美大学图书馆,[2020-08-10]. http://lib.jmu.edu.cn/info/1499/5918.htm.

[63]　ScienceDirect 全文数据库[OL]. 荷兰：Elsevier B.V., [2020-08-10]. http://www. sciencedirect.com.

[64]　Scopus[OL]. 荷兰：Elsevier B.V., [2020-08-10]. https:// https://www.scopus.com..

[65]　EBSCOhost 数据库[OL]. 美国：EBSCO Industries，Inc.,[2020-08-10]. http://search.ebscohost.com.

[66]　EBSCO Information Services[OL]. 美国：EBSCO Industries Inc., [2020-08-10]. http://www.ebsco.com.

[67]　SpringerLink[OL]. 德国：Springer Nature, [2020-08-10]. http://link. springer.com.

[68]　Springer[OL]. 德国：Springer Nature, [2020-08-10]. http://www. springer.com.

[69]　WOS 核心合集快速参考指南手册[EB/OL]. 科睿唯安 Clarivate，[2020-08-10]. https://solutions.clarivate.com.cn/wp-content/uploads/2017/11/WOS 核心合集快速参考指南手册.pdf.

[70]　Derwent Innovations Index 快速参考指南. [EB/OL]. 科睿唯安 Clarivate，[2020-08-10]. https://solutions.clarivate.com.cn/wp-content/uploads/2019/03/DII_guide20190307.pdf.

[71]　Web of Science[OL]. 美国：科睿唯安 Clarivate，[2020-08-10]. https://www.webofscience.com.

[72]　ProQuest 平台[EB/OL]. 美国：ProQuest LLC，[2020-08-10]. https://china.pq.libguides.com/proquestplatform.

[73]　ProQuest[OL]. 美国：ProQuest LLC ，[2020-08-10]. https://www.proquest.com.

[74]　ACS[OL]. 美国：American Chemical Society, [2020-08-10]. https://pubs.acs.org.

[75] 中华人民共和国国家知识产权局[OL]. 北京：国家知识产权局，[2020-08-10]. http://http://www.cnipa.gov.cn.

[76] 中国知识产权网[OL]. 北京：知识产权出版社有限责任公司，[2020-08-10]. http://www.cnipr.com.

[77] 中国知识产权报资讯网[OL]. 北京：中国知识产权报社.，[2020-08-10].http://www.cipnews.com.cn.

[78] 中国版权保护中心[OL]. 北京：中国版权保护中心，[2020-08-10].http:// http://www.ccopyright.com.cn.

[79] 中国质量新闻网[OL]. 北京：中国质量报刊社 中国质量新闻网 中国质量报网，[2020-08-10]. http:// http://www.cqn.com.cn/.

[80] 美国专利与商标局[OL]. 美国：Office of the Chief Communications Officer.，[2020-08-10]. http://www.uspto.gov.

[81] WIPO[OL]. 瑞士：World Intellectual Property Organization.，[2020-08-10]. https://www.wipo.int.

[82] 国家版权局[OL]. 北京：中华人民共和国国家版权局，[2020-08-10]. http://www.ncac.gov.cn.

[83] 联合专利分类[OL]. GB/USA：EPO/USPTO，[2020-08-10]. https://www. cooperativepatentclassification.org.

[84] 谷歌学术搜索[OL]. 美国：谷歌，[2020-08-10]. http://scholar.google.com.

[85] 百度学术搜索[OL]. 北京：百度，[2020-08-10]. http://xueshu.baidu.com..

[86] 知识产权服务[OL]. 北京：北京大学图书馆，[2020-08-10].https://www.lib.pku.edu.cn/portal/cn/fw/zlxx/zhuanlizixun.

[87] 大连理工大学知识产权信息服务中心[OL]. 大连：大连理工大学图书馆，[2020-08-10]. http://www.lib.dlut.edu.cn/zscq.htm.

[88] 四种方法帮你轻松查找 SCI 期刊影响因子[EB/OL]. 北京：百度百家号，EditSprings 科研视点,[2020-08-10]. https://baijiahao.baidu.com/s?id=1617004563926936530&wfr=spider&for=pc.